应用型高校产教融合系列教材

纺织服装工程与设计系列

服装市场调研与预测

田丙强　曲洪建　胡红艳　张娇燕 ◎ 编著

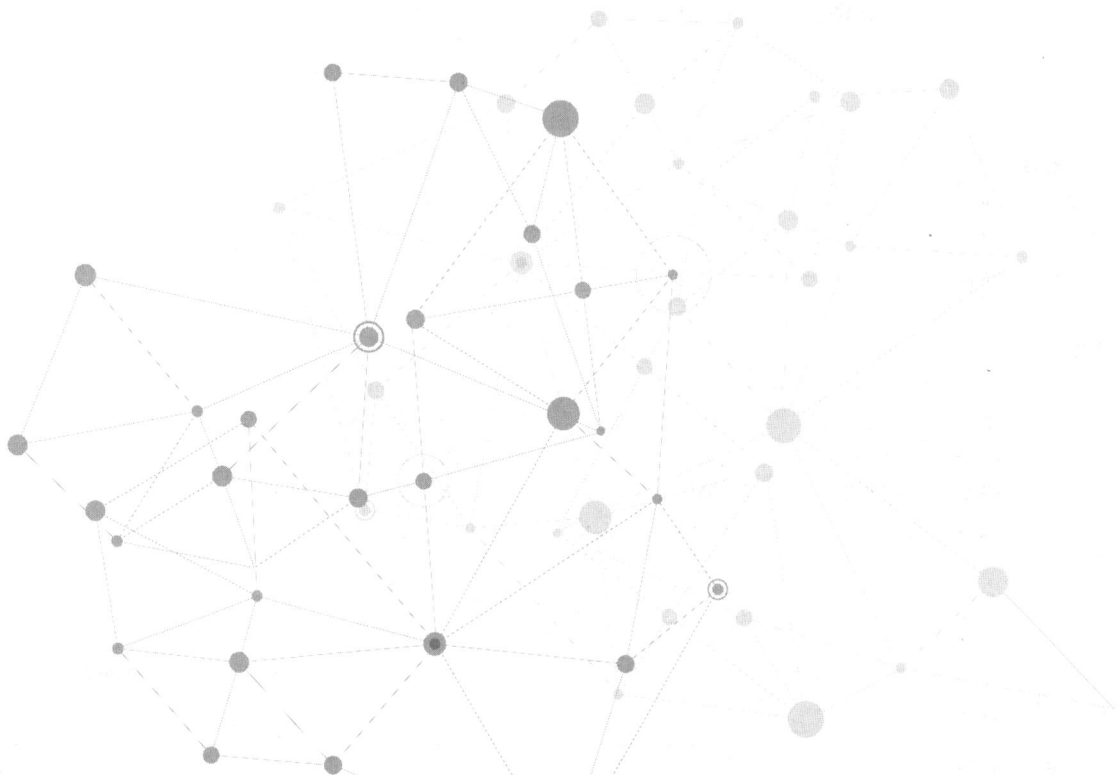

清华大学出版社
北京

内 容 简 介

本书立足服装产业和企业发展需求,以专业理论知识为指导,以职业技能培养为主线,从服装市场的调研方案设计、调研方法、抽象调查,以及调研资料的审核、整理与分析,到服装市场预测及其定性与定量分析,再到服装市场调研与预测报告的撰写、沟通和应用,大数据引发的思维变革等实际运作流程,构建基于实际工作流程的服装市场调研与预测的内容体系。既注重服装市场调研与预测的基本知识和方法介绍,又突出实践能力并注重培养实际应用,将基本理论知识学习和实践能力培养相结合,实现产教融合。

本书适用于服装工程、服装市场营销等专业相关课程的理论教材,也可供纺织服装企业相关人员学习使用。

图书在版编目(CIP)数据

服装市场调研与预测 / 田丙强等编著. -- 北京:清华大学出版社,2025. 6.
(应用型高校产教融合系列教材). -- ISBN 978-7-302-69631-5

Ⅰ. F768.3

中国国家版本馆 CIP 数据核字第 2025UM2017 号

责任编辑:刘　杨
封面设计:何凤霞
责任校对:赵丽敏
责任印制:丛怀宇

出版发行:清华大学出版社
　　　网　　址:https://www.tup.com.cn,https://www.wqxuetang.com
　　　地　　址:北京清华大学学研大厦 A 座　　　邮　　编:100084
　　　社 总 机:010-83470000　　　邮　　购:010-62786544
　　　投稿与读者服务:010-62776969,c-service@tup.tsinghua.edu.cn
　　　质量反馈:010-62772015,zhiliang@tup.tsinghua.edu.cn
印 装 者:三河市科茂嘉荣印务有限公司
经　　销:全国新华书店
开　　本:185mm×260mm　　印　　张:13.5　　　　字　　数:326 千字
版　　次:2025 年 6 月第 1 版　　　　　　　　印　　次:2025 年 6 月第 1 次印刷
定　　价:46.00 元

产品编号:105871-01

应用型高校产教融合系列教材

总编委会

主　　任：李　江

副 主 任：夏春明

秘 书 长：饶品华

学校委员（按姓氏笔画排序）：

王　迪　王国强　王金果　方　宇　刘志钢　李媛媛

何法江　辛斌杰　陈　浩　金晓怡　胡　斌　顾　艺

高　瞩

企业委员（按姓氏笔画排序）：

马文臣　勾　天　冯建光　刘　郴　李长乐　张　鑫

张红兵　张凌翔　范海翔　尚存良　姜小峰　洪立春

高艳辉　黄　敏　普丽娜

丛书序

　　教材是知识传播的主要载体、教学的根本依据、人才培养的重要基石。《国务院办公厅关于深化产教融合的若干意见》明确提出,要深化"引企入教"改革,支持引导企业深度参与职业学校、高等学校教育教学改革,多种方式参与学校专业规划、教材开发、教学设计、课程设置、实习实训,促进企业需求融入人才培养环节。随着科技的飞速发展和产业结构的不断升级,高等教育与产业界的紧密结合已成为培养创新型人才、推动社会进步的重要途径。产教融合不仅是教育与产业协同发展的必然趋势,更是提高教育质量、促进学生就业、服务经济社会发展的有效手段。

　　上海工程技术大学是教育部"卓越工程师教育培养计划"首批试点高校、全国地方高校新工科建设牵头单位、上海市"高水平地方应用型高校"试点建设单位,具有40多年的产学合作教育经验。学校坚持依托现代产业办学、服务经济社会发展的办学宗旨,以现代产业发展需求为导向,学科群、专业群对接产业链和技术链,以产学研战略联盟为平台,与行业、企业共同构建了协同办学、协同育人、协同创新的"三协同"模式。

　　在实施"卓越工程师教育培养计划"期间,学校自2010年开始陆续出版了一系列卓越工程师教育培养计划配套教材,为培养出具备卓越能力的工程师作出了贡献。时隔10多年,为贯彻国家有关战略要求,落实《国务院办公厅关于深化产教融合的若干意见》,结合《现代产业学院建设指南(试行)》《上海工程技术大学合作教育新方案实施意见》文件精神,进一步编写了这套强调科学性、先进性、原创性、适用性的高质量应用型高校产教融合系列教材,深入推动产教融合实践与探索,加强校企合作,引导行业企业深度参与教材编写,提升人才培养的适应性,旨在培养学生的创新思维和实践能力,为学生提供更加贴近实际、更具前瞻性的学习材料,使他们在学习过程中能够更好地适应未来职业发展的需要。

　　在教材编写过程中,始终坚持以习近平新时代中国特色社会主义思想为指导,全面贯彻党的教育方针,落实立德树人根本任务,质量为先,立足于合作教育的传承与创新,突出产教融合、校企合作特色,校企双元开发,注重理论与实践、案例等相结合,以真实生产项目、典型工作任务、案例等为载体,构建项目化、任务式、模块化、基于实际生产工作过程的教材体系,力求通过与企业的紧密合作,紧跟产业发展趋势和行业人才需求,将行业、产业、企业发展的新技术、新工艺、新规范纳入教材,使教材既具有理论深度,能够反映未来技术发展,又具有实践指导意义,使学生能够在学习过程中与行业需求保持同步。

　　系列教材注重培养学生的创新能力和实践能力。通过设置丰富的实践案例和实验项目,引导学生将所学知识应用于实际问题的解决中。相信通过这样的学习方式,学生将更加具备竞争力,成为推动经济社会发展的有生力量。

　　本套应用型高校产教融合系列教材的出版,既是学校教育教学改革成果的集中展示,也是对未来产教融合教育发展的积极探索。教材的特色和价值不仅体现在内容的全面性和前沿性上,更体现在其对于产教融合教育模式的深入探索和实践上。期待系列教材能够为高等教育改革和创新人才培养贡献力量,为广大学生和教育工作者提供一个全新的教学平台,共同推动产教融合教育的发展和创新,更好地赋能新质生产力发展。

中国工程院院士、中国工程院原常务副院长

2024 年 5 月

前 言

PREFACE

为适应我国高等教育产教融合及实践能力培养模式的发展需要,本着以产教融合为基础,以实践能力为本位,以就业为导向的指导思想,结合理论与实践相结合培养目标的要求,编写了《服装市场调研与预测》一书。本书主要特色在于知识体系上突出专业知识内容和职业定向性的有机联系,以职业能力培养为基础,以基本技能培养为主线,以专业理论知识为指导,精简专业理论知识,以实用、够用为目的,强化应用,把理论知识和实践技能有机地结合起来进行阐述。

本书立足服装行业和企业发展需求及学校专业特色,将服装行业、产业、企业发展的新需求、新规范纳入教材内容,在前人研究成果的基础上,按照市场调查与预测工作的实际运作过程展开,构建基于实际生产工作过程的服装市场调研与预测的教材内容体系,实现产教融合。全书共分10章:第1章服装市场调研概述;第2章服装市场调研方案设计;第3章服装市场调研方法;第4章服装市场抽样调查;第5章服装市场调研资料的审核、整理与分析;第6章服装市场预测概述;第7章服装市场定性预测法;第8章服装市场定量预测法;第9章服装市场调研与预测报告撰写、沟通和应用;第10章大数据引发的思维变革。

本书在内容组织和撰写方式上力求体现科学性、实用性、先进性的统一,突出传授基本理论知识和培养市场调研与预测实践能力相结合的特点。本书既注重介绍服装市场调查和预测的基本知识和方法,又注重用介绍实际案例和印证市场调查与预测的方法。本书简单易懂,与适应时代发展需要相结合,既传承传统,又打破传统,吸收国内外市场调查和预测研究与实践的最新成果。

本书在编写过程中,得到了许多专家和专业教师的指导,在此表示衷心感谢。本书除参考或引用书末的参考文献外,还有报刊和网上的文章、案例等,由于篇幅所限,未能一一注明,在此向已注明和未注明的作者一并表示诚挚的感谢。

限于编写水平,书中存在缺点、疏漏甚至错误,恳请同行专家及读者批评指正。

作 者
2024 年 2 月

目 录

CONTENTS

第1章 服装市场调研概述 / 1

1.1 服装市场调研与现代市场经济 / 1

    1.1.1 服装市场调研 / 1

    1.1.2 现代市场经济 / 2

    1.1.3 服装市场分类 / 3

1.2 服装市场调研作用、类型、程序和机构 / 3

    1.2.1 服装市场调研作用 / 3

    1.2.2 服装市场调研类型 / 4

    1.2.3 服装市场调研程序 / 8

    1.2.4 服装市场调研机构 / 10

1.3 服装市场调研基本内容 / 11

    1.3.1 服装市场营销环境调研 / 11

    1.3.2 服装市场需求调研 / 13

    1.3.3 服装市场营销组合要素调研 / 14

    1.3.4 服装市场竞争调研 / 16

1.4 本章小结 / 16

案例分析 / 17

第2章 服装市场调研方案设计 / 20

2.1 服装市场调研方案设计概述 / 20

    2.1.1 服装市场调研方案设计特点和原则 / 20

    2.1.2 服装市场调研方案设计的意义 / 21

2.2 服装市场调研方案设计内容 / 22

    2.2.1 确定市场调研目标 / 22

    2.2.2 确定市场调研内容 / 22

    2.2.3 确定市场调研对象 / 24

2.2.4　确定市场调研方法 / 24

2.2.5　确定市场调研分析方法 / 25

2.2.6　确定市场调研进度 / 25

2.2.7　确定市场调研人员计划 / 26

2.2.8　确定市场调研费用预算 / 26

2.2.9　确定提交市场调研报告的方式 / 26

2.3　问卷设计 / 27

2.3.1　问卷的基本概念 / 27

2.3.2　问卷的结构 / 30

2.3.3　问卷的常用量表 / 31

2.3.4　问卷设计流程 / 32

2.4　本章小结 / 35

案例分析 / 36

第3章　服装市场调研方法 / 42

3.1　文案调查法 / 42

3.1.1　文案调查法内涵与特点 / 42

3.1.2　文案调查法内容和来源渠道 / 43

3.1.3　文案调查法实施 / 46

3.1.4　文案资料评估与应用 / 48

3.1.5　文案调查法功能、优势和局限 / 51

3.2　询问调查法 / 53

3.2.1　询问调查法概述 / 53

3.2.2　面谈访问调查法 / 54

3.2.3　电话访问调查法 / 55

3.2.4　邮寄调查法 / 56

3.2.5　网络调查法 / 57

3.2.6　询问调查法选择 / 61

3.3　观察法 / 63

3.3.1　观察法的含义与实质 / 63

3.3.2　观察法使用要求及条件 / 63

3.3.3　观察法类型 / 64

3.3.4　观察法优点和局限性 / 65

3.4　实验调查法 / 65

3.4.1　实验调查法含义、特征及类型 / 65

3.4.2　实验设计组成概念 / 66

3.4.3　实验有效性与质量控制 / 68

3.4.4　实验调查法优缺点 / 70

3.5 本章小结 / 70

案例分析 / 71

第4章　服装市场抽样调查 / 74

4.1 抽样调查概述 / 74

4.1.1 抽样调查的含义及作用 / 74

4.1.2 抽样调查的相关概念 / 75

4.1.3 抽样调查的原理 / 77

4.1.4 抽样方案设计 / 78

4.1.5 抽样调查的程序 / 79

4.1.6 抽样调查的优缺点 / 82

4.2 随机抽样与非随机抽样 / 83

4.2.1 随机抽样 / 83

4.2.2 非随机抽样 / 92

4.3 样本容量的确定 / 94

4.3.1 影响样本容量的因素 / 95

4.3.2 样本量的确定 / 95

4.4 本章小结 / 96

案例分析 / 96

第5章　服装市场调研资料的审核、整理与分析 / 99

5.1 服装市场调研资料的审核 / 99

5.1.1 服装市场调研资料审核的含义与目的 / 99

5.1.2 服装市场调研资料审核的内容 / 100

5.1.3 服装市场调研资料审核的主要方法 / 100

5.1.4 服装市场调研资料审核的基本步骤 / 101

5.2 服装市场调研资料的整理 / 103

5.2.1 服装市场调研资料整理概述 / 103

5.2.2 服装市场调研资料整理的程序与内容 / 105

5.2.3 服装市场调研资料整理的数据编码 / 108

5.3 服装市场调研资料的分析 / 110

5.3.1 服装市场调研资料分析的含义及作用 / 110

5.3.2 服装市场调研资料分析的原则 / 111

5.3.3 服装市场调研资料分析的方法 / 112

5.4 本章小结 / 115

案例分析 / 116

第6章 服装市场预测概述 / 121

6.1 服装市场预测内涵 / 121
    6.1.1 服装市场预测含义 / 122
    6.1.2 服装市场预测原理 / 122
    6.1.3 服装市场预测作用 / 123
6.2 服装市场预测类型 / 125
    6.2.1 按预测的产品层次划分 / 125
    6.2.2 按预测的时间层次划分 / 126
    6.2.3 按预测方法的性质划分 / 126
    6.2.4 按预测空间的层次划分 / 127
6.3 服装市场预测内容和程序 / 128
    6.3.1 服装市场预测的内容 / 128
    6.3.2 服装市场预测的程序 / 130
6.4 服装市场调研与市场预测的关系 / 132
    6.4.1 服装市场调研的意义 / 132
    6.4.2 服装市场预测的意义 / 133
    6.4.3 服装市场调研与市场预测的联系与区别 / 134
6.5 本章小结 / 135
案例分析 / 136

第7章 服装市场定性预测法 / 139

7.1 服装市场个人判断预测法 / 139
    7.1.1 服装市场个人判断预测法类别 / 139
    7.1.2 服装市场个人判断预测法方法 / 141
7.2 服装市场集体经验判断预测法 / 143
    7.2.1 服装市场集体经验判断预测法内涵 / 143
    7.2.2 服装市场集体经验判断预测法类型 / 143
7.3 服装市场专家判断预测法 / 146
    7.3.1 专家会议法 / 146
    7.3.2 头脑风暴法 / 147
    7.3.3 德尔菲法 / 148
7.4 本章小结 / 150
案例分析 / 151

第8章 服装市场定量预测法 / 153

8.1 服装市场时间序列分析预测法 / 153
　　8.1.1 服装市场平均法 / 153
　　8.1.2 服装市场指数平滑法 / 156
　　8.1.3 服装市场线性趋势外推法 / 158
　　8.1.4 服装市场季节指数法 / 160
8.2 服装市场因果分析预测法 / 161
　　8.2.1 服装市场回归分析预测法 / 162
　　8.2.2 服装市场因子推演预测法 / 166
8.3 本章小结 / 167

第9章 服装市场调研与预测报告撰写、沟通和应用 / 168

9.1 服装市场调研与预测报告概述 / 168
　　9.1.1 服装市场调研与预测报告含义与意义 / 169
　　9.1.2 服装市场调研与预测报告内容与特点 / 170
　　9.1.3 服装市场调研与预测报告类型 / 171
9.2 服装市场调研与预测报告撰写 / 172
　　9.2.1 服装市场调研与预测报告结构 / 172
　　9.2.2 服装市场调研与预测报告撰写注意问题 / 177
9.3 服装市场调研与预测口头调查报告 / 178
　　9.3.1 口头调查报告作用 / 178
　　9.3.2 口头调查报告需要准备的材料 / 178
　　9.3.3 口头调查报告需要注意的问题 / 179
9.4 服装市场调研与预测报告沟通、反馈与应用 / 179
　　9.4.1 服装市场调研与预测报告沟通与反馈 / 179
　　9.4.2 服装市场调研与预测报告使用者指导 / 180
9.5 本章小结 / 180
案例分析 / 181

第10章 大数据引发的思维变革 / 188

10.1 大数据基本概念、特征及应用 / 188
　　10.1.1 大数据概念 / 188
　　10.1.2 大数据的基本特点 / 189
　　10.1.3 大数据的应用特征 / 189
10.2 "样本"到"总体"分析 / 190

10.2.1　样本分析 / 190

10.2.2　总体分析 / 191

10.3　大数据引发思维变革 / 191

10.3.1　"大数据"与"云计算" / 191

10.3.2　大数据放大了预测的价值 / 192

10.3.3　大数据在运用中创造价值 / 192

10.4　本章小结 / 193

案例分析 / 194

参考文献 / 198

第1章 服装市场调研概述

【知识目标】

1. 服装市场调研的含义。
2. 服装市场调研的作用及基本类型。
3. 服装市场调研的程序。
4. 服装市场调研的基本内容。

【能力目标】

1. 认识服装市场调研的必要性与重要性。
2. 掌握服装市场调研各种类型。
3. 理解服装市场调研内容与步骤。
4. 掌握服装市场调研的基本内容。

1.1 服装市场调研与现代市场经济

服装市场是服装商品经济的产物,哪里有服装商品、服装商品交换,那里就有服装市场。在现代市场经济条件下,服装企业作为纺织服装行业的主体,必然处于竞争日益激烈的市场环境中。然而,如何在优胜劣汰、适者生存的竞争条件下得以生存和发展,是目前每个纺织服装企业面临的重大问题。熟悉市场环境,充分了解认识市场现状是服装企业发展的基础。

1.1.1 服装市场调研

服装市场调研是以服装市场为对象,通过运用科学的方法,有计划、有组织和有目的地系统、全面、及时地收集、整理、分析与研究有关服装市场信息,传达调研发现及其暗示信息,为市场预测与管理决策提供科学依据的过程。

(1)服装市场调研资料不是凭直觉得来的,也不是随意收集的,而是科学调查和细心研究的过程和结果。服装市场调研人员必须认真分析数据,并由此发现与企业、产业有关的所有资料。

(2)服装市场调研要确保所收集资料或数据是准确的,市场调研人员就必须是客观的。

调研人员应该是超然的,不能带有任何个人偏见,不能将市场调研作为支持某人预想观点的"拐杖"。市场调研必须严格追求客观性,否则调研结果将毫无价值甚至会引起误导。

(3)服装市场调研将用于支持和推进整个服装市场预测与管理决策过程,包括定价、广告、销售及产品本身等方面和服装企业市场营销活动的全过程。通过提供制定决策的必需资料,市场调研可以减少决策的不确定因素,由此降低作出错误决策的风险。

总之,服装市场调研的目的是把握目标市场需求的发展趋势,提出解决问题的建议,为服装企业的市场和经营决策提供依据。它是服装企业开展经营活动的前提。

1.1.2 现代市场经济

纺织服装企业想要有效开展市场调研工作,首先必须对现代市场经济进行全面认识和了解,再经过归纳总结,从交易场所、经济学和营销管理学角度去理解现代市场经济。

1. 交易场所角度

在该角度下,现代市场经济强调市场硬件的建设。例如,很多地方根据自己在纺织服装产业群方面的优势,建立大型专业化的服装商品市场,即所谓的"政府搭台,企业唱戏"。实际上,这种视角还隐含着一个很重要的前提:作为成功的服装商品交易场所,不仅要有专业化商品的集散功能、品牌集聚功能,而且要有全面丰富的信息集散功能。有很多地方政府在建立服装市场方面不成功的主要原因就是对该观念的表面理解,认为只要建立一个商品交易场所就可以了。

当然,目前服装商品交易已不再局限于商品经济不发达时期的在某一固定场所或地点进行交易,目前服装市场不仅包括贸易中心、专卖店、百货大厦、批发市场等,网络购物、手机网购这种电子商务平台交易已成为国内外众多群众重要的服装消费方式。

2. 经济学角度

在该角度下,现代市场经济是对市场概念的高度概括。市场是各个市场主体,包括供给方、需求方,以及为实现交易的服务平台,形成的商品交易关系及全部经济关系的总和。在市场营销实践中,这些市场主体在商品交换中形成的各种商业关系被具体化,如合同关系、资金关系、信息关系、对价关系、债权与债务关系等。

在现代市场经济条件下,所有商品生产者、经营者、消费者或其他各类经济主体都必须进行交易活动、发生经济联系,实现各自利益。服装企业作为行业市场活动的主体之一,必须兼顾各类主体的经济利益关系。

3. 营销管理学角度

在该角度下,服装市场是由对服装具有特定需求和欲望,并能通过交易满足自身欲望的消费者和潜在消费者组成的。在营销商业沟通中,一方面,"服装市场"经常用来反映一类顾客群体,如休闲服市场、内衣市场、西装市场等,是指具有该类服装消费欲望,且有购买能力的一类目标顾客群体。另一方面,"服装市场"也经常用来反映服装商品的卖相。例如,客户经理会经常被问到"某一种服装产品有没有市场?"显然,询问者关注的是该服装产品的市场行情,以及对单一商品市场销售情况的预测或判断。在市场营销分析实务中,市场好坏的评价标准就是服装产品的销售量、销售渠道、盈利能力及发展潜力等,因此了解消费者服装的市场需求是纺织服装企业有效开展市场营销活动的基础。

1.1.3　服装市场分类

从不同角度出发,服装市场具有不同的划分方式,具体有如下五个类别。

(1) 按销售渠道划分:可分为百货大厦、超级大卖场、品牌专卖店、贸易中心、批发市场和超市等。

(2) 按空间范围划分:可分为国际外贸市场、全国性市场、地区性市场(东北地区、华东地区、西南地区等)、城镇市场、农村市场和山区市场等。

(3) 按交换内容划分:可分为普通服装商品市场、服装技术市场、服装人才市场和服装定制市场等。

(4) 按商品用途划分:可分为一般消费品市场和生产市场。一般消费品市场包括常规性纺织服装和功能性纺织服装;生产市场包括辅料市场、配饰市场和面料市场等。

(5) 按市场竞争和垄断程度划分:可分为完全竞争市场、垄断竞争市场、寡头垄断市场和完全垄断市场等。

1.2　服装市场调研作用、类型、程序和机构

1.2.1　服装市场调研作用

1. 服装市场调研有利于服装企业进行准确的市场定位

服装市场定位是指服装企业根据现有产品在市场上所处的位置,针对消费者对该企业服装产品的某种物理属性、功能属性、差异化属性的重视程度,强有力地塑造与其他服装品牌不同的、能够给人留下深刻印象和个性鲜明的形象,并通过某种方式将这种特有的形象传递给消费者。在进行准确的市场定位前,服装企业必须充分了解目前服装市场需求和营销环境等外部条件,以及企业自身经营资源和能力等内部条件。能否进行准确的市场定位,直接影响着企业的生存发展。一般市场定位包括以下七个步骤。

(1) 外部环境分析;

(2) 内部核心竞争优势分析;

(3) 潜在竞争优势分析;

(4) 市场细分;

(5) 选择目标市场;

(6) 制定战略;

(7) 产品定位。

服装市场调研对服装企业能否进行准确的市场定位起关键作用,调研获得的有用信息越多,越能帮助企业准确定位。

2. 服装市场调研有利于为服装企业经营决策提供依据

对于服装企业来讲,要想占领市场并获得理想效果,必须依赖于正确的行动、方针、方案及竞争方式,即企业的经营决策。服装市场营销是一个竞技场,每一个参与企业必须拥有自己正确的产品战略、价格战略、销售渠道战略和促销活动战略,才能在市场竞争中立于不败之地,长久生存和可持续发展。除了目标营销战略外,服装企业还必须花费大量精力制定实

施服装市场扩张、营销组合和国际营销等战略决策。行之有效的经营决策要以服装市场调研为前提,通过服装市场调研了解并掌握服装市场现状及其影响因素,了解服装企业自身的有利资源、经营范围及各种市场机会,为服装企业实施正确的产品策略、价格策略、渠道策略及促销策略提供可靠的依据。

3. 服装市场调研有利于服装企业开拓市场,开发新产品

服装产品销售周期短,具有很明显的季节性,某一品牌不可能永远保持销售旺势,要想吸引消费者眼球,就不能安于现状,要不断开发新产品,开拓新市场。服装企业的产品开发包括服装款式设计、色彩搭配、包装设计和产品组合等一系列活动及策略。产品策略恰当与否,直接影响和制约产品能否满足消费需求,取得较好的经济效益。通过市场调研,服装企业不仅可以把握市场发展趋势,了解服装产品生命周期,掌握服装市场消费需求特点,还能获取其他服装企业的产品策略和产品特征等服装市场信息,为服装企业制定下一步产品策略提供参考。

4. 服装市场调研有利于服装企业在竞争中占据有利地位

"知己知彼,百战不殆",服装企业要想在竞争日益激烈的现代市场环境中脱颖而出,占据稳固市场地位,就必须通过市场调研了解服装企业自身及竞争对手的市场占有率,分析竞争对手的服装款式、面料、功能、质量、价格、销售渠道和促销等经营策略。通过掌握竞争对手的产品优势、经营力量和渠道优势等,加以借鉴,有针对性地调整、制定本企业的市场竞争策略。另外,服装行业具有快时尚的特性,因此需要不断地进行调研,了解市场动态,跟上快时尚的步伐,才能在市场竞争中占据优势,立于不败之地。

5. 服装市场调研有利于企业评估、检测市场运营情况

在服装企业市场运营的整个过程中,往往会出现许多意想不到的情况,这将直接影响到服装产品的市场表现。产品能否占领市场,得到消费者认可,要求服装企业必须通过服装市场调研及时了解产品市场现状及竞争现状,对服装企业目前所处的市场地位进行评估监测,及时发现市场运营过程中的不足与存在的问题。如果发现服装产品目前的市场营销计划不能满足消费需求,就要及时分析原因,并做出相应调整,避免做无用功,浪费资源,甚至给竞争对手创造更多机会。

1.2.2 服装市场调研类型

服装市场调研按照不同标准可以有多种分类方法,每一种方法都有其优势与局限性,服装企业必须根据自身的实际情况,选择合适的服装市场调研方法,获取有用的市场信息,如图 1-1 所示。

1. 按调研性质分类

服装市场调研按性质不同,可分为探索性市场调研、描述性市场调研、因果关系市场调研和预测性市场调研。

1) 探索性市场调研

探索性市场调研又叫非正式调研,是一种试探性调研。探索性调研是当问题或研究范围不明确时所采用的一种方法。探索性调研主要用来发现问题、确定问题性质或寻找市场机会,为组织正式调研提供内容和范围依据。例如,某一品牌服装产品销量下降,可能是款式问题、色彩问题、价格问题、店面陈列问题,也可能是消费者需求变化问题。但究竟是什么

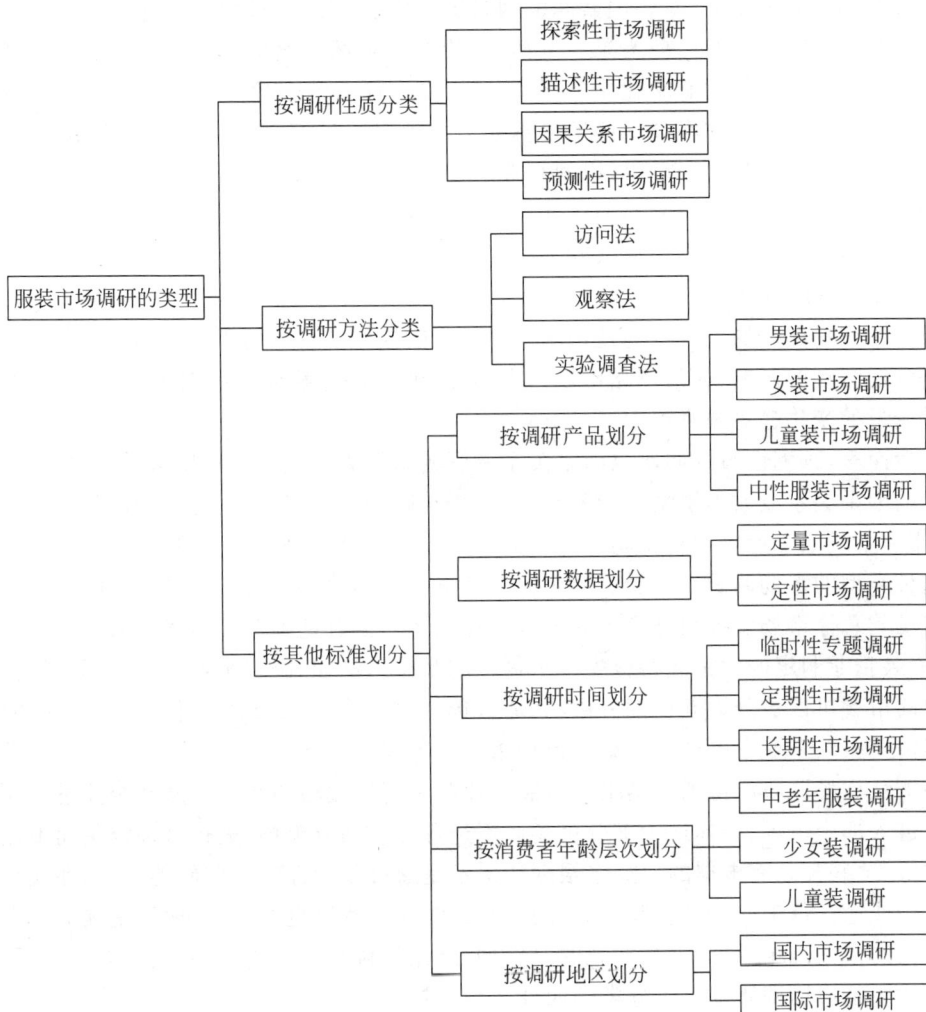

图 1-1 服装市场调研的类型

问题,仅凭猜测是不行的,必须深入实际,采用试点调查、专家咨询或座谈等方法初步了解存在的问题。

探索性调研一般是暂时性的、试验性的,主要解决"要做什么"的问题。

2)描述性市场调研

描述性市场调研是对已确定的调研问题,按照调研方案进行资料搜集、甄别、整理并汇总,做更深入、全面的分析,对市场调研情况如实地加以描述和反映。服装描述性市场调研内容,诸如消费者年龄、收入水平和社会地位分布,消费者习惯购买的时间和地点,消费者喜好通过什么方法购买服装,消费者对某一品牌服装的忠诚程度,以及某地区服装零售销量多少等。

描述性市场调研比探索性市场调研更深入细致,一般可用于服装市场占有率调查、竞争状况调查、消费者行为及需求调查等方面,主要解决"是什么"的问题。

3)因果关系市场调研

因果关系市场调研是对导致调研对象产生问题或发生变化的外在因素和内在原因的相

互关联和制约关系的研究,对各因素间的因果关系、主从关系、自变量与应变量关系进行定性和定量分析,总结何为因,何为果。例如,为什么耐克运动服能够成为世界畅销品牌?为什么某一服装品牌市场占有率比去年下降15%?为什么越来越多年轻消费者喜欢网购服装?为什么同一连锁品牌在某地区销量不如另一地区?等等。通过因果关系市场调研,可以弄清楚问题的发生的前因后果,以便企业对症下药。

服装因果关系市场调研是在描述性市场调研的基础上,找出出现某种现象,发生某种问题的原因和结果,主要解决"为什么"的问题。

4)预测性市场调研

预测性市场调研的主要目的是预测未来一定时期内某一环境因素的变动趋势及其对企业市场营销活动的影响,如某产品市场需求预测、消费者对某种产品需求变化趋势预测、某产品供给量的变化趋势预测等。

一般而言,预测性市场调研以因果关系调研的结果为基础。通过因果关系调研,建立事物之间的因果关系或数学模型。预测性市场调研则是利用事物之间已知的因果关系或数学模型,用一个或数个事物的变化趋势推断另一个或另几个事物的变化趋势。

这种类型的市场调研是最受服装企业欢迎的。服装企业在制定营销战略时,需要了解某一市场的总体市场及各细分市场的发展变化趋势。没有这种关于市场未来变化的信息作依据,服装企业制定的营销战略就失去了科学的基础。例如,服装企业通过市场调研得知自己面对的市场可以被分为五个细分市场,那么选择哪一个或几个细分市场作为自己的目标市场就需要服装企业了解这五个细分市场未来发展变化趋势。

预测性市场调研所得到的结果是服装企业制定营销战略的前提。服装企业进入这个市场而不进入那个市场、选择这个细分市场而不选择那个细分市场、进行这种定位而不进行那种定位等,这些都是有根据的。这些根据如果不是通过预测性市场调研得来的,那就是通过别的方法或途径得来的,如决策者自己的主观判断。虽然这也并非不可,但是预测性市场调研所提供的依据是相对全面的、客观的,也因此是比较科学的。它解决"做什么"的问题。

上述服装市场调研按性质分类的四种类型比较,如表1-1所示。

表1-1　服装市场调研按性质分类的四种类型比较

类　型	特　点	目　的	资料来源
探测性市场调研	初始阶段;情况不明;灵活;省时、省费用;非正式调研	问题的表现与问题的根源;明确进一步调查的重点;解决"做什么"的问题	第二手资料;观察;访问有识之士
描述性市场调研	对情况或事件进行描述;事物发展的过程及可能的原因;正式调研	事情是怎样发生的;历史与现状;可能的原因;解决"是什么"的问题	第一手与第二手资料;定性研究
因果关系市场调研	两个或多个变量之间的量化因果关系;正式调研	一个因素会以怎样的方式影响另一个变量,以及影响的程度;解决"为什么"的问题	第一手与第二手资料;逻辑推理(三种证据:伴随变化、相继发生、没有其他因素影响);统计分析
预测性市场调研	应用理论模型,根据一个或几个变量的变化预测另一个变量的变化;正式调研	如果一个变量改变到一定程度,另一个变量变化的程度;解决"做什么"的问题	第一手与第二手资料;理论模型

2．按调研方法分类

服务市场的调研方法可分为访问法、观察法和实验调查法。

1）访问法

访问法是指通过询问的方式向被调研对象了解服装市场状况的一种调研方法。常用的访问法有面谈访问调查、电话访问调查、邮寄调查和网络调查。面谈访问调查是指调研小组当面咨询被调查对象，询问有关服装营销活动的有关问题。电话访问调查是指对调研人员依据调研样本范围，通过电话咨询的方式向被访者了解服装市场经营相关情况。邮寄调查是指将事先设计好的调查问卷邮寄给被调研对象，请其按照规定要求填写完整后再邮寄回来的一种调研方式。网络调查是借助互联网发布事先设计好的调查问卷，通过互联网收集服装市场营销信息的一种调研方式。询问调查法是最常用的一种调研方法。例如，采用询问被调查者了解消费者对服装产品款式、花色、种类、价格和销售渠道等方面的意见。

2）观察法

观察法是对服装市场实况及消费者行为的一种直接观察方法。观察法可分为自然观察与模拟观察、直接观察与间接观察、公开观察与非公开观察、结构观察与非结构观察，以及人员观察与仪器观察。观察法最大的优势在于具有直观性和可靠性，收集到的一手资料能够较真实地反映客观事实，而且调查实施比较简单和易于操作，只要选择好合适的时间地点，便可直接进行。然而观察法也存在一些弊端，最大的弊端在于只能观察服装消费市场问题的现状，不能深入了解产生问题的原因。另外，调研时间长且成本高，要求调研小组成员具有较敏锐的洞察力。观察法也是常用的一种调研方法。例如，通过采用观察法分析消费者对某一款服装的行为表现、服装商业区的客流量、服装店铺陈列、服装消费对象年龄层次和服装价格范围等。

3）实验调查法

实验调查法是指通过实验对比收集市场信息资料的一种调研方法。实验调查法通常用来改变某些因素（自变量），测量对其他因素（因变量）的影响。在进行实验前，首先要明确实验目的；其次选择实验对象，确定实验方法和实验环境，开始实验；最后分析实验结果。

实验调查法市场调研的优点在于能够揭示市场变量间的因果关系，发现市场变化的主要原因，并能够分析各因素间的影响关系，实验调查法能够提升服装市场调研的精确度，但在调研过程中影响市场变化的可变因素难以掌控，调研时间长、风险大，且费用高。主要的实验调查法有市场反应实验，例如，将同一产品投放在两个不同购买力水平、销售类型的细分市场，然后对比分析市场反应，了解不同细分市场对该产品的接受情况；新产品投放实验，例如，将某一高新技术服装产品投放到某一市场，对消费者的反应进行测试；此外，还有市场饱和度实验、广告效果实验和市场营销组合实验等。

3．按其他标准划分

（1）按调研产品划分。服装市场调研可分为：男装市场调研、女装市场调研、儿童装市场调研和中性服装市场调研。

（2）按调研数据划分。服装市场调研可分为：定量市场调研和定性市场调研。

（3）按调研时间划分。服装市场调研可分为：临时性专题调研、定期性市场调研和长期性市场调研。

（4）按消费者年龄层次划分。服装市场调研按消费者年龄层次可分为：中老年服装调研、少女装调研和儿童装调研。

（5）按调研地区划分。服装市场调研按调研地区可分为：国内市场调研、国际市场调研。国内市场调研又可细分为全国性调研、地方性调研和局部性调研。

1.2.3 服装市场调研程序

服装市场调研程序是指从调研准备到调研结束整个工作过程的具体步骤，有目的性、系统科学的调研程序能够提高工作质量与效率，为决策者更好地提供决策信息。服装市场调研全过程可以分为调研准备、调研实施、调研分析与总结三个步骤，如图 1-2 所示。

图 1-2　服装市场调研主要步骤

服装市场调研三个步骤具体细分内容包括以下几方面，如图 1-3 所示。

（1）调研准备：明确调研目标—确定调研范围—制订调研方案。

（2）调研实施：组织调研人员—收集二手资料—实地调研。

（3）调研分析与总结：调研资料整理与分析—调研报告撰写—调研跟踪与反馈。

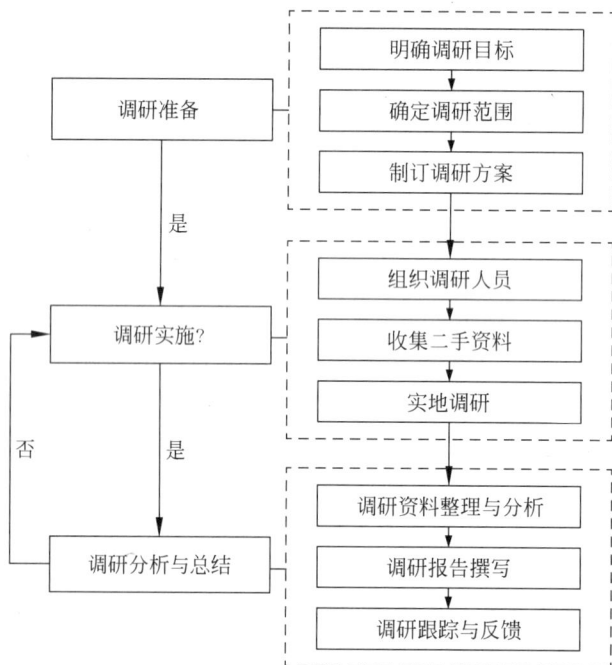

图 1-3　服装市场调研三个步骤具体内容

1. 服装市场调研准备阶段

服装市场调研准备阶段是调研工作的开端，良好的开端是成功的前提，准备工作是否充分对调研实施及结果获取有直接的影响。调研准备阶段主要为明确调研目标，确定调研范围，制订调研方案。具体如下：

（1）明确调研目标。调查人员在开展服装市场调查之前，必须明确需要调研的问题，有什么目的与要求。例如，服装企业根据在市场经营过程中遇到的销量问题、促销问题和市场需求问题等，提出课题的调研目标。

（2）确定调研范围。有了调研目标后，由于受到人力、财力资源的限制，调研工作的实施不可能是无止境的，调研小组必须根据调研目标明确调研范围，将调研工作规划在某一可行的范围内，有目的、有计划地展开工作。服装市场调研范围一般包括市场动态调研、企业经营状况调研和消费者需求调研等。

（3）制订调研方案。对服装市场调研目标、调研范围进行分析研究后，正式展开调研前，还需制订一份完整、系统的调研方案。

服装市场调研方案是对某项调研工作的设计与规划，目的是指导调研小组有目的、有组织、有计划地进行调研工作，是整个调研过程的重要依据。调研方案设计内容包括：①为完成调研目标，需要对哪些对象进行调研，预期获取哪些信息；②采取什么方法获取调研信息，获取信息的时间和地点；③如何对调研数据及获得的信息进行统计分析；④调研经费预算及调研人员、调研进度安排；⑤调研结果呈现形式，以及如何进行反馈与沟通。

2. 服装市场调研实施阶段

服装市场调研实施阶段是整个调研工作最关键的阶段，其主要任务是组织调研人员按照调研方案的要求对调研对象进行切实深入的调研，系统科学地收集所需资料和数据。这一阶段的具体步骤如下：

（1）组织调研人员。服装市场调研应根据调研任务及调研规模的大小，配备调研人员，并对调研人员进行集中培训，让调研人员熟悉并理解调研方案及调研计划，掌握调研关键技术和访谈技术，学习相关统计知识、经济知识和业务知识。

（2）收集二手资料。服装市场调研资料可分为一手资料和二手资料。一手资料也叫原始资料，是指通过自己的实地调研搜集整理或者实验获得，其准确性和可靠性强，但获得资料的人力和物力花费大，且较难获得。二手资料通常是由国家统计局、机关、企事业单位提供的现有资料，或者前人已有的研究成果，其获得较为简易，花费较少。在服装市场调研中，应根据调研方案，适当组织人员获取二手资料，对调研情况做初步了解。收集的二手资料，必须保证具有可靠性和准确性。

（3）实地调研。在服装市场调研中，要想得到满意的调研结果，在收集二手资料的基础上，调研小组还必须按计划规定的调研方法、调研时间及地点对调研对象进行实地调研，收集一手资料。实地调研工作量大，成本高，过程复杂，调研过程难以控制且容易出错，一般采用的方法有访问面谈法、观察法、实验调查法、问卷调查法等。例如，对服装企业管理人员进行访问面谈，了解企业品牌文化、经营理念、管理模式和产品体系；对服装零售商场及服装产品进行观察，了解服装目前流行趋势及竞争对手情况；对消费者服装消费行为进行问卷调查，了解消费者对服装产品及服务的满意度，消费者购买行为及购买需求。

3. 服装市场调研分析总结阶段

服装市场调研最后一个阶段即对调研数据、资料进行统计分析，得出最终结果并撰写调研报告，同时将调研过程中遇到的问题及调研结果及时向委托单位进行汇报反馈。这一阶段具体步骤如下：

（1）调研资料整理与分析。服装市场调研所获得的大量资料往往是分散的、零乱的，有些资料甚至缺乏真实性，出现短缺、冗余等现象。因此，必须对调研资料加以适当的处理，去粗取精，去伪存真。调研资料整理分析工作包括：①资料核实、筛选。在对服装市场调研获得的资料进行整理过程中，首先要检查资料是否齐全，剔除重复及偏差较大的资料，核实获得的数据是否与现实相矛盾，若发现矛盾，应及时进行修正、补充或删除，以力求调研结果的真实可靠性。②资料分类汇编。经检查校对后的资料，为了便于分析查找，应按照量化等要求进行分类汇编，用数字符号表示最终信息。例如，性别"男"用"1"表示，"女"用"2"表示；消费者满意程度，"满意度高"用"5"表示，"满意度低"用"1"表示。③资料统计分析。调研获得的资料反映了客观事物的外部联系，为了弄清调研对象本质情况及问题，要用科学方法对调研资料进行综合分析。常用统计分析软件有 Excel、社会科学统计软件包（SPSS）等，调研小组应根据实际需求，选择合适的统计分析方法，对调研数据进行处理，并进行小组讨论，论证结果的真伪。

（2）调研报告撰写。服装市场调研成果通常以调研报告的形式提交给项目委托人或决策者。调研报告是对课题研究后撰写的书面报告，是调研工作成果的最终体现。一份优秀的调研报告要尽量简明扼要，用数据、资料说明问题。服装市场调研报告一般由导言、主体、对策建议与附件组成，具体内容一般包括：①调研目的、时间、地点、方法步骤说明；②调研对象（服装品牌、产品、消费者等）基本情况；③调研资料、数据分析处理方法与过程；④调研资料、数据分析处理结果；⑤调研结论，并提出建设性对策建议；⑥调研问卷、统计资料、图表等附件材料。

（3）调研跟踪与反馈。服装市场调研全过程结束后，要将花费大量精力、财力获得的调研结果付诸实施，认真回顾、检查各个阶段的工作，做好总结反馈。总结内容概括如下：①调研方案是否切合实际，结论是否与市场发展相一致；②调研报告表述是否清晰，能否满足决策者或委托人需求；③调研结果及对策建议能否被决策者或委托人采纳；④调研过程中还有哪些问题没有解决，有待进一步追踪调研；⑤调研过程中有哪些成功经验值得推广，哪些失败教训需加以改进；⑥调研小组成员知识结构是否互补，能力是否得到充分发挥；对小组成员进行考核，加强调研队伍建设，不断改进和提高调研水平和效率。

1.2.4　服装市场调研机构

市场调查机构是受企业委托运用科学方法专门从事搜集、记录、整理和分析商品从生产到消费全过程调查的单位或组织。服装市场调查机构则是受服装企业委托专门从事服装市场信息调查的专业单位或部门组织。

市场调查机构规模有大有小，其隶属关系及独立程度也不一样，名称更是五花八门。但归纳起来，基本有以下四类。

1. 各级政府部门组织的调查机构

我国最大的市场调查机构为国家统计部门，国家统计局、各级主管部门和地方统计机构负责管理和分布统一的市场调查资料，便于服装企业了解市场环境变化及自身发展，指导企业微观经营活动。此外，为适应经济形势发展的需要，统计部门还相继成立了城市社会经济调查队、农村社会经济调查队、企业调查队和人口调查队等调查队伍。除统计机构外，中央和地方的各级财政、计划、银行、工商、税务等职能部门也设有各种形式的市场调查机构。

2. 新闻单位、大学和研究机关的调查机构

这些机构一般开展独立的市场调查活动,定期或不定期地公布一些市场信息。例如,中国纺织工业联合会主办、中国纺织信息中心承办的中国纺织经济信息网,在这里可以获取最新的有关纺织服装行业的相关信息。

3. 专业性市场调查机构

这类调查机构在国外的数量很多,它们的产生是社会分工日益专业化的表现,也是当今信息社会的必然产物。专业性市场调查机构主要有三种类型,如表 1-2 所示。

表 1-2 专业性市场调查机构

调查机构类别	主 要 职 能
综合性市场调查公司	这类公司专门搜集各种市场信息,当有关单位和企业需要时,只需缴纳一定费用,就可随时获得所需资料。同时,它们也承接各种调查委托,有涉及面广、综合性强的特点
咨询公司	这类公司一般是由资深的专家、学者和有丰富实践经验的人员组成,为企业和单位进行诊断,充当顾问。这类公司在为委托方进行服务时,也要进行市场调查,对企业的咨询目标进行可行性分析。当然,它们也可接受企业或单位的委托,代理或参与调查设计和具体调查工作
广告公司的调查部门	广告公司为了制作出打动人心的广告、取得良好的广告效果,就要对市场环境和消费者进行调查。广告公司都设立调查部门,经常大量地承接广告制作和市场调查

近年来,我国也出现了许多专门从事经济信息调查和咨询的服务公司,它们既有国有公司,也有集体、私营公司(集体和私营公司的不断发展趋势尤为引人注目)。它们承接市场调查任务,提供商品信息,指导企业生产经营活动,在为社会服务的同时,自身也取得了很好的经济效益。

4. 企业内部的调查机构

目前,国外许多大的服装企业和组织,根据生产经营的需要都设立了专门机构,市场调查已成为这类企业固定性、经常性的工作。例如,很多服装公司的营销中心往往也是市场调查部门,进行定期或不定期市场行情跟踪和调查。

1.3 服装市场调研基本内容

服装市场调研内容十分广泛,凡是对服装企业市场经营活动产生影响的各个环节,从寻求市场机会、确定目标市场、制定营销策略到开展经营活动,都有可能成为市场调研的对象。目前,很多服装企业进行相关市场调研活动,其服装市场调研内容包括:服装市场营销环境调研、服装市场需求调研、服装市场营销组合要素调研、服装市场竞争调研四个方面。

1.3.1 服装市场营销环境调研

任何一种服装市场营销活动都是在复杂多变的市场环境中进行的,市场营销环境包括宏观环境和微观环境。不同的环境既能给服装企业带来市场机会,又能给服装企业带来威胁。因此,服装企业市场营销环境调研是企业营销管理活动的一项重要工作,有助于企业分析环境对经营活动的影响,抓住市场机会,更好地使企业认识、利用和适应市场环境。服装市场营销环境调研主要包括：人口环境调研、经济环境调研、社会文化环境调研、政治法律环境调研、自然地理环境调研和科学技术环境调研，如图 1-4 所示。

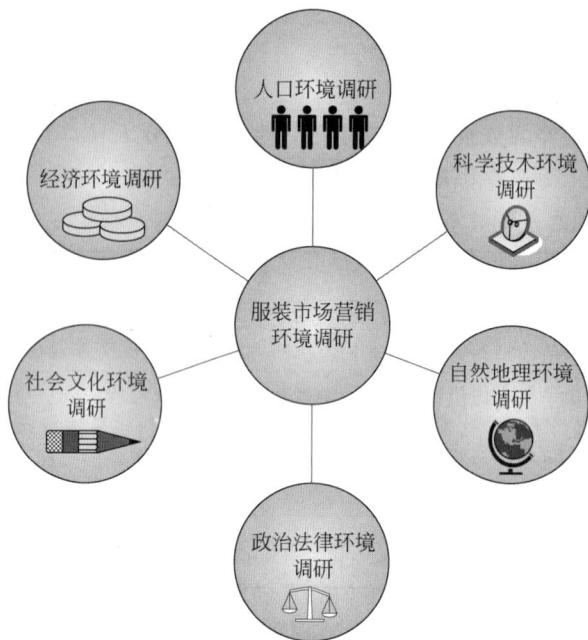

图 1-4　服装市场营销环境调研

1. 人口环境调研

人是服装消费市场的主体，不同群体对服装消费需求都是不一样的。人口环境包括：人口数量、规模、结构、分布、发展趋势、家庭状况等。服装企业应充分认识人口环境及其变化规律，通过市场调研，为确定目标市场提供准确数据，从而采取更适当的营销手段去适应人口环境。

2. 经济环境调研

经济环境是有效市场构成的重要因素，主要体现在消费群体的购买能力，反应一个地区居民购买力的主要经济指标有：当地人均收入、国内生产总值、产业结构、进出口贸易、社会商品购买力水平、物价水平、储蓄和能源等。

3. 社会文化环境调研

社会文化环境是指各地区的民族特征、价值观念、社会习俗、生活方式、宗教信仰、教育水平和审美观念等。每个人都在一定的社会文化环境中成长，不同的学习、工作环境对人的思想行为都有一定的影响，对于服装产品来讲，品牌文化尤其受到重视，不同的阶层对服装需求也是不一样的，如保暖需求、审美需求、社会地位需求，服装的经营活动必须适应当地的文化传统，才能得到当地消费者的认可。

4. 政治法律环境调研

政治法律环境是指一定时期内国家的法律条款，以及与服装经营活动有关的国家政策、法律、法规等，通过调研，主要了解政府对该类服装产品的相关政策、方针及相关法规法令，如专利法、商标法、工商法和广告法。服装企业只有认清某地区的政治、法律环境，

才能预测该地区的经济发展方向与速度,才能依法管理和经营,也可以用法律手段维护自身权益。

5.自然地理环境调研

自然地理环境包括地形、地貌、气候、自然资源、湿度、温度、光照等因素。随着科学技术的发展,以及人类社会工业化进程的加快,自然环境恶化现象越来越严重,这与服装企业的经营活动密切相关,恶劣的环境会影响服装企业的发展。同时,不同的自然地理环境对人们的衣着消费观念、消费习惯也会产生很大的影响。

6.科学技术环境调研

科学技术是第一生产力,科技的发展对经济发展有巨大的影响。对服装企业来讲,科学技术的不断进步,给服装企业带来了新的机遇和威胁。服装企业要想在竞争日益激烈的市场环境中脱颖而出,必须对当前服装新技术、新工艺、新面料、新产品开发、应用及推广技术有深入的了解,时刻关注技术环境的变化,及时掌控新技术的发展动态。

1.3.2 服装市场需求调研

服装消费需求调研在服装企业市场营销活动中占据重要位置。要想提升客户满意度,必须及时对服装市场进行需求调研,尽快调整服装企业经营管理策略,适应市场环境变化。服装消费需求调研包括消费需求量调研、消费者购买动机调研、消费者购买行为过程调研、消费者购买影响因素调研。

1.服装消费需求量调研

消费需求量即市场需求量,对市场规模的大小具有直接影响。服装消费需求量调研主要目的是利用调研数据对服装企业产品在该地区的需求总量、已满足市场需求总量、潜在市场需求总量进行说明。

服装消费需求量受到地区人口数量和居民可支配收入的影响。因此,在调查过程中强调地区人口总数和人均收入水平的调查。另外,服装消费需求量也受到需求结构的影响。需求结构是消费者将其货币收入用于不同商品消费的比例,它决定消费者的消费投资方向。需求结构受到地区人口构成、家庭规模构成、消费构成、收入人均增长状况、服装商品供应状况和服装价格变化等因素的影响。因此,服装市场消费者需求量调研可以从以下四个方面考虑:

(1)界定区域范围;

(2)界定时间范围;

(3)界定产品范围;

(4)界定客户群体。

通过对服装消费需求规模的界定,测定服装消费市场需求量。

2.服装消费者购买动机调研

消费者购买动机是产生消费行为的前提。消费者服装购买动机一般指人们为了满足自身需求,购买服装的意愿。服装是人类最基本的需求,随着生活水平的提高,消费者购买服装的动机也越来越多,从生活水平低质时期的生理需求,即服装作为护体、保暖之物是生活习惯和风俗、社会规范的需要,到生活水平高质时期的心理需求,即服装不再仅仅作为生理上的需求物,而成为一种社会地位、价值观念、身份形象的象征。消费者服装的购买动机是复杂、多变的,甚至很多消费者自己也不清楚购买的动机。因此,对消费者购买动机的调研要精心设计,充分准备。

消费者服装购买动机调查的目的主要是弄清消费者购买动机产生的各种原因,以便采取相应的诱发措施。一般来说,消费者服装购买动机受到消费者的心理性格、个人偏好、宗教信仰、文化程度、消费习惯等主观因素影响,这些也是调研的主要内容。

3. 服装消费者购买行为过程调研

消费者购买行为是消费者购买动机在实际购买过程中的具体表现。消费者服装购买行为过程调研就是对消费者服装购买模式和习惯的调查,包括了解消费者对于服装通常喜欢在什么时间购买;多长时间购买一次;每次购买花费多少钱、购买几件;喜欢在什么地方购买;喜欢什么品牌的服装;购买时比较注重品牌、面料、价格还是其他因素;喜欢用什么方式购买;喜欢和谁一起购买;等等,即了解消费者在何时购买(when)、何处购买(where)、由谁购买(who)以及如何购买(how)的情况。通过对这几方面的调研与了解,服装企业能够更好地选择和安排销售渠道,合理安排时间和人员数量或者适当调整营销渠道模式,从而做出正确的经营策略。

4. 服装消费者购买影响因素调研

服装消费会受到个性特征、地理环境、文化风俗、宗教信仰、消费习惯等多方面因素的影响,这些因素都会在一定程度上对消费者的购买行为产生影响,消费者服装购买影响因素调研主要是为了了解这些因素在服装购买过程中所起的作用,了解不同环境下、不同人群的服装市场需求。

1.3.3 服装市场营销组合要素调研

服装市场营销组合要素调研包括产品调研、价格调研、分销渠道调研和促销活动调研。服装市场营销组合要素调研主要是为了帮助服装企业更好地利用市场营销组合工具,制定出更好的市场营销组合策略,更好地满足消费者需求。

1. 服装产品调研

服装产品是服装企业为消费者提供服务的主要载体。每一个服装企业都应该拥有自己独特的服装产品来满足目标顾客的消费需求。

服装产品调研的目的是了解消费者对服装企业产品的面料、款式、质量、性能、包装、服务等方面的期望及满意度,为服装企业对产品进行定位,提升竞争力提供依据。服装产品调研一般包括服装核心产品调研、服装产品包装调研和服装产品生命周期调研等。

(1)服装核心产品调研。主要了解服装的款式、类型、色彩、搭配、面料、衬料及制作工艺的质量状况、产品的规格和实用性能等。对服装实体本身的调研,应根据不同的消费群体调查其对服装的不同要求,从而在产品用料、结构设计、工艺、色彩搭配等方面做到最切合。例如,近年来许多年轻人喜欢穿纯棉面料制作的服装,而不喜欢穿化纤类服装。在服装色彩上,老年人中意古朴、淡雅的色调;而大多年轻人则更偏重鲜艳、阳光活泼的色调等。

(2)服装产品包装调研。包装不仅保护产品、方便物流,更重要的是它能够促进服装的销售。按照不同的包装类型,对包装调查的内容包括以下几个方面,如表1-3所示。

表 1-3　商品包装调查

包 装 种 类		调 查 内 容
销售包装	消费品包装	① 包装与市场环境是否协调 ② 消费者喜欢什么样的包装外形 ③ 包装应该传递哪些信息 ④ 竞争产品需要何种包装样式和包装规格
	工业品包装	① 包装是否易于储存、拆封 ② 包装是否便于识别商品 ③ 包装是否经济,是否便于退回、回收和重新利用等
运输包装		① 包装是否能适应运输途中不同地点的搬运方式 ② 是否能够保证防热、防潮、防盗,以及适应各种不利的气候条件 ③ 运输的时间长短和包装费用为多少等

（3）服装产品生命周期调研。服装产品在不同的生命周期里表现出不同的市场特征,企业应通过对销售量、市场需求的调查,进而判断和掌握自己所生产和经营的产品处在什么样的生命周期阶段,以制定相应的对策。

2. 服装价格调研

价格是市场营销中十分敏感、活跃的因素。在市场经济条件下,服装价格对市场供求和消费者购买行为有着重要的影响。因此,服装价格是服装市场竞争的重要手段,服装价格调研对服装企业制定正确的价格策略具有重要作用。

服装价格调研包括服装定价目标和定价策略,例如,服装企业商品的定价是否合理,如何定价才能使企业增加赢利;服装价格变化趋势及影响服装价格变化的因素,例如,消费者对什么样的价格容易接受,以及接受程度如何;消费者的价值感受,例如,消费者对企业产品的价格心理状态如何;竞争产品的价格调研,例如,商品需求和供给的价格弹性有多大、影响因素是什么等。

3. 服装销售渠道调研

服装销售渠道是服装生产企业将服装转移到消费者手中所经过的通道。服装销售渠道是市场营销活动的重要组成部分,合理的分销渠道能够经济、有效、低成本地实现服装产品的附加值。服装企业应善于利用原有的销售渠道,并不断开拓新的渠道。对于企业来讲,目前可供选择的销售渠道有很多,如批发商、零售商及电子商务等渠道。

为了选好中间商,有必要了解以下几方面的情况:服装企业现有销售渠道能否满足销售商品的需要;服装企业是否有通畅的销售渠道,如果不通畅,阻塞的原因是什么;服装销售渠道中各个环节的商品库存是否合理,能否满足随时供应市场的需要,有无积压和脱销现象;服装销售渠道中的每一个环节能对商品销售提供哪些支持,能否为销售提供技术服务或开展推销活动。因此,服装销售渠道调研的基本内容包括:销售渠道的类型、结构、覆盖范围调研;销售渠道管理情况调研;交通运输情况调研;物流配送情况和模式调研;影响销售渠道设计的主要因素调研等。上述服装销售渠道调研有助于服装企业评价和选择中间商,开辟合理的、效益最佳的销售渠道。

4. 服装促销活动调研

服装产品的促销活动包括广告、公关活动、服装表演、促销等一系列活动,服装促销活动形式复杂多变。服装促销活动调查是对促销活动的实际效果进行调研,为服装企业制定最优的促销组合策略提供依据。

服装广告调查是用科学方法了解广告宣传活动的情况和过程,为广告商制定决策、达到预定的广告目标提供依据。广告调查的内容包括广告诉求调查、广告媒体调查和广告效果调查等。除对服装广告进行调查外,服装企业根据需要还可对公共关系活动、降价、有奖销售、馈赠礼品、服装表演和价格优惠等措施进行调查。

1.3.4　服装市场竞争调研

任何企业、任何产品处于市场中都会产生竞争对手,有直接竞争对手和间接竞争对手。不同企业所处的行业不同,其竞争者数量和竞争程度也会不同。美国管理学家迈克尔·波特将竞争分为五类,即同行业的竞争、潜在的竞争、替代品的竞争、卖者讨价还价的竞争和买者讨价还价的竞争。无论上述哪一种竞争,都会对企业构成威胁。因此,通过对竞争对手进行调查来确定自己的竞争策略就显得非常重要,正所谓"知己知彼,百战不殆"。

服装市场竞争调研主要是了解竞争对手的基本情况、产品情况及经营策略,从横向与本企业服装进行比较,找出本企业的竞争优劣势,从而可建立有利于企业制定正确的竞争策略。

1. 竞争对手基本情况调研

服装企业竞争对手的基本情况调研主要是对本服装企业有没有直接或间接的竞争对手,如果有,是哪些;对竞争对手的所在地、销售渠道和活动范围等进行调研,摸清企业竞争者的情况,主要包括竞争对手数量、规模、资金运作等情况。

2. 竞争对手产品情况调研

服装企业竞争对手的产品情况调研主要是对竞争者产品所占有的市场份额是多少,主要竞争者的产品的竞争优势表现在什么地方,以及主要竞争者是否存在劣势等进行调研,具体主要包括服装的品牌形象、服装功能、性能、质量、价格、市场占有率、分销渠道等。

3. 竞争对手经营策略调研

服装企业竞争对手经营策略调研主要是对服装行业竞争者采取的营销战略与策略进行调研,主要包括竞争对手的广告促销策略、打折活动、有奖销售活动、馈赠礼品策略、季节优惠策略、公共关系营销策略等。

只有将以上情况调查清楚,才能判断本服装企业所具备的与竞争对手相抗衡的条件或可能性,才能认清自己在市场竞争中所处的地位,也才能确定自己的有效竞争策略。服装行业的市场竞争调研是对竞争品牌进行的专项调研。

1.4　本章小结

(1)服装市场调研是以服装市场为对象,通过运用科学方法,有计划、有组织、有目的地系统、全面、及时地收集、整理、分析和研究有关服装市场信息。

(2)开展服装市场调研有利于企业进行准确的市场定位,有利于企业作出适应自身发展的经营决策,有利于企业开拓市场、开发新产品,有利于企业在竞争中占据有利地位,有利于企业评估、检测市场运营情况。

(3)服装市场调研按调研性质、调研方法及其他分类标准,有不同的类型。

（4）服装市场调研全过程一般分为调研准备、调研实施和调研资料整理分析三个阶段，每个阶段又可以细分为若干具体步骤。

（5）服装市场调研内容十分广泛，主要有服装市场营销环境调研、服装市场需求调研、服装市场营销组合要素调研、服装市场竞争调研四个方面。

案例分析

李宁公司营销环境分析

1. 李宁公司概况

李宁公司是著名体操运动员李宁在 1990 年创立的体育用品企业，经过 30 多年的探索、发展，李宁公司已经逐步发展成为中国乃至国际领先的体育用品企业。李宁公司产品主要包括运动及休闲的鞋类、服装，以及体育器材和配件产品。目前李宁品牌的常规店、旗舰店、工厂店以及折扣店的店铺数量达 7300 多家，市场排名紧随阿迪达斯和耐克两大巨头。

2. 李宁公司宏观环境分析

1）经济环境分析

随着经济增长、消费者人均收入的增加，其支出模式也发生了变化。居民用于购买食物的支出逐步减少，而用于教育、卫生、娱乐、健身等方面的支出显著增加。此外，随着社会福利和社会保障的逐步完善，人们拥有了更多的闲暇时光，也刺激了人们对体育健身的需求。

2）社会文化环境分析

随着我国运动员在国际赛场尤其是奥运会上的表现越来越好，吸引了更多的民众开始关注中国的体育事业，尤其是北京奥运会的召开无疑刺激了人们对体育事业的关注。奥运引发全民运动，我国也提出了全民奥运的口号。政府加大对于体育设施的投入，完善了体育运动的配套设施，大街小巷都可以见到从事体育运动的各类人群，引发了全民运动的浪潮，人们对体育用品的需求也空前高涨。

3）科技环境分析

经过 20 多年的发展，虽然中国产生的李宁、安踏、361°、鸿星尔克等本土品牌逐渐缩小了与国外品牌的差距，但是这些品牌还不足以与耐克、阿迪达斯、卡帕、彪马等国际著名品牌相匹敌，本土品牌自主研发、设计及运营管理的能力与国际品牌还存在一定的差距。国内的部分企业还在模仿国外企业的产品样式、企业运作模式，缺乏独立自主的创新成果和自己的专利技术。目前，我国体育用品企业在支撑自身品牌运营的产品设计与开发能力方面还存在一定的欠缺，部分体育用品制造企业还停留在为大品牌代工的阶段，设计水平相对偏低。

3. 李宁公司微观环境分析

1）渠道分析

（1）供应商分析。李宁公司选择的供应商均是国际上各自领域的领先企业，包括米其林、杜邦、莱卡和 3M 等。一方面，这些各自领域的领先企业为李宁公司提供了高质量的产品，提高了李宁公司产品的质量和认可度；另一方面，这些公司对李宁公司的依赖比较低，一旦它们的产品产生质量问题，李宁公司会面临高昂的转换供应商的成本，容易被供应商"绑架"。

（2）分销渠道分析。李宁公司作为中国领先的体育品牌企业之一,具有很强的经销及零售实力。公司已在中国市场建立广泛的经销商及零售商网络,经销商在集团的统一指导下进行经营。李宁公司由经销商经营 5300 多家店铺,同时在北京、上海等 13 个省份或直辖市拥有 375 家直营店,其分销网络是国内运动服饰企业中最广的。同时,李宁公司亦自行经营李宁牌零售店及特许专卖。但是,李宁公司的渠道存在零售网点位置一般、商场内的陈列设计不合理、不同店铺的协调工作差、打折不统一且不能同时进行,以及 IT 网络落后等问题。

2）消费者分析

李宁公司的主要消费群体集中在 25 岁以上,以女性居多。这部分消费者有固定的收入,且月均收入在 5000～9000 元,属于价格导向型消费者。李宁公司产品虽然没有耐克和阿迪达斯这么强大的品牌效应,但也是国内体育用品的一线品牌。其产品价格适中,传递着亲和、友好、民族荣誉感,其产品风格介于运动与休闲之间,恰好契合了其目标消费群体的心理需求,因而成为他们的首选。

3）企业内部分析

在产品开发方面,李宁公司拥有亚洲一流的产品设计研发中心,引进国际先进的开发管理机制,聘请国内外一流的设计师等,大力加强市场调研和设计开发力量以逐步增强品牌的竞争力。李宁公司目前发展重点是提升产品设计、加强科技应用,其在香港设有研发团队。同时,李宁公司把生产外包给全球最大的制鞋企业裕元集团,而把企业重心放在了产品设计、分销及品牌形象的打造上。

4）竞争者分析

目前,李宁公司最主要的竞争对手是在我国市场占有率和销售额较为领先的高端国外品牌(如耐克、阿迪达斯),以及国内中低端品牌(如安踏、鸿星尔克等)。

（1）耐克。耐克的品牌个性是挑战、热情、信心,在竞争中体会快乐,其核心是"以专业体育用品市场来引导大众市场"。耐克在中国消费者心中是最酷的品牌,耐克在进入中国时就坚定地选择了本土化,从培育目标消费群的基础做起。在中国,耐克所拥有的个性化、创造性、专业性及休闲性等基本价值观正成为最受欢迎的文化。因此,耐克的高价不但不是销售的障碍,反而是其产品价值的体现,这也就不难理解为什么在运动产品降价的大趋势下,耐克却逆流而上提高产品价格了。

（2）安踏。安踏的品牌个性是专注、务实、不断超越,在产品的成本、价格上存在优势,同时将主要的市场重点放在二三线城市,其在中低端品牌中性价比较高,口碑一直不错,拥有很大一部分自己的忠诚客户。此外,无论是邀请运动巨星代言,还是赞助重大的体育赛事,安踏在营销上的巨额投入丝毫不差李宁。最近几年安踏赞助 CBA 并成功成为中国奥委会合作伙伴,在品牌知名度上有超越李宁的趋势。在产品的实际销售上,虽然安踏的销量远不及李宁,但是产品的总净利润已经超过李宁。

4. 对李宁公司的策略建议

1）坚持技术研发、走自主创新之路

在当今时代,企业之间的竞争已经是技术和品牌的竞争,而品牌的竞争又要基于自己独特的技术基础之上,绝大部分知名品牌都有自己独特的技术作为支撑。只有坚持自己的自主技术创新,形成自己的专利技术,才能树立自己的品牌优势,在今后日趋激烈的行业竞争

中占有立足之地。因此,李宁公司应坚持技术研发并走自主创新之路。

2）立足本土化、提高民族特性

李宁公司应充分利用李宁品牌的民族企业定位,大力发展本土市场,不要急功近利地开拓国际市场而使自己的原有本土市场被耐克、阿迪达斯乃至其他本土品牌乘虚而入。李宁公司应立足本土市场,提高自己产品的民族特性,充分利用自己的品牌优势,以及对于中国文化和大众需求特点的了解,建立自己牢固的大本营,巩固和加强北京奥运会之后的新增市场。

3）准确把握市场定位、有效实施差异化营销

李宁公司的衰退一部分原因是经济大环境和行业需求的下降,但很大程度上是对市场的错误定位造成的。从自身品牌塑造上来讲,李宁抛弃了原有的忠诚客户,去追求"90 后"客户群,但是却对他们的需求特点不了解,没有取得新客户群的认可,也丢掉了老客户的忠诚。从对外竞争上看,对于自身品牌盲目乐观,认为自己可以和耐克、阿迪达斯一较高下,把自己的产品价格定得偏高,使自己处于一个"比上不足,比下有余"的尴尬地位,既没有开发出高端市场,也丢掉了低端市场。李宁公司应重新认识自己,找到准确的市场定位。李宁公司要采取差异化的营销策略,发展自己的品牌特性,不能用自己不擅长的方面和别人的优势进行竞争,应避其锋芒、攻其不备。

第2章 服装市场调研方案设计

【知识目标】

1. 服装市场调研方案设计的特点与原则。
2. 服装市场调研的方案设计的步骤内容。
3. 问卷设计的基本结构。

【能力目标】

1. 理解服装市场调研方案设计的重要性。
2. 掌握服装市场调研方案设计内容与流程。
3. 掌握问卷设计的结构及设计。

2.1 服装市场调研方案设计概述

服装市场调研方案设计是根据调查研究的目的和调研对象的性质,在进行实际调研之前,对整个调研工作的各个方面和全部过程进行的通盘考虑和总体安排,以做出相应的调研实施方案,制定合理的工作程序。服装市场调研方案设计是市场营销调研活动的根本,更是企业的决策者和管理者判断某一具体调研是否可行的重要前提。如果没有市场调研方案的设计,就很难保证市场调研工作的结果符合企业或服务对象对市场信息的要求。所以,一个好的市场调研方案设计不仅能保证研究目标的顺利完成,还能提高调研项目本身的效率和有效性。

2.1.1 服装市场调研方案设计特点和原则

1. 服装市场调研方案设计特点

(1) 可操作性。服装市场调研方案设计必须具备可操作性,这是任何一个实用性方案都应有的基本要求,是决定该市场调研方案实践价值的关键。

(2) 全面性。服装市场调研方案设计是对整个调研各个方面和各个阶段进行的通盘考虑和安排,带有全局性与规划性的特点,它应该像指挥棒一样统领全局并保证调研目的的实现,因此全面性是其又一个显著特征。

(3) 规划性。服装市场调研方案设计的规划性体现在对整个调研统筹规划,是对整个调研工作各个环节的统一考虑和安排。

（4）最优性。服装市场调研方案设计是经过市场调研策划团队、企业领导者和委托方等多方反复协调磋商，经多次修改和完善而确定的。这保证了调研方案的效果和费用的最优化。作为商业调研机构，有时客户还会要求同时拿出两个以上的方案供其最后选择定案。

2. 服装市场调研方案设计原则

（1）科学性原则。服装市场调研方案设计必须科学合理，否则容易导致市场调研失败并造成损失。

（2）可行性原则。服装市场调研方案在设计策划时必须依据实际情况而定，不仅要具有科学性，而且要具有可行性。

（3）有效性原则。有效性是指在一定的经费、人员等客观条件的约束下，保证调研结果的精度能够满足研究目的的需要。因此，服装市场调研方案设计应合理选择样本，采用合适的调研方法和问卷设计等，确保市场调研数据收集的准确性和可信度。

（4）弹性原则。服装市场调研方案设计中还会面临一些具体问题的选择。在市场调研过程中，有许多因素会影响市场调研结果的准确性。但是，对不同的问题和不同的市场调研方法，这些因素的影响程度是不一样的，在市场调研方案设计中需要对这些问题进行判断、权衡。

2.1.2　服装市场调研方案设计的意义

服装市场调研是一项复杂的、严肃的、技术性较强的工作，特别是大规模的市场调研参与者众多，为了在调研过程中统一认识、统一内容、统一方法和统一步调，圆满完成调研任务，就必须事先制定一个科学、严密、合理、可行的工作计划和组织措施，使得所有参加调研工作的人员都以此执行。具体来讲，服装市场调研方案的设计有以下四个方面的意义。

（1）从认识上，服装市场调研方案设计常常是从定性认识过渡到定量认识的开始阶段。虽然市场调研所搜集的许多资料都是定量资料，但应该看到，任何调研工作都是先从对调研对象的定性认识开始的，没有定性认识就不知道应该调研什么和怎样调研，也不知道要解决什么问题和如何解决问题。定性认识是定量认识的前提和基础，定量认识是定性认识的具体和深化。

（2）从工作上，服装调研方案设计起着统筹兼顾、统一协调的作用。现代服装市场调研可以说是一项复杂的系统工程，对于大规模的市场调研尤为如此。在工作中会遇到许多复杂的矛盾和问题，其中有些问题是属于调研本身的技术性问题，有些则是与调研相关的问题。因此，只有通过调研方案设计，设置调查流程，分清主次，根据需要采取相应的调研方法，才能使调研工作有序地进行。

（3）从实践要求上，服装市场调研方案设计能够适应现代市场调研发展的需要。"没有调研就没有发言权"。现代市场调研不再是单纯的搜集资料的活动，而是发展到把调研对象作为一个整体来反映的调研活动。与此相对应地，市场调研过程也应被视为市场调研设计、资料搜集、整理和分析、报告撰写等的完整的工作过程，市场调研设计正是万里长征的第一步，一切从此开始。

（4）从市场竞争角度上，目前的服装市场调研项目委托方一般都通过采取招标的方式选择最理想的合作伙伴。为了能在竞标中脱颖而出，调研机构能否提供一份高质量高水平的市场调研方案设计是至关重要的。

2.2 服装市场调研方案设计内容

服装市场调研方案设计是指服装市场调研从准备阶段到市场调研方案确定的先后顺序和具体步骤，是对调研工作的各个方面和全部过程的通盘考虑。一份好的服装市场调研方案可以为服装企业节约大量的时间、人力、物力和财力，有助于提高市场调研的效率和质量。根据服装企业实际的市场调研，服装市场调研方案设计通常包括以下几个主要方面的内容。

2.2.1 确定市场调研目标

市场调研目标是调研方案设计的前提和基础，只有在明确的调研目标指引下，市场调研才能够确定调研的范围、规模、人员、时间、费用等具体量化的内容。确定市场调研目标是进行市场调研方案设计首先要解决的问题，主要是为了明确为什么要进行此市场调研，通过该市场调研要了解和解决哪些问题，市场调研结果有何意义及用途。衡量一个市场调研设计是否科学，主要就是看方案设计是否符合市场调研目标的要求，是否符合客观实际。服装行业是个时尚性极强的行业，产品流行周期短，市场变化迅速。在市场调研初期，只能进行小范围的非正式初步市场调研，寻找问题的症结所在，最终确定具体的市场调研目标。例如，某服装品牌企业在经营过程中出现销售额持续下降现象，此时需要分析问题的原因，是产品设计不足，还是产品结构不合理？是服务质量下降，还是消费者购买力发生转移？这些要考虑的问题，涉及面较广，问题也比较笼统，这就需要有一个初步调查过程，找出其主要原因，进而选择市场调研要解决的主要问题，即明确市场调研目标。

2.2.2 确定市场调研内容

在确定市场调研目标之后，应根据市场调研目标确定具体的调研内容。服装市场调研内容非常广泛，主要分为以下四个方面。

1. 服装市场环境调研

服装企业处在复杂的社会环境中，其经营活动要受企业本身条件和外部环境的共同制约。环境的变化不仅可以给服装企业带来发展的机遇，也可以形成某种威胁或挑战，所以对服装企业市场环境的调查研究是服装企业有效开展经营活动的基本前提，可以为服装企业决策提供咨询服务。

服装企业市场环境调研的主要内容包括政治法律环境、经济技术环境、社会文化环境等宏观环境。

（1）政治法律环境。政治环境指企业外部的政治形势和状况，分为国内和国际两部分。对国内政治形势的调研，主要分析研究党和政府的路线和各项方针政策的制定、调整及其对市场和企业产生的影响。对国际政治形势的调研，主要分析研究相关国家的社会性质和政治体制，了解其政局稳定情况。

企业法律环境的调研主要是分析与企业经营活动相关的国家的各项法规、法令、条例等，尤其是经济立法，如经济合同法、进出口关税条例、专利法、商标法、环境保护法等。在从事国际贸易交往过程中，除了了解相应国家的法令、法规外，还要熟悉相应的国际贸易惯例

和要求。

（2）经济技术环境。经济环境的调研主要是对市场购买力水平、物价水平、消费者收入状况、消费者支出模式、消费者储蓄和信贷，以及通货膨胀、税收、关税等情况变化的调研。技术环境指新技术、新材料、新工艺的不断产生对服装企业的生产和经营产生了重大影响。技术环境的变化和发展可能给某些企业带来新的营销机会，也可能给某些企业造成环境威胁，要求服装企业必须密切注意科技革命的新动向，利用新技术改善营销管理，提高企业服务质量和工作效率。

（3）社会文化环境。社会文化环境的调研主要是指某一特定区域的传统文化，包括思想意识、道德规范、社会习俗、宗教信仰、文化修养、价值观等。文化是一个复杂的集成，其中包括知识、信仰、艺术、道德、风俗习惯，以及人作为社会成员一分子所获得的任何观念与习惯。文化环境不仅建立了人们日常行为的准则，也形成了市场国家或市场地区消费者态度和购买动机的取向模式。因此，要求服装企业在营销活动中应该"入乡随俗"，注意不同国家、不同地区的文化环境对服装企业经商方式的重要影响。

2. 服装市场需求调研

服装市场需求调研是服装市场调研中最基本的内容，是服装企业制定生产规划的重要依据，主要包括市场需求量、市场需求结构和市场需求行为的调研。

（1）市场需求量调研。市场需求量调研主要是调查社会购买力，社会购买力是一种有支付能力的消费需求。不仅要了解企业所在地区的需求总量、已满足的需求量和潜在的需求量，而且还必须了解本企业的市场销售量在市场商品需求量中所占的比重，即本企业销售的市场占有率，以及开拓地区市场的可能性。

（2）市场需求结构调研。市场需求结构调研主要是了解购买力的投向。通常是按消费者收入水平、职业类型、居住地区等标准分类，然后测算每类消费者的购买力投向，即人们对吃、穿、用、住、行等商品的需求结构。不仅要了解需求商品的总量结构，还必须了解每类商品的品种、花色、规格、质量、价格、数量等具体结构，了解市场和商品细分的动向，以及引起需求变化的因素及其影响的程度和方向、城乡需求变化的特点，开拓新消费领域的可能性，等等。

（3）市场需求行为调研。市场需求行为调研主要是了解消费者的需求心理（如习俗心理需求、同步心理需要、偏爱心理需要、经济心理需要、好奇心理需要、便利心理需要、美观心理需要等）和购买行为（如习惯性消费行为、理智型消费行为、冲动型消费行为、感情消费行为、不定性消费行为等）。不仅要了解消费者的个性、个人偏好、宗教信仰、文化程度、消费习惯及周边环境等客观因素对需求行为的影响，还要了解消费需求的季节、月份、具体购买时间，以及需求的品种和数量结构等。

3. 服装市场营销事务调研

服装市场营销事务调研是围绕营销活动而展开的市场调研，主要包括产品调研、销售流通渠道调研、促销和服务调研等几个方面。

（1）产品调研。服装产品调研了解消费者对企业产品的款式、质量、包装、服务等产品相关内容方面的认识，为提高产品整体形象定位提供参考，主要包括服装本体、服装包装、市场流行趋势、品牌知名度、价格定位及服装企业自身的产能等内容。

（2）销售流通渠道调研。服装产品从生产者向消费者转移的过程中，要经过若干流通环节或中间层次。销售流通渠道调研就是对商品在销售流通过程中所经过的流通环节或中间层次进行调研。

（3）促销和服务调研。促销是服装企业把生产经营的商品及所提供的服务向消费者进行宣传，促进和影响消费者购买行为和消费方式的活动。促销活动的方式很多，既有人员推销，又有非人员推销。在非人员推销中又有广告、营业推广、公共关系等具体促销形式。其主要内容包括：调查各种促销形式的特点，促销活动是否独具一格，具有创新性；促销是否突出了产品和服务特点，消费者接受程度如何；促销能否给消费者留下深刻印象，效果与投入比是否合适；促销是否最终达到了吸引顾客，争取潜在消费者的目的。

销售服务分为售前服务、售中服务和售后服务。对销售服务调查，应了解消费者服务需要的具体内容和形式，了解企业目前所提供的服务在网点数量、服务质量上能否满足消费者的要求，了解消费者对目前服务的意见反映，了解竞争者所提供服务的内容、形式和质量情况。

4. 服装市场竞争对手调研

企业要想在市场上站稳脚跟，必须注重对市场竞争对手的调研。服装市场竞争对手调研主要内容包括以下六个方面。

（1）竞争对手的数量，是否具有潜在的竞争者，哪些是主要的竞争对手。

（2）竞争对手的经营规模、人员组成及营销组织机构情况。

（3）竞争对手经营商品的品种、数量、价格、费用水平和盈利能力。

（4）竞争对手的供货渠道情况，是否建立了稳定的供货关系网。

（5）竞争对手对销售渠道的控制程度，是否拥有特定的消费群体，所占有的市场份额情况。

（6）竞争对手所采取的促销方式有哪些，提供了哪些服务项目，消费者反映如何等。

2.2.3　确定市场调研对象

调研对象是指接受调查的总体或母体。确定调研对象也就是解决"向谁调研"和由谁来具体提供资料的问题，这不仅关系到调研方法和技术的确定，还会影响调研工作的成败。调研目标和调研内容决定调研对象，只有具备了明确的调研目标，才能进行调研对象的选择与确定。确定调研对象是根据调研的目的和主题来选择符合条件的市场调查活动的参与者，即面向什么人和面向多少人调查？确定的调查对象应具备什么特征？如性别、年龄、职业、收入、文化水平等方面的选择要求。另外，要明确面向多少人进行调查？

由于大多数市场调研都只是对总人口的有限样本或者与调研问题有关的人群内进行的调研，采用的是抽样调查方法，所以要进行抽样设计，确定样本数量和精确度。这就涉及抽样计划的制订、抽样方法的选择、样本规模等，抽样设计质量高，产生的误差小，调研结果就更为准确。但在实际调研项目开展过程中，不能只靠理论知识去推断调研对象，还应该根据实际情况对调研对象进行选择和判断。

2.2.4　确定市场调研方法

调研方法就是通过什么方式和方法取得调查资料。服装市场调研的方法很多，常见的有文案调查法、问卷调查法、询问调查法、观察法、实验调查法和网络调查法等。

资料搜集通常分为二手资料搜集和一手资料搜集两种。一般情况下,搜集二手资料常用文案调查法,搜集一手资料需要调研者亲自获得,通常采用问卷调研、观察调研、访谈调研等方式进行。

2.2.5 确定市场调研分析方法

调研资料的整理和分析就是运用科学方法对调查所得的各种原始资料进行审查、检验和初步加工综合,使之系统化和条理化,从而以集中、简明的方式反映调研对象总体情况的工作过程。服装市场调研所获得的大量原始资料信息,往往是分散的、零星的,某些资料也可能是片面的、不真实的。因此,必须经过去粗取精,去伪存真,由表及里地系统整理和分析,才能客观地反映被调查事物的内在联系,揭示问题的本质和各种市场现象间的因果关系。

为了保证资料整理工作的顺利进行,首先应制订合理的资料整理方案,包括确定汇总指标和综合统计表、确定具体分组、选择资料汇总的方式、做好组织工作和时间进度的具体安排、确定资料审查的内容和方法、确定与历史资料衔接的方法。调研资料整理的步骤包括审核、校订、编码、数据录入、统计预处理。

目前调研资料处理工作一般都是借助相关的统计软件由计算机进行的,这在设计中也应予以考虑,包括采用何种操作程序以保证必要的运算速度、计算精度及特殊目的。

市场调研分析方法主要有两种,即定性分析法和定量分析法。定性分析法包括归纳分析法、演绎分析法、创造性思维分析法等。定量分析法即统计分析法,是一种以数学理论为基础,对大量数据进行处理、检验从中寻求规律性的方法。市场调研的目的一方面在于对被调研总体表层现状的了解,另一方面在于对事物内部隐藏的本质的规律性进行深入的剖析。前者属于描述性统计分析,包括我们所熟悉的分组分析、集中趋势分析、离散程度分析和相对程度分析等几个方面。后者是属于解析性统计分析方法,适用于大型市场调研,主要有假设检验、方差分析、相关分析、回归分析、主成分分析及聚类分析等,每种分析技术都有其自身的特点和适用性。因此,应根据调研的要求,选择最佳的分析方法并在方案中加以规定。

2.2.6 确定市场调研进度

调研进度是指调研项目从何时开始,到何时完成,即将调研过程的每一个阶段须完成的任务做出规定,以避免重复劳动、延误时间。确定调研进度,一方面可以了解和把握计划的完成进度;另一方面可以控制调查成本,以达到用有限的经费获得最佳效果的目的。调研内容和调研方法不同,调研的最佳时间也不相同。调研的范围大小不同,时间有长有短。在调研方案设计时,要周密安排调研进度和调研时间。

市场调研的进度一般可分为如下十个阶段。

(1) 总体方案的论证和设计。

(2) 抽样方案的设计、调研实施的各种具体细节的规定。

(3) 问卷的设计、测试、修改和定稿。

(4) 问卷的印刷、调查者的挑选和培训。

(5) 调研组织实施。

(6) 调研数据的整理(计算机录入、汇总与制表)。

（7）统计分析研究。

（8）调研报告的撰写、修订和定稿。

（9）调研成果的鉴定、论证和发布。

（10）调研工作总结。

2.2.7　确定市场调研人员计划

确定市场调研人员计划主要是确定参加市场调研人员的条件和人数，包括对调研人员的必要培训。由于服装市场调研对象涉及社会各阶层的消费者，他们在性别、年龄、职业、思想认识、文化水平、生活方式等方面差异较大，这就要求市场调研人员必须具备一定的思想水平和工作业务能力。

在市场调研过程中，调研人员面对的是复杂多样的调研对象，每次调研的直接目的不同，调研项目也多种多样，不同的调研课题要求调研人员要有不同的知识储备。此外，一些市场调研工作，由于工作量较大，有时还需要聘请一些临时性的工作人员，这类人员具有一定的流动性。为了保证市场调研结果的可靠性，必须注意对参加调研的人员进行培训。

2.2.8　确定市场调研费用预算

市场调研费用是从策划到报告撰写完毕的每一步成本的总和。在制订计划时，应编制调研费用预算，合理估计调研的各项开支，以保证调研工作的顺利进行。编制费用预算的基本原则是：在坚持调研费用有限的条件下，力求取得最好的调研效果，或者在保证实现调研目标的前提下，力求使调研费用支出最少。

市场调研经费预算一般需要考虑如下十个方面。

（1）总体方案策划费或设计费。

（2）抽样方案设计费（或实验方案设计费）。

（3）调研问卷设计费（包括测试费）。

（4）调研问卷纸张与印刷费。

（5）调研实施费（包括选拔、培训调查员费，试调查费，交通费，调查员劳务费，管理督导人员劳务费，礼品或酬谢费，复查费等）。

（6）数据录入费（包括编码、录入、查错等）。

（7）数据统计分析费（包括上机、统计、制表、作图、购买必需品等）。

（8）调研报告撰写费。

（9）资料费、复印费、通信联络费等办公费。

（10）专家咨询费、协作人员劳务费等。

经费预算多少与调研范围、样本数、调研方法等密切相关，一般市场调研项目的经费预算比例是：策划费 30%、访问费 40%、统计费 10%、报告费 20%。如果是委托外部的调研机构，需要增加预算的 30% 左右作为税款及利润。

2.2.9　确定提交市场调研报告的方式

应对市场调研报告书撰写的原则、报告书的基本内容、报告书中的图表量的方法、调研报告书的编写形式和份数、成果的发布等做出安排。

示例：

中国运动品牌体育营销组合策略调研——以李宁品牌为例

1. 问题的提出

体育营销已成为企业关注的焦点和重要的营销手段。但现在的中国仍然只是一个体育用品生产大国，而不是品牌大国。因此，熟练运用体育营销组合策略对于提升中国运动产品企业的品牌竞争力显得尤为重要。营销组合的制定涉及产品、价格、渠道和促销这四个要素的最优组合。决策制定过程的核心部分是获取有关消费者、竞争者、公司和外部环境的信息并进行相关研究。为了解中国目前运动品牌体育营销组合策略的运用状况，本示例以李宁品牌为调查对象展开调查，以期为体育品牌服装的发展提供借鉴。

2. 调研方案设计

（1）调查目标。本次调查的主要目标是分析运动服装品牌的营销组合策略，明确运动服装品牌的竞争优势与劣势，为中国体育品牌服装的发展提供借鉴。

（2）调查内容。根据上述调查目标，确定本次的主要调查内容，主要包括以下四个方面。

① 产品策略调研。信息点：新产品研发、科技含量、品牌影响力、产品优势等要素。

② 价格策略调研。信息点：定价方针。

③ 营销渠道调研。信息点：渠道选择、渠道广度和深度、营销网点与网络。

④ 促销策略调研。信息点：促销手段、促销组合、促销效果。

（3）调查对象。李宁作为一个国内体育产品著名品牌，经过多年的探索和经验积累，在体育营销方面，形成了自己完善的组合策略，因此本示例把调查对象确定为李宁品牌。

（4）调查方法。采取观察式调查和问询式调查相结合。

（5）调查进度。调查进度一般分为方案设计、调查实施和报告撰写与发布三个阶段，如表 2-1 所示。

表 2-1　调查进度

时 间 进 度	第 1 周	第 2 周	第 3 周	第 4 周
方案设计	√			
调查实施		√	√	
报告撰写与发布				√

（6）调查人员与质量控制。由市场部调查组专门成员开展调查，并控制调查质量。

（7）经费预算（略）。

3. 调研结果分析

通过对调查资料的整理和分析，得到以下结果（略）。

2.3 问卷设计

2.3.1 问卷的基本概念

调查问卷又称调查表或询问表，是进行社会调查而设计或引用的一种问题表格，作为数据收集手段。问卷必须具备两个功能,即能将问题传达给被访者和使被访者乐于回答的功能。要完成这两个功能,在问卷设计时,应当遵循一定的原则和程序,运用一定的技巧。

1. 问卷的含义

问卷是调查者根据调查目的和要求,按照一定的理论假设设计出来的,由一系列问题、备选答案、说明及代码所组成的书面文件,是向被访者收集资料的一种工具。问卷设计的目的是设计一份理想的问卷,这份问卷既能描述出被访者的特征,又能反映被访者对某一社会经济事物的态度,并能在一定条件下以最小的计量误差得到所需要的测量指标。

问卷调查假定研究者已经确定所要问的问题,把这些问题打印成问卷,或编制成书面的问题表格,交由被访者填写,然后收回,经整理分析,从而得出结论。在调查过程中,样本的选择、调查员的素质、统计手段等因素都会影响调查结果,但最重要的是问卷的设计水平。

从问卷调查的实际应用来看,可以分为学术性问卷调查或应用性问卷调查。前者多为学校或研究机构的研究人员用于学术研究,后者则由市场调研人员或其他机构的人员,用来解决市场实际中的问题。

2. 问卷的功能

问卷通过精心设计的格式展现调研人员期望被访者回答的问题,是调研人员用来收集数据的工具。问卷在市场调研中是非常重要的,调查问卷具有以下六个重要功能。

(1)将调研内容转化为向被访者提问的具体问题。

(2)将问句和答案标准化,使每个被访者对同样的提问做出反应。

(3)措辞恰当、问题流畅、版面友好的问卷可以使调研人员在访问过程中鼓励被访者积极合作、回答问题。

(4)可以作为研究记录永久保存。

(5)根据使用的问卷的不同类型,可以加快数据分析进程。

(6)问卷中包含的信息可以用于评价调研的信度,也可以用于后续的效度检验。换句话说,调研人员可以使用问卷进行质量控制。

问卷的以上功能,使它成为调研过程中一个非常重要的部分。事实证明,问卷的设计会直接影响数据收集的质量。即便是非常有经验的调研人员,也不能弥补问卷缺陷带来的偏差。因此,投入时间和精力以获得一份高质量问卷是非常值得的。

3. 问卷设计的原则

问卷设计是一门科学,在设计时有一定的技巧性和灵活性。虽然调查问卷的类型和内容各异,但都必须满足市场调查的要求。因此问卷设计必须遵循一定的原则。

(1)目的性原则。目的性原则要求问卷中拟定的问题要反映调查的目的。这就要求在问卷设计中,所有的问题必须与需了解内容一致,从实际出发拟题,重点突出,没有可有可无的问题。

(2)准确性原则。作为收集信息的工具,调查问卷要保证数据的准确性。问题用语要准确、含义清晰、简明扼要,以便被访者正确理解。同时,调查问卷应能够提供规范的记录方式和编码方式,以保证问卷所记录的答案准确清晰,满足数据录入、编码和分析使用。

(3)顺序性原则。问题的排列应有一定的逻辑顺序,符合被访者的思维程序。一般是先易后难,先简后繁,先具体后抽象。

(4)可量化原则。量化的数据是定量分析的基础,因此被访者提供的答案必须是可量化的。量化的级别越高,适用的分析方法越多,故问题设计时,尽可能采用封闭式题型,由被访者在给定的答案中选择回答。

(5)可接受性原则。问卷设计要比较容易让调查者接受,应使被访者一目了然,并愿意如实回答。问卷中语气要亲切、温和,符合被访者的理解能力和认识能力,避免使用专业术语。提问要自然、有礼貌和有趣味,必要时可采用一些物质鼓励。对敏感性问题采取一定的技巧调查,使问卷具有合理性和可答性,避免主观性和暗示性,以免答案失真。

(6)高效率性原则。在保证获得信息量的前提下,问卷的长度、题量和难度应最小,一般回答问卷的时间控制在 20min 左右。

4. 问卷的类型

根据调查者对问卷的控制程度分,问卷可以分为结构型问卷与非结构型问卷。

(1)结构性问卷。结构性问卷又称标准化问卷或控制式问卷,它的特点是每个问题的提问方式和可能的答案都是固定的,提问方式在调查时都不能改动,所有被访者都回答同一结构的问题。结构型问卷根据答案的设计情况,可分为封闭式问卷、开放式问卷和半封闭式问卷三种。

① 封闭式问卷:它是指规定了可供选择的答案和固定的回答格式,由被访者从中选取一种或几种答案作为自己的回答。其优点是:答案标准化,便于归类整理;可事先编码,有利于信息处理;被访者只需选择其中的答案,可以节省答卷时间。但是,封闭式问卷由于规定的答案有限,往往不能充分体现不同回答者的各种意见;同时,不同的人对同一问题的理解是不相同的,甚至会产生相反的理解,因而对问题的理解是否正确难以识别。

② 开放式问卷:它是指只提出问题,不提供任何备选答案,由被访者自由回答的问卷。这种问卷所列的每个问题对被访者来说都是一样的,但可根据自己的理解自由回答。其优点是:回答者可以充分发表自己的看法和意见,对某些答案过多的问题尤其适宜。但开放式问卷的答案多种多样,不规范,资料分散,难以量化,编码困难,对某些较复杂的问题,被访者要用较多的时间去思考,容易引起其不快或拒绝回答。此外,这种问卷还要求被访者具有一定的写作技巧和语言表达能力。

③ 半封闭式问卷:它是封闭式问卷和开放式问卷相结合的问卷。例如,在一个问题中,除给出一定的标准答案外,还列出"其他"等开放式答案以供被访者在"其他"下自由作答。或者在整个问卷中,一部分问题是封闭性的,一部分问题是开放性的。半封闭式问卷可以兼顾封闭式问卷和开放式问卷的优点,克服其局限性。

(2)非结构性问卷。非结构型问卷是指事先不准备标准表格、提问方式和标准化备选答案,只是规定调查方向和询问内容,由调查者和被访者自由交谈的问卷。需要指出的是,非结构型问卷并不是没有结构,只是问卷的结构没有固定的形式而已。为了了解某方面的情况,调查者必须事先准备一些问题,写在纸上或留在记忆中,然后对被访者进行提问。在不改变调查内容和方式的条件下,可以改变提问的方式,如"你购买的目的是什么?""你为什么要购买?"。这样提问的目的都是一样的,只不过提问的方式不同而已,被访者不受标准答案的限制,可采用自由式的回答。非结构型问卷所需人力、物力较多,花费的时间较长,因此它只适用于小样本调查。其优点是:可发现新情况,可用于探索性调查,也可用于检验结构型问卷的准确性。

2.3.2　问卷的结构

一份完整的问卷一般由以下六大部分组成：标题、问卷说明、被访者基本情况、调查主题内容、编码和作业证明记载。

1. 标题

问卷的标题是调查主题和内容最直接的概括，需要用最简洁、最鲜明、最准确的语言表达，使被访者对所要回答的问题有一个大致的了解，以便引起回答者的兴趣。设计标题，也是问卷设计者加深理解和把握调查的目标和内容的过程，有利于提高问卷的设计质量。

2. 问卷说明

问卷说明旨在向被访者说明调查的目的、意义。有些问卷还有填表须知、交表时间、地点及其他事项说明等。问卷说明一般放在问卷开头，通过它可以使被访者了解调查目的，消除顾虑，并按一定的要求填写问卷。问卷说明既可以采取比较简洁、开门见山的方式，也可以在问卷说明中进行一定的宣传，以引起调查对象对问卷的重视。

问卷说明的主要目的有三个：首先说明调查的目的和意义；其次提出回答问卷的要求；最后要对被访者表明谢意。问卷说明具体分为两部分：问候语和填写说明。

（1）问候语：问候语十分重要，它可以引起被访者的重视，消除顾虑，激发参与意识，获得积极的配合与合作。问候语要亲切，诚恳礼貌。具体内容一般包括称呼与问候；介绍调查的主办单位和访者的身份；简要地说明调查的目的与内容；保守秘密承诺；对被访者的参与合作表示真诚的感谢。

下面是一份关于了解女性对服装的态度和购买行为的调查问卷的问候语。

亲爱的女性朋友：您好！我是×××大学服装学院的硕士研究生，本次调查的目的是了解现代女性的感觉追求及其对服装的态度和购买行为，调查数据仅用于研究，您的回答信息绝对保密，希望您能根据自己的真实想法，认真回答每一个问题。非常感谢您的合作！

（2）填写说明：调查问卷要有详细的填写说明，告知被访者如何填写，这部分内容可以集中放在调查问卷的前面，也可以分散到调查问卷中各个有关问题的前面。

3. 被访者基本情况

这部分通常放在调查问卷的最后，其内容应根据研究内容确定，并非越详细越好。例如，在消费者调查中，一般包括被访者的性别、年龄、职业、受教育程度、婚姻状况、家庭人口、经济收入等。这些内容可以了解不同年龄阶段、不同性别、不同文化程度的个体对待被调查事物的态度差异，从而有针对性地撰写调查报告。又如，在企业调查中，一般包括被访企业的名称、所在地区、所有制形式、企业规模、商品销售状况等。通过这些项目，便于对不同类型、不同地区、不同规模的企业的不同商品的调查资料进行统计分析。

4. 调查主题内容

调查主题内容是调查者所要了解的基本内容，是调查问卷中最重要的部分，最终以问卷和答案的形式体现出来。它主要是以提问的形式提供给被访者，这部分内容设计的好坏直接影响整个调查的价值。主题内容主要包括以下三个方面。

（1）对人们的行为进行调查，包括对被访者本人行为的了解或通过被访者了解他人的行为。

（2）对人们的行为后果进行调查。

（3）对人们的态度、意见、感觉、偏好等进行调查。

5．编码

编码是将问卷中的调查项目及备选答案给予统一设计的代码。编码可以分为预编码和后编码。预编码是指在问卷设计的同时就设计好编码。后编码是指在调查工作完成以后再进行编码。问卷编码一般应用于大规模的问卷调查中，因为在大规模问卷调查中，调查资料的统计汇总工作十分繁重，借助于编码技术和计算机，则可极大地简化这一工作。所以在实际调查中，常采用预编码，在问卷设计的过程中就应该对调查项目及备选答案给予统一设计，这有利于准确、及时、完整地收集调查资料，便于计算结果的统计处理（如计算机输入）。

6．作业证明记载

在问卷的最后，附上调查员的姓名、访问日期、时间等，以明确调查人员完成任务的情况。如有必要，还可写上被访者的姓名、单位或家庭住址、电话等，以便审核和进一步追踪调查。但对一些涉及被访者隐私的问卷，上述内容则不宜列入。

以上六个部分是一份规范、完整的调查问卷应该具备的基本内容，对于某些简单的调查问卷，如意见征询表、学生就业意向调查表等，只需具有标题、问卷说明、问题及作业证明记载，无须面面俱到。

2.3.3 问卷的常用量表

市场调查中常需要了解被访者的态度、感觉、认知等，需要借助各种数量方法加以测定。量表类型很多，应根据调查内容和对其结果的统计分析方法设计量表类型。下面是市场调查中最常用的几种量表。

（1）类别量表。类别量表即名义量表，又称类别尺度、名义尺度、列名水准，是用来区分总体单位属性类别的计量尺度，是根据被访者的性质进行分类的。例如，被访对象的性别、年龄段、职业、对某品牌服装是否购买过、对某种服装是否穿用过等。

下面是某调查问卷中关于被访者的部分年龄分类：①20～25 岁；②26～30 岁；③31～35 岁；④36～40 岁；⑤41～45 岁；⑥46～50 岁。

这类量表只是对被访者的年龄性质进行分类，不能用来指出其他的差异性，目的是在分类的基础上进行进一步的统计分析。可供选择的统计方法有：频数分析、求众数、列联表分析、卡方检验等。

（2）顺序量表。顺序量表即顺序水准，又称序列尺度、等级尺度或次序尺度，是用来区分事物好坏、大小、多少、等级的一种计量水准。它表示各类别之间的顺序关系的一种量表，依据各类别之间的程度差异进行排序，不表示各类别之间的差距。例如，被访对象对某类服装多个品牌按其知名度进行排序回答：A＞B＞C＞D＞E＞F，这个答案具有比较性，但不确定各个品牌知名度程度的差异。

对于顺序量表数据的结果分析，主要有以下几种统计分析方法：可计算结果频数，得出第一喜欢、第二喜欢等的品牌各占的百分比，做列联表和卡方检验；还可做相关分析、非参数统计等。

（3）等距量表。等距量表又称差距量表，是表示各类别之间顺序和差距的量表。等距量表在服装市场调研中常常用于调查个人态度、品牌知名度和用户满意度等。例如，可以把满意度设定为 1~5,也可以设定为 0~100,还可以设定 −5~5。它们是等效的,明确指出了各答案类别的顺序,又表明了各分数之间的差距。处理等距量表数据常用的统计方法包括:求平均数、标准差、方差分析、回归分析、因子分析、聚类分析等。

（4）等比量表。等比量表是表示各个类别之间的顺序关系成比例的量表,其数据是表示各个类别之间的顺序关系成比例,是一种特殊的间距数据。它是具有一定单位的实际测量值,这类数据可以做加减乘除运算,以及基于加减乘除的运算,并适用各种统计方法。下列问题常常使用比例尺度:"您每月用于服装的消费占可支配收入的比例是多少?0~5%,6%~10%,11%~15%,16%~20%,21%~25%,26%~30%,30%以上。"

2.3.4　问卷设计流程

不同的调查目的、不同的调查对象、不同的调查内容、不同的调查方法都会导致调查问卷的结构、量表类型和问题类型的不同。对于同一调查项目,不同的调查者会设计出若干种调查问卷,并且也很难确定哪个最优,但调查问卷设计的程序是基本相同的。

（1）确定调研目的和主题。问卷设计首先需要明确调研的目的是什么,充分了解调研的目的、主题和理论假设,并将其具体化、条理化,形成可以测量的变量和指标。例如,某公司的成熟服装品牌需要拓展新的品牌,需要了解目标消费群体的服装消费态度与行为,围绕这一调研目的,便可确定一系列调查主题,如目标消费群体的价值观、服装消费观、服装消费态度、服装购买动机、服装购买信息来源、服装购买场所、选择服装购买场所的标准等。只有在保证问卷的调查内容与调研的目的相一致的前提下,问卷设计的下一步工作才会进行得更顺利更有效。

（2）确定所需信息的分析方法。确定所需信息是问卷设计的前提工作。调查者必须在问卷设计前就明确达到调研目的所需要的信息有哪些,并决定用哪种方法分析这些信息。

例如,调查被访者对某品牌服装的购买情况,可采用频率分布分析方法分析购买过此品牌服装的人数占被访者总数的比例;调查分析不同类型消费者的服装消费行为差异,可采用交叉分析方法进行分析;调查不同消费群体的服装消费行为差异并验证其差异的显著性,可采用均数分析、假设检验的 T 检验和方差检验等方法进行分析;调查消费者的个人信息、服装消费行为等要素之间的关联性,可采用相关分析与回归分析方法进行分析;将调查消费者对服装的态度、选择评价等多因素进行归纳整理时,可采用因子分析和聚类分析;等等。要按这些分析方法所要求的形式来确定问卷问题的类型和调查方法,保证选择问卷问题的类型和调查方式能够满足调查目的对信息准确度的要求。

（3）确定问题的具体内容。问卷问题的具体内容确定,通常是从对研究目标的分析开始的,将调研目标转换成特定的信息需求,并将这些特定的信息需求转化成为用明确的文字表述出来的问卷问题内容。问卷问题的具体内容可以从这三方面着手:借鉴阅读过的文献确定问卷问题的内容,根据调查研究假设设定问卷问题,从数据处理的角度考虑问题的设立。

（4）确定问题及其回答形式。调查问卷中最常用的问题是封闭型问题,其次是半封闭式问题和开放性问题。封闭型问题常用的有两项选择式问题、多项选择式问题、顺序式问题、量表式问题(利克特量表、语义差异量表、数值分配量表等)和混合型问题(半封闭、半开放的类型)。

调查问卷的提问方式多种多样,在实际使用的调查问卷中,单纯采用一种类型问题的问卷并不多见,往往是几种类型的问题同时使用。

(5)确定问题的措辞。问题措辞是指将准备调查的问题用被调查对象能够清晰且轻松准确理解的语言表达出来,这是调查问卷设计中关键且比较困难的环节。总体来说,应该陈述简洁、用词准确;注意避免问题的诱导性和专业性;还要考虑到被访者回答问题的能力和意愿。

(6)确定问题的编排顺序。编排顺序一般遵循以下准则:把能引起被访者兴趣的问题放在前面,把容易使他们紧张或产生顾虑的问题放在后面;把简单易答的问题放在前面,把复杂难答的问题放在后面;把被访者熟悉的问题放在前面,把他们感到陌生的问题放在后面。

(7)问卷的预调查、修订和定稿。问卷设计出来后,先进行小规模的预调查,通过对一些代表性的、小范围的被访者的访谈来审核问卷,以便发现问卷初稿所存在的问题,如内容是否被遗漏、问卷是否太长、问题表达是否清晰等。

参加预测试的对象是否具有代表性至关重要,调研人员应该有针对性地选择一些目标被访者。在开展问卷调查之前,需要通知被访者参加预测试,让他们就问卷中的措辞、短语、问卷说明、问题流程,问卷中出现的令人困惑的、难以理解的及其他各种问题提出意见。预调查最好采用面谈访问调查的方法,以便直接发现问卷中的问题。预调查一般选择 5～10 名被访者,调研人员可以从中发现一些普遍性的问题。例如,如果只有 1 名被访者对某个问题有疑问,调研人员可以忽略;而如果有 3 名被访者对同一个问题提出异议,调研人员就应该考虑对问句进行修改。在重新考虑时,调研人员应站在被访者的立场上问自己:"这个问句的意思表达得是否清楚?""这样的说明是否容易理解?""短语表达是否清晰?""是否带倾向性的引导用语?"。

此外,调查问卷中的问题除了封闭型的问题,还可以多设置一些开放性问题,以便了解问卷内容的不足。问卷经过一次、两次或更多次的预调查与反复修改后方可定稿,交付打印,正式投入使用。

(8)评价问卷。一份理想的问卷,既要能准确反映所要研究现象的属性,又要能在一定条件下以最小的计量误差得到所需的所有信息。问卷设计完成后,可以通过信度和效度来评价问卷设计质量,尤其是对量表进行测试。

① 测量误差。社会科学与自然科学的一个重要区别,是自然科学的测量比较客观,可重复;社会科学的测量比较主观,难以重复。自然科学测量如长度、质量、速度和温度等事物的客观属性,不管谁去测量,在哪个国家测量,可以得到大致相同的结果。社会科学测量的多是人的态度、感知和行为倾向等,不同的人去测量、测量不同的人、在不同的国家测量,往往会得到不同的结果。这使得测量误差成为社会科学研究中最常见,也是最需要认真对待的一种误差。

测量误差是由测量工具或测量程序导致的误差,可以分为两大类:一类叫系统误差,即在测量中出现的具有一致性的偏差;另一类叫随机误差,指在测量中除系统误差以外的所有误差。例如,在一次游泳比赛中,由于秒表快了,所有运动员的成绩普遍下降;在游泳比赛中,同时用几块秒表测定时间,我们得到了几个略有不同的结果。前者是系统误差,后者是随机误差。

② 信度。问卷的信度(reliability)是指问卷调查的结果的稳定性或一致性的程度,即当采用同一方法对同一对象进行重复调查时,问卷调查结果表现出来的性质(一致性、稳定性),即测量工具(问卷)能否稳定地测量所测的事物或变量。信度是测量结果中含有随机误差的大小:随机误差小者,信度高;随机误差大者,信度低。问卷的信度高,调查结果就不会因为指标、测量工具或测量设计本身的特性而发生变化;反义亦然。评价问卷信度的方法可分为重复检验法、交错法、折半法和内部一致性等。

- 重复检验法。重复检验法是用同一问卷在不同的时间对同一群被访者前后测量两次,然后计算两次测量分数的相关系数,相关系数越大,说明两次测量结果的一致性越高。一般前后两次测验相隔时间要适度,相隔时间越长,稳定系数越低。

- 交错法。交错法是指研究者设计两份问卷,每份使用不同的问题,但测量的是同一个属性,让同一群被访者回答。根据两份问卷的测量结果的相关系数计算问卷信度,这种信度又称为交错信度。该种方法要求两份问卷在题数、形式、内容、难度及鉴别度等方面都要一致。

- 折半法。折半法是将一份问卷中问题随机分为两组(通常要求这两部分问题数目相等),然后考察这两部分的测量结果的相关系数。如果结果高度相关,问卷就是可信的,反之亦然。这种信度又称为折半信度。将问卷分为两半的方法有很多,最常用的方法是将奇数题和偶数题分开。

- 内部一致性。内部一致性是利用测量量表中题项的同质性来测量信度。量表的内部一致性程度会影响题项的相关度。阿尔法系数常用于计算内部一致性信度,α 被定义为量表中由共同的因素所引起的总体方差的比例。

③ 效度。问卷的效度(validity)是指问卷调查的结果接近所要调查的变量的内涵的程度,即效度代表问卷在调查中的正确性和准确性。它与测量结果偏离真实情况的程度有关,测量结果中所含系统误差的程度小,为有效;程度大,为无效。效度越高,表示问卷调查结果越能显示其所要测量的特征。如果根据某项特征能够区分人、物或事件,那么某个测量该特征的测量工具就是有效的,即指它的测量结果能把具有不同特征的人、物或事件进行有效的区分。常用的有表面效度、内容效度和效标效度。

- 表面效度。表面效度是指研究者通过对所要测量的变量或者概念的审视,判断问卷问题在表面上是否能够反映出所要测量的概念。调查效果和人们头脑中的印象或学术界形成的共识之间的吻合程度,吻合程度高,表面效度就高。

- 内容效度。内容效度是指测量在多大程度上涵盖了被测量概念的全部内涵,测量工具代表概念定义的内容越多,内容效度就越高。

- 效标效度。效标效度是指测量结果与一些标准之间的一致性程度,这些标准能够精确表示被测概念。

④ 测量误差、信度与效度的关系。信度是效度的必要条件,但不是充分条件。一个测量工具要有效度必须有信度,没有信度就没有效度;但是有了信度不一定有效度。

信度低,效度不可能高。因为如果测量的数据不准确,也并不能有效地说明所研究的对象。

信度高,效度未必高。例如,如果我们准确地测量出某人的经济收入,也未必能够说明他的消费水平。

效度低,信度很可能高。例如,即使一项研究未能说明社会流动的原因,但它很有可能很精确、很可靠地调查了各个时期各种类型的人的流动数量。

效度高,信度也必然高。

总体上来看,测量结果可能是:①既无效又不可靠;②有效但不可靠;③可靠但无效;④有效且可靠,如表 2-2 所示。第一种情况是指测量结果中存在较大的系统误差和随机误差;第二种情况是指测量结果中系统误差不大,但随机误差较大;第三种情况是指测量结果中随机误差不大,但系统误差较大;第四种情况是指测量结果中两种误差都不大。

表 2-2　测量误差与测量的效度和信度

随机误差	系 统 误 差	
	大	小
大	(1) 既无效又不可靠 系统误差大 随机误差大	(2) 有效但不可靠 系统误差小 随机误差大
小	(3) 可靠但无效 系统误差大 随机误差小	(4) 有效且可靠 系统误差小 随机误差小

2.4　本章小结

(1) 服装市场调研方案设计。服装市场调研方案设计是市场营销调研活动的根本,更是企业的决策者和管理者判断某一具体调查是否可行的重要前提。服装市场调研方案设计是指服装市场调研准备阶段到市场调研方案确定的先后顺序和具体步骤,是对调研工作的各个方面和全部过程的通盘考虑。服装市场调研方案设计的特点:可操作性、全面性、规划性、最优性。服装市场调研方案设计的原则:科学性原则、可行性原则、有效性原则、弹性原则。

服装市场调研方案的设计有以下四个方面的意义:从认识上讲,服装市场调研方案设计常常是从定性认识过渡到定量认识的开始阶段;从工作上讲,服装调研方案设计起着统筹兼顾、统一协调的作用;从实践要求上讲,服装调研方案设计能够适应现代市场调研发展的需要;从市场竞争角度上讲,目前的市场调研项目委托方一般都采取招标的方式来选择最理想的合作伙伴。

服装市场调研方案设计通常包括以下九个主要方面的内容:确定调研目标、确定调研内容(服装市场环境调研、服装市场需求调研、服装市场营销事务调研、竞争对手调研)、确定调研对象、确定调研方法、确定调研资料整理和分析方法、确定调研进度、确定人员计划、确定费用预算、确定提交报告的方式。

(2) 问卷设计。问卷是调查者根据调查目的和要求,按照一定的理论假设设计出来的,由一系列问题、备选答案、说明及代码表所组成的书面文件,是向被访者收集资料的一种工具。问卷调查假定研究者已经确定所要问的问题,把这些问题打印成问卷,或编制成书面的问题表格,交由调查对象填写,然后收回并整理分析,从而得出结论。问卷的类型:结构型问卷(封闭式问卷、开放式问卷、半封闭式问卷)和非结构型问卷。

问卷设计的六大原则：目的性原则、准确性原则、顺序性原则、可量化原则、可接受性原则和高效率性原则。问卷的结构一般由以下六大部分组成：标题、问卷说明、被访者基本情况、调查主题内容、编码和作业证明记载。市场调查中最常用的四种量表：类别量表、顺序量表、等距量表和等比量表。问卷设计八大流程：确定调研目的和主题；确定所需信息的分析方法；确定问题的具体内容；确定问题及其回答形式；确定问题的措辞；确定问题的编排顺序；问卷的预调查、修订和定稿；评价问卷。

（3）测量误差、效度与信度。测量的准确与否，用效度和信度来表示。信度是指问卷调查的结果的稳定性或一致性的程度，即当采用同一方法对同一对象进行重复调查时，问卷调查结果表现出来的性质（一致性、稳定性），测量结果中含有随机误差的大小。小者，信度高；大者，信度低。它与测量结果的一致性程度有关。效度是指问卷调查的结果接近所要调查的变量的内涵的程度，即效度代表问卷在调查中的正确性和准确性，它与测量结果偏离真实情况的程度有关，测量结果中所含系统误差的大小程度。

案例分析

（一）女大学生文胸消费状况的调研

1. 调查背景与目的

文胸是成年女性必备的内衣产品。穿戴文胸可以使乳房各部位的受力变得均衡，从而保持乳房的血液循环，防止乳腺因为血流不畅而影响乳房的发育，还可以避免在行走或运动时因乳房震荡引起的乳房组织松垮而下垂。女大学生年龄普遍在 18～24 岁，处在青春发育期的黄金年龄段，从生理医学的角度而言，这个时期的女性应该穿戴文胸。同时女大学生又是一个特殊的消费群体，她们知识丰富，个性飞扬，主张健康和时尚，相比其他年龄段的成年女性更注重自己的礼仪与形象，对文胸有着特殊的要求。为了能更清晰、全面地了解女大学生的文胸消费状况，为企业及零售商进行合理的产品设计、研发和销售提供参考，因此展开本次调查。

2. 调查对象和方法

采用问卷调查的方式开展调研。问卷设计采用以封闭式问题为主，开放式问题为辅的形式。对回收的问卷进行统计，并对统计结果进行分析。

选取××大学城为调研地点，调查对象为该区域内在校女大学生。采用随机抽样的方式，预计发放问卷 400 份。

3. 调查内容

女大学生文胸消费状况的调研内容涉及女大学生对文胸消费行为、设计元素和穿着体验三方面，如表 2-3 所示。

表 2-3　调查内容

调 查 内 容	具 体 内 容
文胸消费行为	1. 价格/2. 次数/3. 场所/4. 品牌
设计元素	1. 材质/2. 款式/3. 色彩/4. 装饰/5. 功能
穿着体验	1. 质量感/2. 触感/3. 心理满意度

4. 调查进度安排

女大学生文胸消费状况的调研进度安排,如表 2-4 所示。

表 2-4 调查进度

时　　间	完 成 内 容
6 月 2 日	完成调查方案
6 月 15 日	完成现场调查
6 月 20 日	完成数据处理
6 月 30 日	完成调查报告

5. 调查人员与质量控制

委托当地调查公司或大学生实施调查。由市场部调查专员与受委托方共同控制调查质量。

6. 经费预算

经费预算与调查公司协商确定。

(二)平绒类产品市场拓展可行性方案立项意向书

1. 项目背景

(1)项目研究目的:调研国内平绒服装市场消费者行为及企业客户需求,比较国内外平绒制品和品牌的经营状况。通过多层面调研,深入了解市场环境,为企业进入平绒服装和家纺家居市场进行可行性分析,并提供经营策略建议。

(2)项目要求:通过案头研究、平绒制品市场及消费者调研、平绒服装产业链需求考察、关联企业相关人员深度访谈等方法,了解平绒市场现状和发展潜力。结合国内外经济环境及平绒同类品牌产品的经营态势,以委托方经营现状和发展战略为出发点,根据项目需求及发展愿景,制定企业平绒服装市场拓展方案可行性分析报告,协助制订国内市场拓展方案。

2. 项目内容

(1)实地调研:国内平绒服装市场消费者行为调查(分为一般消费者调查及目标消费者调查两部分);同类品牌平绒服装产品市场调查;企业产业链采供需求探析。

(2)数据分析:运用 SPSS 统计软件分析调研数据。

(3)可行性报告:依据调研结果,将数据分析与关联人员深度访谈相结合。充分考虑同类品牌竞争态势、研究目标、消费者购买行为及相关企业的采供需求,从商品企划、品牌战略、销售管理等多方面为企业制定可行性分析,并提出策略建议。

3. 研究方法

(1)案头研究。

(2)平绒服装和家纺家居零售市场调查。

(3)企业实地考察。对目标客户企业的生产、销售、供应链等方面进行考察,并通过问卷调查或深度访谈了解平绒类产品的需求特点及潜在市场容量,从而为委托方有针对性地开发平绒类产品提供实施建议,同时也为委托方与相关专业客户的后续合作奠定基础。

（4）消费者问卷调查。针对平绒类产品的特点及服用性能等设计调查问卷，对市场终端的消费者进行购买意向和认知度调查，以此了解平绒产品的市场前景。基于以上调查分析，撰写平绒类产品市场拓展方案可行性报告。

4．项目合作阶段时间

项目合作各阶段内容，如表 2-5 所示。

表 2-5　项目合作各阶段内容

内　　　容	时　　间
拟定立项意向；委托方企业合同洽商；业内相关资料收集	略
拟定专业客户问卷和消费者问卷，由委托方确认	
问卷定稿及发放与回收，同时完成平绒零售市场和企业的调查	
问卷数据统计分析，撰写报告草案，与企业沟通交流	
提交可行性报告，结题	

5．提交成果

（1）平绒类产品市场拓展方案可行性报告（装订成册的报告及电子稿）。

（2）调查原始数据和资料。

6．费用

（略。）

7．项目成员

（略。）

（三）国内商务男装品牌竞争力调查

您好！我是服装专业的研究生，目前正在进行一项有关国内男装品牌认知度、选购偏好和网络消费现状及发展趋势的调查，在此希望可以占用您几分钟的宝贵时间填写此问卷，请您按照自己的真实的想法如实回答，您的回答结果对于这次研究十分重要。您所提供的数据资料仅用于学术研究，非常感谢您的帮助与配合！

一、国内男装品牌认知程度及选购偏好问卷调查表

第一部分：国内男装品牌认知程度及选购偏好

1．请问，您最近一年共购买几件/套男士正装西服（包括为亲人购买）？

□0；□1～3；□3 以上

2．您对以下品牌哪几个知晓度较高？（不定项选择）

□雅戈尔；□报喜鸟；□罗蒙；□七匹狼；□劲霸；□柒牌；□利郎；□才子；□九牧王；□与狼共舞；□其他（请注明）＿＿＿＿＿＿＿

3．您购买这些男装时，主要考虑以下哪几个因素或意见？（选择两个）

□价格；□质地做工；□款式；□品牌；□店堂布置；□同学/朋友/同事推荐；□媒体广告；□促销活动；□时尚杂志推荐；□其他（请说明）＿＿＿＿＿＿＿

4．您购买这些男士商务男装的心理价位是多少？

□1000 元以下；□1000～2999 元；□3000～5999 元；□6000～9999 元；□10000 元以上

5．您是从什么渠道了解这些男装品牌的？（不定项选择）

□时尚杂志；□逛街；□朋友介绍；□媒体广告；□关于企业的新闻报道；□其他（请说明）_____

6．以上男装品牌，选择你最感兴趣的几个品牌，说说您首先想到什么以及建议？（请写出三个您最先想到的词汇。）

_____

_____

第二部分：调查对象基本信息

1．性别

□女性；□男性

2．年龄

□20～24 岁；□25～29 岁；□30～34 岁；□35～39 岁；□40 岁以上

3．居住地区

□上海；□南京；□其他（请注明）_____；□城市；□城镇；□农村

4．学历

□高中；□大专；□本科；□硕士；□博士

5．所在行业

□信息业；□制造业；□农林渔牧业；□服务业；□金融证券保险业；□专业技术服务业；□国家行政机关；□学生；□无；□其他_____

6．职业身份

□农民；□工人；□一般职员；□专业技术人员；□中层管理人员；□领导或高层管理人员；□学生；□私营或个体劳动者；□其他_____

7．月收入

□无；□2000～2999 元；□3000～6999 元；□7000～9999 元；□10000～29999 元；□30000 元以上

二、男装网络消费现状及发展趋势问卷调查表

1．您对网上消费的了解程度：

□高；□中；□低

2．您对于网上购物以及网上支付方式的信任程度：

□高；□中；□低

3．您参与网上购物的频率：

□高；□中；□低

4．您对于男装产品网络销售的认可程度：

□高；□中；□低

5．您对于通过网络所购男装商品的满意程度：

□高；□中；□低

6．您通过网络购买价值千元以上男装产品的可能性：

□高；□中；□低

7．您通过网络购买男装产品时，对品牌的要求：

□高；□中；□低

8. 您未来通过网络购买男装产品的可能性：

□高；□中；□低

以上的问卷到此结束，再次感谢您的抽空配合，谢谢！

（四）上海三枪内衣品牌个性化调查

问卷编号：

尊敬的先生/小姐：您好！我是××××大学市场营销专业的学生，此次要完成关于三枪服装内衣个性化研究的论文，在此希望能得到您的真实信息，此次信息将绝对保密，真诚感谢您的合作！

一、基本情况

1. 您的性别是（　　　）。

    A. 男　　　　　　　　B. 女

2. 您的年龄是（　　　）。

    A. 21～30 岁　　　B. 31～40 岁　　　C. 41～50 岁　　　D. 50 岁以上

3. 您的学历是（　　　）。

    A. 高中及以下　　　B. 专科　　　C. 大学本科　　　D. 研究生及以上

4. 您目前的职业是（　　　）。

    A. 国家公务员/干部/事业单位职员　　　B. 白领　　　C. 学生

    D. 专业人士（医生、律师、教师等）　　　E. 自由职业者　　　F. 其他

5. 您的月收入是（　　　）。

    A. 3000 元以下　　　B. 3000～4500 元　　　C. 4500～6000 元　　　D. 6000～7500 元

    E. 7500 元以上

二、上海三枪服装品牌个性化调查

1. 您是否知晓"三枪"这个服装品牌？（　　　）

    A. 知道　　　　　　　　B. 不知道

2. 您是否购买过三枪品牌的服装产品？（　　　）

    A. 有　　　　　　　　B. 没有

3. 您对三枪服装品牌的整体印象是（　　　）。

    A. 产品做工精细，面料舒适　　　　　　B. 款式略显单调

    C. 时尚，紧跟时代潮流　　　　　　D. 不太清楚

4. 您对三枪品牌的 LOGO 的印象是（　　　）。

    A. 没有印象，不知道 LOGO 是什么　　　　　　B. 有点印象，见到能认出来

    C. 印象深刻，直接能够想到

5. 您对三枪品牌的广告语"穿内衣，找三枪"的评价如何？（　　　）

    A. 不好，与其品牌传达出来的品牌个性不一致

    B. 一般，能记住但与该品牌部分产品联系不大

    C. 较好，听到该口号能立即想到该品牌的产品

    D. 很好，能表达出品牌的宗旨

6. 您认为怎样的广告语才能令消费者印象深刻？（　　　）

    A. 能够突出产品品牌个性　　　　　　　　B. 能引发消费者的联想

    C. 言简意赅,有个性　　　　　　　　　　　D. 方便记忆,具有感染力

7. 您认为三枪品牌的广告能否吸引您去关注这个品牌？（　　　）

    A. 能　　　　　　　　B. 不能　　　　　　　C. 没有注意过该品牌的广告,不太清楚

8. 从三枪品牌的广告中您可以获取什么信息？（　　　）

    A. 产品具有良好的保暖功能　　　　　　　B 画面能传达温馨的感觉

    C. 产品款式简单,较适合中老年人群　　　D. 很少看到三枪的广告,印象不深

9. 您觉得三枪品牌店铺或专柜的陈列如何？（　　　）

    A. 杂乱无章　　　　　　　　　　　　　　B. 没有很好地分类堆放

    C. 产品能很好地被展示　　　　　　　　　D. 较能吸引消费者的注意力

10. 您认为该品牌店铺或专柜的陈列方式会影响您的购买欲望吗？（　　　）

    A. 有很大影响　　　　B. 有影响　　　　　C. 基本无影响　　　　D. 没有影响

11. 您认为怎样类型的陈列表现方法能吸人眼球？【多选题】（　　　）

    A. 根据产品特性分类陈列　　　　　　　　B. 叠装陈列,模特展示代表款式

    C. 挂装陈列,全面展示产品特性　　　　　D. 将重点商品与附属商品组合陈列

    E. 利用陈列柜和灯光等道具提高商品展示效果

    F. 将适合时宜的商品集中展示

12. 您在挑选保暖内衣产品时通常会考虑哪些因素？【多选题】（　　　）

    A. 面料　　　　　　B. 颜色　　　　　　C. 款式设计　　　　D. 价格

    E. 品牌知名度　　　F. 做工　　　　　　G. 其他原因(请注明)：_____

13. 对您来说,什么类型的保暖内衣对您比较有吸引力？【多选题】（　　　）

    A. 面料舒适,保暖功能好　　　　　　　　B. 具有特定功能(塑身、保养等)

    C. 产品富有设计性　　　　　　　　　　　D. 款式时尚、新颖

14. 您认为三枪品牌的产品有无特色？（　　　）

    A. 无特色可言,款式单调,无时尚感　　　B. 有特色,产品面料舒适等

    C. 不太清楚

15. 您觉得三枪品牌在哪些方面有待改善？【多选题】（　　　）

    A. 产品款式设计　　　　　　　　　　　　B. 专卖店整体形象的统一性

    C. 店铺或专柜的陈列　　　　　　　　　　D. 广告沟通策略

    E. 与消费者的互动　　　　　　　　　　　F. 其他

16. 三枪服装品牌,您觉得它应具有怎样的个性特征？【多选题】（　　　）

    A. 稳重　　　　　　B. 务实　　　　　　C. 创新　　　　　　D. 成功

    E. 感性　　　　　　F. 实用　　　　　　G. 有魅力　　　　　H. 进取

第3章 服装市场调研方法

【知识目标】

1. 文案调查法的内容和来源。
2. 文案调查法的实施、评估内容。
3. 询问调查法的四种类型。
4. 观察法的实质及使用要求及条件。
5. 实验调查法的组成概念及质量控制。

【能力目标】

1. 掌握主要的市场调研方法。
2. 理解文案调查法资料的来源、实施的原则、步骤和方法。
3. 掌握询问调查法的各类型的特征及实施。
4. 掌握观察法的操作要求与实施条件。
5. 掌握实验调查法应用的有效性与质量把控。
6. 熟练运用不同的市场调查法进行市场调研。

进行市场调研必须选择科学的方法,市场调研方法选择恰当与否,对市场调研结果有很大的影响。各种调研方法都有利弊,只有了解各种调研方法,才能正确选择。因此,服装企业必须根据具体情况,选择科学的市场调研类型和方法,以保证获得准确的调研信息,为正确决策提供可靠的依据。目前服装市场调研方法具体种类很多,一般分为文案调查法、询问调查法、观察法和实验调查法。

3.1 文案调查法

3.1.1 文案调查法内涵与特点

1. 文案调查法的内涵

市场调研人员所需要的资料可分为两大类:原始资料和二手资料。原始资料是调研人员为特定目标而收集的一手资料;二手资料也称已有资料、次级资料,是其他人或机构为了其他目的而收集、记录和整理出来的有关资料。

文案调查法(desk research survey)又称间接调查法、资料分析法或室内研究法,是指调查者通过收集各种历史和现实的资料,对资料进行整理、分析,得到与调查目的有关的各种信息的一种调查方法。

2. 文案调查法的特点

文案调查法具有以下四个特点。

(1) 文案调查法是收集已经加工过的二手资料,而不是对原始资料的搜集,数据收集看重数据来源,而不是应答者或者调查对象。

(2) 文案调查法收集的资料包括动态和静态两个方面的信息,尤其偏重从动态角度,收集各种反映调查对象变化的历史与现实资料。

(3) 文案调查法是以收集文献性信息为主,它具体表现为各种文献资料。目前文献资料存在数量急剧增加,分布十分广泛,内容重复交叉,质量良莠不齐等情况。因此,文献资料的整理和分析是文案调查法的重要内容。

(4) 文案调查法不受时空限制,可以获得实地调研难以获得的大量数据资料。

3.1.2 文案调查法内容和来源渠道

在明确调查目的的基础上,调查人员需要考虑收集哪些二手信息以满足调查目的的需要,在确定需要收集二手资料内容的基础上寻找收集渠道。

1. 文案调查的内容

服装企业所关注的二手信息非常丰富多样,它们经常关注的通常包括以下三个方面。

(1) 宏观环境与政策。服装行业易受到宏观环境与政策的影响,对宏观环境与政策的关注有利于服装企业调整策略、规避风险、发现新的商机等。宏观环境与政策信息主要包括以下三点。

① 人口经济、政治法律、社会文化、利率税收等信息。

② 政府经济发展规划,重点发展行业及政策信息。

③ 城市规划、商业网点布局、流通体制变化等资料。

(2) 产业与市场信息。服装企业对产业与市场信息的关注,有助于企业对服装产业的总体态势有所把握,并为服装企业制定正确的营销组合决策提供帮助。产业与市场信息主要包括以下五点。

① 产业总体发展水平、发展趋势、行业结构与规模、产业链分布等信息。

② 原材料信息:原材料供应、材料新技术、新趋势等。

③ 设计信息:流行趋势、设计新思路、新技术、设计管理等。

④ 生产信息:生产新技术、加工能力、新设备、生产商分布等。

⑤ 商贸信息:供求信息、经营模式、市场格局、市场占有率、竞争态势等。

(3) 消费者信息。对消费者的关注可以为服装企业提供一些发展的新思路,发现一些市场机会,同时也可以帮助服装企业进行市场营销策略的制定。消费者信息主要包括以下两点。

① 消费者基本属性:年龄、收入、生活方式、价值观等。

② 消费者需求趋势、消费心理、消费态度、消费习惯、购买力、购买习惯与偏好等。

2. 文案调查的资料来源渠道

服装企业所需二手资料的主要来源渠道包括企业内部资料和企业外部资料等。

1）企业内部资料

企业内部资料是指服装企业在运转过程中收集、整理并保存的资料。这种内部信息可能以现成的、可直接使用的形式出现,也可能存在于企业内部,但需要经过一定的加工才对调研人员有用。例如,在服装销售数据中可以发现许多信息,但这些信息不容易被直接利用,需要进一步加工,服装企业通过对销售记录进行大量分析,包括按不同品类、不同地理区域、不同销售渠道、不同时间段、不同支付类型等对其进行分析,为其产品开发、渠道布置、上货计划、营销推广等提供信息指导。

关于服装市场调查机构经济活动的各种记录,主要包括以下四种。

（1）业务资料:业务资料是指与业务经济活动有关的各种资料,如订货单、进货单、发货单、合同文本、发票、销售记录、退货记录等。

（2）统计资料:统计资料主要包括各类统计报表,企业生产、销售、库存等各种数据资料,各类统计分析资料等,如面辅料采购和消耗、车间生产能力、出批次数量、销售报表、库存变化等。

（3）财务资料:财务资料反映了服装企业劳动和物化管理占用和消耗情况及所取得的经济效益,通过对这些资料的研究,可以确定企业的发展情景,考核企业的经济时效,如成本核算、存货核算、现金流量报表、财务报表、销售成本、经营利润等。

（4）其他资料:如各种剪报、调研报告、经验总结、访谈记录、顾客信息等。

2）企业外部资料

外部资料是指其他机构而非调研人员所在机构收集或记录的资料,如公共机构提供的已出版和未出版的资料,主要包括以下类型。

（1）政府机构及经济管理部门:国家和地方各级统计部门定期发布统计公报、统计年鉴等资料,财政、工商、税务、银行等机构发布的方针、政策、法令、经济公报、统计公报等信息,其中包括人口数量、国民收入、居民购买力水平、法规、市场供求、进出口等很有权威和价值的信息,为服装企业提供宏观经济、政策等信息指引,主要的统计公报或年鉴包括:《中国经济年鉴》《世界经济年鉴》《中国经济贸易年鉴》《中国工业经济年鉴》《中国商业年鉴》《中国统计年鉴》《中国纺织工业年鉴》等。

（2）官方与商业信息咨询机构:官方信息咨询机构,如国家经济信息中心、国家统计信息中心等机构通常提供资料的代购、咨询和检索等服务。商业信息咨询机构,如商业咨询公司、专业市场调查公司等提供的与服装企业相关的信息资讯。这类咨询与市场调查公司提供的咨询和服务非常丰富,如提供有关企业战略、运营管理、连锁经营、终端零售管理、组织架构、人力资源、财务管理与内控体系设计、信息技术、认证、国外客户资质调查、视觉陈列、媒介、消费者、品牌等多方面的研究与咨询服务。

一些调查咨询公司经营项目比较综合,如麦肯锡咨询公司、盖洛普咨询有限公司、AC尼尔森市场研究公司、贝恩公司、央视市场研究股份有限公司(CTR)、零点研究咨询集团、正略钧策咨询集团股份有限公司等。调查咨询公司经营项目各有所侧重。例如,央视—索福瑞媒介研究有限公司(CSM)及开元研究公司主要针对媒介研究、艾瑞咨询集团和中国电子商务研究中心主要针对电子商务领域、上海睿川服装企业管理咨询有限公司主要提供服装企业生产流程精细化管理咨询、东莞市天成服装技术咨询有限公司主要提供JIT生产管理系统咨询、广州贝特(服装)管理咨询有限公司主要提供终端零售管理咨询等。获得这类信息的主要方式主要有以下三种。

① 无偿获取该类公司公开性的调查报告和商业数据。例如,一些咨询和市场调查公司免费提供的报告,如中国购物者报告、中国奢侈品市场研究、中国社交网络市场、消费者时间花费趋势等;有些咨询和调查公司发布的洞察观点,如中国奢侈品电商面临消费观念挑战、中国消费者对消费品的需求不断升级等;一些商业机构发布的年度数据,如淘宝等;等等。

② 通过有偿的方式选择咨询或市场调查公司的定制服务,获得有针对性的咨询服务或调查研究信息。

③ 通过购买这类公司提供的辛迪加数据获得相关信息。辛迪加数据(Syndicated data)是辛迪加服务机构收集和出售的共有数据,以满足许多客户的信息需求,这样就使得客户可以分摊信息的成本。需要注意的是咨询与市场调查公司并不是辛迪加数据的唯一来源,大量的连锁超市、商场等也可以提供有关销售的数据。

虽然辛迪加数据并不是为了专门的调研问题而收集的,但有的辛迪加数据可以按用户的情况筛选或处理后满足不同用户的需求。例如,可以向央视—索福瑞媒介研究有限公司(CSM)购买特定时期内指定频道指定目标人群的收视率报告。辛迪加数据的优点还在于获取的快速性,因为信息提供方的连续调查,如有的收视率数据每周甚至每天都提供给所需方一次。另外的优势还在于这些公司长期运作的信誉使得数据有较高的可信度。

辛迪加数据其缺点则在于调查不是专门针对某企业的特定需求而开展,且所购得的情报并非自己独享,其他竞争品牌也可能会有,而有些辛迪加数据的获取需要与信息提供方签订一年以上甚至更长的购买合同。因此,需要对信息提供者及成本做更多的权衡。

目前我国辛迪加数据较多集中在消费者调查、媒体监测、市场追踪等方面,一些机构可以提供部分免费研究报告、定制服务以及辛迪加数据等企业外部资料,如表 3-1 所示。

表 3-1　部分商业机构提供的企业外部资料

商 业 机 构	部 分 提 供 信 息
AC 尼尔森市场研究公司	专项研究:品牌管理、消费者趋势调查、顾客忠诚度和顾客需要和动机、顾客观点和购买行为、顾客满意度、品牌认知和广告成效等 营销组合管理:定价策略、广告与促销等
麦肯锡咨询公司	商务技术:数字营销、多渠道、经营模式/转型等 战略:企业战略、创新、战略管理、不确定性下的战略/情景规划、可持续转型等
央视市场研究股份有限公司	专业研究:媒体价值研究、传播效果评估、数字化媒体传播、目标人群消费指数、广告花费研究、品牌研究、新产品研究等 产品服务:中国媒介与消费市场手册、中国城市居民调查、中国商务人士调查、中国高端女性调查、中国消费者指数研究等
零点研究咨询集团	消费者研究:行为与态度、市场潜力与市场进入、市场现状与市场份额、竞争结构、市场细分与目标群体定位、市场定位与差别定位、市场需求等 品牌研究:企业形象与知名度、品牌认知与形象、品牌定位、品牌战略等 产品与营销研究:产品分布渠道、新产品测试、广告效果研究、产品命名等
艾瑞咨询集团	数据研究:网络监测(用户行为监测、广告投放监测、媒体流量监测、零售市场监测、访问速度监测)、网络舆论(网民口碑监测)等 专项研究咨询:市场环境与行业研究、用户及产品研究、品牌及营销研究等

（3）行业协会和联合会：这些机构会发布和保存有关行业的销售情况、经营特点及发展趋势等信息资料。例如，纺织服装行业协会提供的信息和有关行业情报涵盖了大量有关产业的有用信息。相关行业协会主要包括国家及各省服装协会、中国纺织工业协会、中国毛纺织行业协会、中国棉纺织行业协会、中国针织工业协会、中国家用纺织品行业协会、中国产业用纺织品行业协会、中国印染行业协会等。

（4）各地电台、电视台等媒体机构：包括媒体机构发布的各类书籍、报纸杂志、广播、电视、网络等信息，信息丰富多样，涉及时尚、产业研究、市场行情、商业评论、分析预测等。同时许多电台和电视台开设了经济频道、各类经济栏目、经济专题节目，传播经济信息。

（5）国内外各种博览会、展销会、订货会发布的促销信息，各种国际组织、外国使馆、商会提供的国际市场信息。该类平台或者机构发布的信息包括商品目录、广告说明、交易会信息、展销会信息、订货会信息及专利资料等。

（6）上市公司公开披露的信息：包括上市公司的财务报表、重大投资及经营活动公告等。

3.1.3 文案调查法实施

1. 文案调查实施原则

文案调查要根据调查目的和要求，从二手资料中识别归纳出有价值的信息资料，减少资料收集的盲目性，需要遵循以下原则。

（1）真实性：需要对所收集的二手资料进行认真鉴别和筛选，鉴别其真实性。

（2）广泛性：要通过各种信息渠道，利用各种机会收集全面的有价值信息。

（3）相关性：所收集的二手资料必须与该调查目的息息相关。

（4）时效性：要注意考察所收集二手资料的时间是否能保证调查的需要，只有反映最新市场活动情况的资料才是最有价值的资料。

（5）经济性：在收集二手资料时需要考虑成本控制和能产生的经济效益。

（6）针对性：有针对性地重点收集与调查课题有关的二手资料，注意收集内容的针对性，对资料的来源进行定向搜集。

2. 文案调查实施方法

要想研究现有的资料，必须先查找现有的资料。对于文献性资料来说，科学地查询资料具有十分重要的意义。从某种意义上讲，文案调查方法也就是对资料的查询方法，我们在此主要介绍文献性资料的查询方法。

1）查找法

这是获取文献等二手资料的基本方法。从查找的操作的次序看，首先要注意在企业内部查找。一般来说，从自身的信息资料库中查找最为快速方便。此外，还应从企业内部各有关部门查找。只要信息基础工作做得比较好，从企业内部查找不仅可以获得大量反映企业本身状况的时间序列信息，还可以获得有关客户、市场等方面的资料。其次，在内部查找的基础上，还可到企业外部查找，主要是到一些公共机构，如图书馆、资料室、信息中心等。为提高查找的效率，应注意熟悉检索系统和资料目录。在可能的情况下，要尽可能争取这些机构工作人员的帮助。下面介绍三种常用方法。

（1）目录工具查找法。目录是一种题录性的检索工具，一般只列出文献的题目、作者、出处。它是引导调查者查询资料的向导。目录主要有：

① 分类目录。根据资料的各种特点，按图书情报机构所采用的分组法编排的目录。

② 书名目录。按图书的名称编排的目录。

③ 著作目录。按著作者的姓名排列的目录。

④ 主题目录。按图书重要的主要标题而排列的目录。在各种目录的编序上，中文一般采用音序法、笔画法、部首法等，外文一般采用字母顺序法等。

（2）参考文献查找法。利用有关著作、论文的末尾所开列的参考文献目录，或者是文中所提到的某些文献资料，以此为线索追踪，查找有关文献资料的方法。采用此方法，可以提高查找效率。

（3）检索工具查找法。检索工具查找法是利用已有的检索工具逐个查找文献资料的方法。依检查工具不同，检索方法主要有手工检索和计算机检索两种。

① 手工检索：进行手工检索的前提是要有检索工具，因收录范围不同、著作形式不同、出版形式不同而有多种多样的检索工具。以著录方式来分类的主要检查工具有三种：一是目录，它是根据信息资料的题名进行编制的，常见的目录有产品目录、企业目录、行业目录等。二是索引，它是将信息资料的内容特征和表象特征摘录出来，标明出处，按一定的排检方法组织排列，如按人名、地名、符号等特征进行排列。三是文摘，它是对资料主要内容所做的一种简要介绍，能使人们用较少的时间获得较多的信息。

② 计算机检索：与手工检索相比，计算机检索不但具有检索速度快、效率高、内容新、范围广和数量大等优点，而且还可打破获取信息资料的地理障碍和时间约束，能向各类用户提供完善的、可靠的信息，在市场调查电脑化程度提高之后，将主要依靠计算机来检索信息。

2）索取法

在很多情况下，服装市场调研人员需向有关机构直接索取某方面的市场情报。例如，直接派员或通过信函向政府有关机构、国内外厂商等索取某方面的市场情报或所需资料文件。

3）采集法

例如，服装产品订货会、展览会等场合就可现场采集到大量服装企业介绍、产品介绍、产品目录等资料。

4）购买法

例如，从专业咨询机构、服装行业协会、纺织服装信息中心等单位团体购买定期或不定期出版的市场行情资料和市场分析报告等。

5）委托法

例如，委托专业市场研究公司收集和提供服装企业产品营销诊断资料等。应用该方法，企业必须慎重选择市场研究公司，以保证调查项目的完成质量。

3. 实施步骤

作为一种常用的市场调查方法，文案调查也需要制订一份科学、有效的实施计划，以指导和监督调查人员进行实际调查工作，文案调查的步骤主要包括以下五个方面。

（1）确定市场调查目的，明确调查主题。

（2）确定资料来源渠道，收集资料。

（3）评估二手资料。

（4）二手资料的筛选与分析。

（5）撰写文案调查报告。

所有的市场调查都基于对调查目的清晰认识，在此基础上，确定所需收集的二手信息，并寻找收集渠道，信息收集后需要对所收集的信息进行评估、筛选与分析，完成报告的撰写。

3.1.4　文案资料评估与应用

1. 文案资料的评估

对于服装市场调研者来讲，评估文案资料等二手数据是否可用要掌握"三性"标准，即有效性、可靠性和可行性。

1）有效性评估

文案资料等二手数据的固有特点在于它不是为满足调研人员的当前需求而专门设计的。所以，文案资料等二手数据与特定项目的相关程度如何就成为调研人员最关心的问题，也是文案调研资料评估要解答的关键问题。评估文案资料等二手数据满足当前调研问题和调研目标需要的适用性程度，涉及以下具体问题。

（1）文案资料等二手数据主题是否与我们调研问题的范畴相一致？对二手数据有效性的评估，首要标准就是二手数据是否有助于回答问题定义中提出的问题。如果回答是否定的，那么二手数据根本不适用，应当终止二手数据的收集工作。

（2）文案资料等二手数据是否适用于调研对象的范围？对于每个严格执行的市场调研项目而言，为满足调查设计的需要，严格定义调研对象是必需的。这就可能意味着，不同调研项目的调研对象都是特定的，不可以将调研数据随便拿过来就用或者轻率地进行比较。例如，在某个品牌的满意度调研中，收集了相当丰富的数据。其中，调研对象被定义为在某一个特定地理市场范围内，曾经拥有和使用过该品牌的用户，不管使用次数和使用量大小。这样一个经过相对严格界定的调研对象，与你目前面临问题的调查对象范围是否一致肯定是一个问题，这也直接关乎这份数据的适用性。

（3）文案资料等二手数据是否适用于调研时间的范围？在当今瞬息万变的环境中，信息资料很容易过时。因为大部分调研的目标是预测未来，二手数据必须是适时的，这样对调研人员才是有用的。

（4）文案资料等二手数据所使用的术语和变量分类是否适用于当前的调研项目？对于每个严格执行的市场调研项目而言，为满足调查设计的需要，定义调研对象和有关概念都是必需的。这就可能意味着，不同调研项目的调研对象都是特定的，不可以将调研数据随便拿过来就用或者轻率地进行比较。

比如，曾经有一篇《质疑CNNIC》的文章挂在CNNIC的网站上，引起网络媒体、门户网站及中国市场调研行业内人士的广泛关注和争论。其中一个标题"IDC抑或CNNIC，240万网民挑战890万，真假？"甚至被各种传媒直接作为文章的大标题大肆渲染。其中原委比较复杂，但是从调研专业角度看，根本是该文作者不能区分不同项目的调研对象轻率引用二手数据所致。IDC与CNNIC对"中国网民"的定义不同，不同研究数据背后所蕴含的特殊内涵，简单引用数字并进行比较，这是十分幼稚可笑的，这种比较本身也毫无意义。

（5）文案资料等二手数据的测量单位是否是可比较的？测量单位如果不完全符合调研人员的需要，也可能引起某些问题。例如，家庭人口平均收入就不能同家庭总收入相比较。

如果二手数据的格式不符合调研人员的需要，就有必要对这些数据进行变换。数据变换是将数据的原始形式转变为一个适合于达到调研目标的格式的过程。例如,服装产品销售可以按照销售量、次数或销售额进行报告,并根据这些数据估计每售出单位的平均价格及其他相关信息。

2)可靠性评估

文案资料等二手数据的主要缺点是使用者无法控制数据的准确性。尽管适时的、相关的文案资料等二手数据可能适合调研人员的需要,但这些数据也许是不准确的。因为这些数据毕竟是其他人搜集的,他们也许为了支持既定的假设而使数据结果有所偏差。例如,媒体为了确定其订阅者或阅读者的情况,经常发布通过调查得到的数据,但是他们很可能从报告中去除各种贬损的数据。如果确实存在偏见的可能性,就不应该使用这样的二手数据。对二手数据的可靠性进行评估主要有以下两条途径。

(1)评估数据来源。通过检验文案资料等二手数据来源的专业水平、可信度和声誉,可以获得对数据可靠性的总体认识。调研人员倾向于从信誉好的来源获得数据,如政府的统计调查机构及声誉卓著的专业调研公司。建立总体认识是必要的,但是在采集特定的二手数据之前,调研人员仍然需要评估相关的调研设计,以便确定调研是否得到正确执行。当然,如果文案调研者缺乏足够信息来了解实地调研当初的执行情况,那么数据来源评估就很难实现。

(2)交叉检验。为了验证文案资料等二手数据的准确性,调研人员还可以对不同来源的数据进行交叉检验,即将一种来源的数据与另一种来源的数据进行比较,以确定独立项目的相似性。如果数据之间相互不一致,调研人员应该努力确定这些差异的原因,并决定哪种数据最有可能是准确的。假设不确定数据的准确性,调研人员必须决定是否值得冒风险使用这些数据。

3)可行性评估

如果文案资料等二手数据能够顺利通过有效性和可靠性评估,文案调研者有时还要考虑文案资料等二手数据的收集成本是否会过高,是否物有所值? 在文案调研的局限性分析中,我们已经指出,要查找最初的数据源可能并不容易,而且文案调研对调研人员的要求很高,通常只有那些具有较广泛和深厚专业理论知识和技能的调研者才能较有效地使用该方法,这些问题都涉及文案调研的可行性。

2. 文案资料的应用

直接使用文案资料等二手数据来达到特定调研项目的各种目标几乎是不可能的。不过,在面对非常规性调研问题时,二手数据调研仍然能为实地调研提供重要价值:它有助于确定问题、更好地定义问题、拟定问题的研究框架、阐述恰当的研究设计、回答特定的研究问题、更深刻地解释原始数据。文案资料等二手数据调研应用的三类常见目标是:发现事实、构建模型和数据库营销,如表 3-2 所示。

表 3-2　二手数据调研应用的一般目标

应 用 目 标	具体的调研例子
发现事实	确认消费类型,预测消费倾向
构建模型	评估市场潜力,预测销售额,选择贸易地区和地点
数据库营销	建立顾客数据库,列示潜在顾客名单

1）发现事实

文案资料等二手数据调研应用的最简单目标就是发现事实,而且在发现事实的基础上还可以满足更复杂的调研目标。

（1）确定消费者行为类型。二手数据研究的典型目标可能就是揭示所有关于消费类型的信息,以此来满足某个特定产品分类的需要,或者确认影响整个行业的人口趋向。例如,通过二手数据收集分析描述中国服装消费者特征,可以获得关于消费者趋向及行为类型的真实信息。

（2）市场追踪。市场追踪就是对一段时间内的行业销量及品牌份额的观察和趋势分析。几乎所有的消费品企业都会利用二手数据,定期调查各种品牌和产品类别的销售量。这种类型的分析一般包括与竞争对手销售量的比较,或者企业在不同时期销售量之间的相互比较,此外还可能包括不同地理区域的行业比较。

（3）环境检测。在很多情况下,发现事实的目标仅仅是为了研究环境,以便确定相关的市场趋势。环境检测是指为了检测调研初始阶段的环境变化而收集信息并且发现事实。例如,环境检测要搜集有关千禧一代的信息,信息表明现在的年轻人非常喜爱保龄球、爵士舞蹈。检测了有关环境变化以后,有家公司就开始推出"宇宙保龄",这种球可以在黑暗的球道里翻滚,周围只有昏暗的灯光和闪烁着的激光等。

2）构建模型

构建模型是文案资料等二手数据调研的另一个基本目标,比简单地发现事实要复杂得多。构建模型包括详细说明两个及以上变量之间的关系,还可以延伸到制定描述性或预测性数学公式。事实上,决策者更倾向于那些容易理解的简单模型。例如,企业销售与行业销售之比就是市场份额,它就是代表一种基本关系的数学模型。为了更详细地介绍模型的构建,下面将讨论二手数据调研可以完成的三个常见目标:估计市场潜力、预测销售量和选择销售地点。

（1）估计不同地区的市场潜力。营销人员经常使用二手数据来估计市场潜力。在很多情况下,准确数据是由行业协会或其他来源发布的。不过有些时候,调研人员则必须将其他来源的二手数据进行转换,以便估计市场潜力。例如,调研人员可能会找到关于一国或一些较大地区市场潜力的二手数据,但是这些数据可能没有细分到更小的地区,这时,调研人员就需要对某些较小区域的市场潜力进行个别推断。

例如,某服装公司的管理人员打算在欧洲建立加工厂,管理者需要对英国、德国、西班牙、意大利及法国的市场潜力进行评估。二手数据调研从两个来源分别收集到上述五国的二手数据:人均服装消费量和2024年的人口预测数据。表3-3第2列和第3列列示了这两组数据。每个国家2024年服装市场潜力就等于其人均服装消费量乘以2024年该国人口预计值,如表3-3所示。

表3-3　欧洲五国的服装市场潜力数据

国家	人均服装消费量/美元 （1）	2024 年人口预计/千人 （2）	市场潜力评估/美元 （3）=（1）×（2）
英国	120	48408	5808960
德国	80	72299	5783920

续表

国家	人均服装消费量/美元 （1）	2024 年人口预计/千人 （2）	市场潜力评估/美元 （3）＝（1）×（2）
意大利	105	46462	4878510
法国	95	48216	4580520
西班牙	75	29522	2214150

（2）预测销售额。营销管理人员往往需要了解本公司在下一年度或未来一段时期内的销售情况。销售预测就是预计某一特定时期内的销售总量。

对处于成熟期或稳定市场上的产品而言，二手数据调研可以帮助管理者在掌握当前状况和过去业绩的基础上推断未来的形势，由此而产生准确的销售预测。最简单的模型就是将过去的销售量乘以一个预测增长率。其中，销售量数据是来自公司内部的销售记录，而预测增长率则往往要通过收集外部的二手数据资料，首先掌握行业销售增长率的预测数据，并根据行业销售增长率数据确定本公司销售增长率。

当然，并非所有的销售预测都适用上述简单模型。根据历史上销售数据的特征，调研预测者可能会选择构建一些更为复杂但适用的模型，如移动平均模型、龚珀兹曲线模型等。

（3）选择销售地点。营销管理人员检测各种贸易区域，并使用地点分析技术(site analysis techniques)来分析贸易区域级地点，从而选择最佳的零售或批发经营地点。二手数据调研帮助管理人员作出这种决策。

零售饱和度指数就是分析和选择贸易区域或地点的一种具体模型。零售饱和度指数可以用来调查零售地点，并描述某产品零售业态的供求之间的关系。零售饱和度指数计算模型如下：

零售饱和度指数＝当地市场潜力/零售空间的面积

只要能获得准确的二手数据，计算过程非常简单。调研人员需要注意的是，计算出来的零售饱和度指数只是某类产品单位零售面积的销售额，要了解这个数字的真正含义，还需要将它与其他区域或地点的零售饱和度指数进行比较，以决定哪个销售点的市场潜力最大，而零售竞争压力最小。

3）数据库营销

顾客关系管理(CRM)系统是一种决策支持系统，用以管理企业及其顾客之间的相互关系。CRM 持有顾客数据库，包括顾客姓名、地址、电话号码、购物记录、对过去广告宣传的回应及其他相关数据。数据库营销就是使用 CRM 的数据来促进与顾客的一对一的关系，并且精确地实施针对个别顾客的促销方式。

因为数据库营销需要大批量不同来源的 CRM 数据，二手数据经常需要用于制定或增加数据库的内容。交易记录一般会列示购买产品的类别、价值、顾客姓名、地址及邮政编码等，这种记录可以作为建立数据库的基础，还可以由顾客直接提供的数据加以补充，如保修卡数据等。此外，从第三方手中购买的二手数据也是建立数据库的重要条件。

3.1.5 文案调查法功能、优势和局限

1. 文案调查法功能

文案调查既可以作为一种市场调查方法单独使用，为服装企业发展决策提供依据。同

时,它也作为实地调查的基础和补充,与实地调查方法相互依存和促进。

(1)可以为服装企业的发展决策提供依据。通过对二手资料的信息挖掘,服装企业可以洞察市场的动态和新的发展趋势,帮助企业发现新的市场机会,确定正确的发展方向。在服装市场分析中,文案调查经常对以下四种情况进行研究:①服装市场供求趋势分析。通过收集各种服装市场动态资料并加以分析对比,以观察服装市场发展方向。②服装市场现象之间的相关与回归分析。即利用一系列相互联系的现有服装资料进行相关与回归分析,以研究现象之间相互影响的方向和程度,并可在此基础上进行预测。③服装市场占有率分析。根据各方面的资料,计算出本服装企业某种产品的市场销售量占该市场同种商品总销售量的份额,以了解服装市场需求及本企业所处的市场地位。④服装市场覆盖率分析。用本服装企业某种商品的投放点与全国该种商品市场销售点总数的比较,反映服装企业商品销售的广度和宽度。

(2)可以为开展实地调查奠定基础。文案调查可为实地调查提供经验和大量背景资料。①通过文案调查,可以初步了解调查对象的性质、范围、内容和重点等,并能提供实地调查无法或难以取得的各方面的宏观资料,便于进一步开展和组织实地调查。例如,在进行商圈调查之前可查阅相关资料为进一步的实地调查提供二手资料。②通过文案调查可以对以往类似调查资料进行研究,查阅相关的二手资料,以此指导实地调查的设计。例如,在进行服装品牌忠诚度的实地调研前,通过查阅相关二手资料,参考以往相关研究,从而完善品牌忠诚度测试题项,帮助进行调查设计。

(3)可以帮助理解和使用实地调查收集的原始资料。①可以通过文案调查所收集的二手资料与实地调查资料进行对比,鉴别和证明实地调查结果的准确性和可靠性;②利用文案调查资料,可以帮助探讨实地调查所发现现象的各种原因并进行说明。

2. 文案调查法优点和局限性

各种市场调查方法都有其优点和局限性,只有对其有清楚的认识,才能在应用该方法时加以选择和评估。

1)文案调查法的优点

(1)应用范围广,受调查时间、空间的限制比较少。从时间上看,文案调查不仅可以掌握现实资料,还可获得实地调查所无法取得的历史资料。从空间上看,文案调查既能对企业内部资料进行收集,还可掌握大量的有关市场环境方面的资料。特别是在做国际市场调研时,由于地域遥远、市场条件各异,采用直接调查,需要更多的时间和经费,加上语言障碍等原因,将给直接调查带来许多困难。相比之下,文案调查就显得轻松自如了。

(2)成本低。收集文献资料等二手数据所需成本费用也相对低廉,而且,二手数据的获取很多情况下都是即时完成的,即所需时间很短。因此,相对实地调查法而言,成本较低。

(3)操作方便、简单。文献资料等二手数据大量存在,与获得原始数据相比较,收集二手数据通常要简单得多,特别是随着电子检索技术的发展,获取文献资料等二手数据变得更容易了。

(4)间接性。一些情况下,使用原始数据收集程序不能得到想要的数据,即文案调研就成为收集这类数据唯一可行的方法。因此,文案调查法可以研究那些研究者不能直接接触的研究对象,并且研究对象不受研究者的影响。例如,任何公司也无法复制中国国家统计局关于经济单位普查的有关行为,但是可以通过文案调研来收集、整理和分析你所感兴趣的某一方面的普查信息。

　　鉴于上述优点,文案调查常常是市场调研的首选方法,几乎所有的市场调研都可以始于收集二手资料。只有当二手资料不足以解决问题时,才进行实地调查。此外,虽然文案调查往往不能为非常规的研究问题提供所有答案,但可以在调研设计方法上提供多方面的价值。例如,这有助于确定管理决策问题,更好地定义市场调研问题,拟定问题的研究框架,阐述恰当的研究设计,回答特定的研究问题,更深刻地解释原始数据等。

　　2)文案调查法的局限性

　　我们更应注意到,文案调查法也存在很多局限。文案调查法的局限性主要表现在以下四个方面。

　　(1)文案调查人员的素质对调查结果影响较大。文案调查要求调查人员有较广的理论知识、较深的专业知识及技能,调查人员的专业眼光、知识及技能,直接影响调查结果的可靠程度。此外,由于文案调查所收集的次级资料的准确程度较难把握,有些资料是由专业水平较高的人员采用科学的方法搜集和加工的,准确度较高,而有的资料只是估算和推测的,准确度较低,因此,应明确资料的来源。

　　(2)文案调查所收集资料的质量差异较大。文案调查法所收集、整理的资料和调查目的往往不能很好地吻合,数据对解决问题不能完全适用,收集资料时有遗漏。例如,服装企业调查所需的是分月产品销售额资料,而我们所掌握的是全年产品销售额资料,尽管可计算平均月销售额,但精确度会受到影响。因此,对文案调查法搜集的资料,其时效性、真实性、准确性及针对性程度参差不齐,必须经过甄别、筛选、组织才能使用。

　　(3)文案调查具有时限性。文案调查法所收集的主要是调查对象的历史资料,过时资料比较多,现实中正在发生变化的新情况、新问题难以得到及时反映,因此收集现实资料具有较大困难。

　　(4)文案调查的不可得性。要查找最初的数据源可能面临不小难度,而且方法也对人员的专业知识和技能提出了较高要求,这样都可能提高文案调查的成本,或者影响所收集数据的质量。有些问题,可能根本不存在二手资料,因而无法收集。

　　在准备应用文案调查方法前,调研机构和人员首先应该对文案调查的这些局限性有清醒认识,并在计划与实施过程中采取适当措施解决这些局限。同时,在运用文案调查进行数据分析研究前,要对所收集的二手数据的质量进行评估。

3.2 询问调查法

3.2.1 询问调查法概述

1. 询问调查法的含义

　　询问调查法是调研人员以口头或书面形式,向具有代表性的调查对象询问各种涉及其行为、意向、态度、感知、动机及生活方式的问题,从而来收集数据资料的一种定量研究方法。询问调查法是直接调查法中非常常用的一种方法,可以借以了解被访者的行为、动机、情感、态度等多方面的信息,因此它在服装行业有着非常广泛的应用。

　　自营销观念被普遍接受以来,市场调研发展非常迅速。发现消费者需求的最佳办法就是直接询问他们,询问调查正是在这一理念基础上发展起来的。在询问调查中,典型的提问是结构化的,即数据收集过程是按照标准化的测量工具和手段进行的。

询问调查是一种复杂的信息收集行为,如果询问调查能够恰当设计和执行,那么其准确性相当高。但是,调研设计和执行中任何环节出现疏漏,都会影响所收集数据的质量。因此,在各种询问调查方法的使用中,调查过程和调查数据的质量保证和质量控制一直是需要思考的重要内容。

2. 询问调查法分类

根据调查问卷管理方式,询问调查可以分为访问调查和自我管理式问卷调查两大类;根据调查员与被访者接触交流方式,询问调查分为面谈访问调查、电话访问调查和自我管理式问卷调查等;根据调查问卷的呈现方式,询问调查又可以分为书面问卷调查和电子问卷调查等。

综合考虑上述分类标准,将询问调查法归为四个基本类别,即面谈访问调查法、电话访问调查法、邮寄调查法及网络调查法。

3.2.2 面谈访问调查法

1. 面谈访问调查法含义

面谈访问调查法是指调查者根据调查提纲直接访问被访者,当面询问有关问题,然后根据被访者的回答,当场记录获得数据的方法,它既可以是个别面谈,也可以是群体面谈。人员访问调查通常按照一套事先设计好的问卷询问,但也有采取自由交谈的形式询问的,具体采取什么方式应根据调查目的而定。询问既可以在被访者家中进行,也可以在询问者事先准备好的询问地点进行。

2. 面谈访问调查法优缺点

1) 面谈访问调查法优点

(1) 富有灵活性。在所有调查方法中,面谈访问调查法最灵活。它可以采用任何一种问卷询问。如果应答者同意,还可以利用录音机记录应答者的意见。当发现应答者不符合样本条件时,可以立刻终止询问。

(2) 具有激励效果,拒绝回答率较低。因为面谈访问是在面对面的情况下进行的,如果询问得当,往往会提高应答者回答问题的兴趣,使应答者更愿意合作,从而提高回答率。

(3) 可获得较多的数据。面谈访问调查一般所费时间较长,因此对某些问题可以做深入询问。有些问题需要调查者进行解释才能明白,这样就可以减少答案不完整或答案欠缺的现象。另外,在询问中可能得到一些意想不到的数据,使调查者产生新的想法。邮寄调查询问的问题固定,电话调查所费时间又不能过长,所以这两种方法都不如面谈访问调查法获得的数据多。

(4) 保持较为完整的样本。邮寄调查回收率较低,而电话调查样本又仅限于那些有电话的人,所以只有人员面谈访问调查既能够选择欲选的人进行调查,又能提高回收率,保持较为完整的样本。

(5) 能控制问题的顺序。问题的顺序往往会影响应答者的答案,人员面谈访问调查能够根据情况,按不同的顺序询问。

(6) 有观察的机会。在人员面谈访问时,询问者可以观察应答者回答的一些问题是否正确,如关于年龄、种族、职业等问题。

2)面谈访问调查法缺点

(1)费用高,周期长。一般来说,人员面谈访问调查需要动用较多的人力,需要训练询问者,因此所需费用及周期远远高于其他几种方法。

(2)控制较难。一旦调查开始,调查员就有了很大的独立性,因而对调查员的监督和控制就很困难,有时不免产生某些不负责任甚至欺骗的行为。

(3)容易产生询问偏见。因为是面对面的询问,所以调查员的询问态度或语气有时不免对应答者产生一定的影响,从而产生询问偏见。

(4)对调查者的要求较高。面谈访问的询问技巧对调查结果有很大影响。调查员在现场所采取的询问技巧,既取决于调查员的素质,又受到现场环境和被访者的影响。

3.2.3　电话访问调查法

1. 电话访问调查法含义

电话访问调查法是指由调查人员通过电话向被访者询问了解有关问题的一种调查方法,适合于一些内容简单的调查。由于彼此不直接接触,而是借助于电话这一中介工具进行,因而是一种间接的调查方法。

2. 电话访问调查法优缺点

1)电话访问调查法的主要优点

(1)节约费用。在几种调查方法中,电话调查的费用是比较低的。特别是局限于某个区域性的调查,费用就更低了。

(2)节约时间。在几种调查方法中,电话调查的速度最快。特别是对于一些需要尽快得到结果的调查,如想知道前一天播出的某个新广告的到达率,采用电话调查最为快速。

(3)可能访问到不易接触的调查对象。例如,有些高收入或高地位的特殊阶层,面访调查是很难接触到的,但是利用随机拨号的方法,则有可能访问成功;又比如有些被访者拒绝陌生人入户访问,有些人工作太忙拒绝访问,但却有可能接受短暂的电话调查。

(4)可能在某些问题上得到更为坦诚的回答。例如,对于涉及个人隐私或某些个人用品的看法等问题,面访调查时的回答可能不自然或不真实,但是在电话调查中则有可能得到比较坦诚的回答。

(5)易于控制实施的质量。由于访问员基本上是在同一个中心位置进行电话访问,督导员或研究人员可以在实施的现场随时纠正访问员不正确的操作,研究的组织者可以比较容易监督和控制电话有没有严格按问题提问、说话太快、吐字不清晰、声调不亲切或语气太生硬等。

2)电话访问调查法的主要缺点

(1)抽样总体与目标总体不一致。抽样总体是全体电话用户,而目标总体可能既包括有电话的消费者,也包括很多没有电话的消费者。因此,样本的代表性问题是目前在实施电话调查的一大缺点。

(2)在调查时间和内容上适应性差。电话调查的问卷一般都比较简短,很少采用复杂的态度量表,很难适应较长和较深入问题的调查需要。

(3)访问的成功率可能较低。随机拨打的电话可能是空号或错号;被访对象可能不方便或者正忙不能接电话;被访对象不愿意接受调查;等等。

3.2.4　邮寄调查法

1. 邮寄调查法的含义

邮寄调查法是由调查人员将设计好的问卷,通过邮寄的方式送达被访者手中,请他们答卷后寄回,以获取信息的方法。邮寄访问的具体形式多种多样,特别是问卷的发放形式,现在采用比较多的形式有邮局寄送、随广告发放、随产品发放等。有些征订单、征询意见表和评比选票等,也可以认为是调查表的性质,因而,其也被看作邮寄访问调查。不论书面问卷是怎样分发的,它们与访问调查及电话调查有着很大的区别,因为应答者需要自己来阅读问卷、理解问题并独自作出回答。它不再依赖调研人员的调查技巧,而是依赖设计明了、书写清楚的调查问卷。

2. 邮寄调查法的步骤

(1) 根据研究目的收集调查对象名单、地址或电话,抽样确定调查对象。

(2) 通过电话、明信片与简短的信件,与调查对象进行事先接触。

(3) 向调查对象寄出调查邮件,注意检查典型调查邮件应包括的几项内容。

(4) 通过电话或简短的提示信,与调查对象再次接触,询问是否收到了问卷。

(5) 对回收问卷及时登记编码,统计回收数量,决定是否需要再打电话或邮寄提示信。

(6) 如果回收率还达不到研究的要求,应考虑采取措施修正低回收率所造成的误差。

3. 提高邮寄调查法的回应比例

如果问卷令人感到乏味、表述不清楚或者过于复杂,就很容易被被访者丢进垃圾桶。邮件问卷如果设计不够合理,可能仅有15%的人会回复,也就是说只有15%的回应比例。回应比例低并不仅仅是回收问卷的数量达不到要求那样简单,更重要的问题可能是,回应者与未回应者是否存在某些重要的系统性的差别。如果两者存在系统性差别,那么完成问卷的应答者就很难代表样本中的未作出应答者,那么依据回收问卷所作的统计推断就可能出现系统性偏差。因此邮寄调查表设计要注意如下方面:调查表的内容不宜太多,要简单明了;问句的意思要清楚,不能模棱两可;必须向被访者介绍答卷的要求,回收的时间;必须向被访者说明调查的目的、结果的重要性,以及写上请求帮助等客套话。

为了减少上述偏差,调研人员需要采取一系列措施来保证和提高邮寄问卷调查的回应比例。例如,采用有奖征询的方式,凡按要求答卷的被访者,均有中奖机会等,对提高问卷回收率、缩短回收时间都有良好的效果。邮寄调查还可以与促销活动相结合,使广告宣传更有效果。例如,企业在报纸广告中附上调查表格,并说明填表的要求与方法,按要求答卷的读者均有中奖机会。这样,既能保证调查表放在产品的包装箱内,随产品出售一同到达消费者手中,由消费者填写后寄回,又能提高回收率。

4. 邮寄调查法的优缺点

1) 邮寄调查法优点

(1) 应答者匿名,保密性强。在邮寄的调查问卷或附函中,调研人员一般会指出应答者的回答将是保密的。如果应答者是匿名的,他们就很有可能提供一些敏感性或令人尴尬的信息。匿名调查还可以减少社会期望偏差,当人们在完成自我管理式问卷时,更容易同意某些具有争议的问题,如激进的政治候选人等,而在电话访问或面访调查中,人们一般表现得很谨慎。

（2）应答者便利。应答者可以根据自己的日程安排，抽空填写邮件调查和其他自我管理式的问卷，而且应答者有时间认真考虑自己的答案。很多难以取得联系的应答者非常重视访问时间的便利问题，所以邮件调查是一种较好的选择。例如，某目录零售商可能将仿制目录作为问卷的一部分，通过邮寄问卷进行调查，以便预测目录系列的销售量。邮寄问卷调查方式使应答者有机会与其他家庭成员进行协商，然后在一个合理的时间范围内做出决定。

（3）地理灵活性。从原则上讲，凡是通邮的地方都可以进行邮寄调查，因此可以获得很多地区、各个阶层的样本。例如，居住在偏远地区的应答者及某些难以访问到的人员，如高层管理人士等。

（4）成本相对较低。在一般情况下，邮寄调查的费用比面访和电话调查都低。但是也应该注意，很多邮件调查需要多次邮寄；同时，为避免用劣质纸张影印的问卷直接被人扔进垃圾桶，调查人员更倾向于使用那些昂贵的、高质量的影印版问卷。

（5）无调查员偏差。面访调查和电话调查的质量与调查员自身的素质有很大的关系，而邮寄调查可以完全避免由于调查员的原因而产生的偏差。

2）邮寄调查法缺点

（1）回应比例低。在几种调查方法中，邮寄调查的回应比例是最低的，因此在邮寄调查中要特别注意采取有效的措施提高回应比例，同时对由于回应比例低所造成的偏差要进行必要的处理。

（2）花费的时间长。在几种调查方法中，邮寄调查所需的时间是最长的，因此该方法只适用于那些时效性要求不高的项目。

（3）填答问卷的质量难以控制。调查对象可能会找他人代为回答，或没有填完全部问题就停止了，这些都将影响数据的质量。

（4）调查对象的限制。邮寄调查较大的限制之一是被访者必须有较高的文化程度。

3.2.5　网络调查法

1. 网络调查法的概念和特点

（1）网络调查法的概念。网络调查法是指在互联网上针对特定营销对象进行调查设计、收集市场信息的一种调查方法。

（2）网络调查法的特点。

① 速度快。网络调查是开放的调查，任何网民都可以在网上进行投票和查看调查结果，而且在投票信息经过统计分析软件初步自动处理后，可以马上查到阶段性的调查结果。

② 成本低。实施网络市场调查节省了传统市场调查中耗费的大量人力和物力。传统调查方式中最繁重的信息采集和录入工作，在网络调查中只需要有能上网的计算机，企业可通过网站发布在线调查问卷，网民填好后由分析软件进行整理分析。这样可以无人操作和不间断地接受调查填表，信息检验和信息处理都由计算机自动完成。

③ 交互性强。网络的最大好处是交互性，因此在进行网络调查时，被访者可以及时就问卷相关问题提出自己更多的看法和建议，从而可减少因问卷设计不合理而导致调查结论偏差问题。

④ 调查结果客观可靠。实施网络调查,被访者是在完全自愿的原则下参与的,避免了传统调查中的一些人为主观错误,因此问卷填写信息可靠、调查结论客观。

⑤ 无时空、地域限制。互联网是开放的,任何网民都可以在任何时间地点进行投票和查看结果,而且网络可迅速反馈信息结果,提交问卷和收到问卷几乎同步完成,因而范围广、时效性强。

⑥ 可检验性和可控制性。利用因特网(Internet)调查收集信息,可以有效地对收集信息的质量实施系统的检验和控制。

▶ 示例:

调研宝——问卷星专业问卷调查平台

问卷星调查平台是一个简单易用的在线问卷调查系统,它的界面友好、使用简洁,每个人都可以轻松地开展调查活动。通过这个系统,用户可以进行在线调查问卷的设计、调查数据的收集和统计,以及统计结果的生成。它的基本功能向用户免费开放,同时也以较低的价格提供高级版本及增值服务。与其他调查系统相比,该网络调查平台具有快捷、易用、低成本的优势,因此被企业和个人大量使用。其使用流程如下:

(1) 问卷设计。该调查平台的问卷设计界面为所见即所得的设计问卷界面,支持多种题型,可以在问卷中设置跳转逻辑、引用逻辑、给选项设置分数等多种功能,同时还提供多种专业问卷模板供选择。

(2) 个性定义。用户可以对自己设计的问卷进行多种属性的设置(如是否公开,是否设定密码等),也可以对问卷的外观以及完成后的跳转页面等进行个性化的设定。

(3) 多种方式发送。用户可以通过邮件邀请的方式来发送问卷,也可以将问卷直接分享至微信、微博等社会化网络等。

(4) 统计分析。该问卷调查平台向用户提供在线单题统计、分类统计、交叉统计等统计方式,允许用户自定义统计分析报表,用户可以在线查看分析,也可以下载分析报告或原始数据。

(5) 质量控制。问卷星提供了配额管理和自定义筛选规则的功能,可以按照用户的要求严格控制调查的质量,使每一个调查都能够严谨、高效地执行。还可以根据填写问卷所用时间、来源地区和网站等筛选出符合条件的答卷集合。

(6) 下载调查数据。在调查完成后,用户可以下载统计图表到 Word 文件保存、打印,或者下载原始数据到 Excel,进而导入 SPSS 等分析软件做进一步分析。

2. 网络调查法的分类

(1) 根据调查的方式不同分为网络直接调查法和网络间接调查法。利用互联网进行市场调查有两种方式:一种是利用互联网直接进行问卷调查等方式收集一手资料,这种方式称为网络直接调查法;另一种是利用互联网的媒体功能,从互联网上收集二手资料,这种方式称为网络间接调查法。

(2) 根据采用的调查方法不同分为网络问卷调查法,网络讨论法和网络观察法。

网络问卷调查法是将问卷在网上发布,被访者通过因特网完成问卷调查。网络问卷调查一般有两种途径:一种是将问卷放置在 WWW 站点上,等待访问者访问时填写问卷;另一种是通过各种问卷调查平台或者微信小程序等将问卷发送给被访者,由被访者完成问卷填写后结果在后台实时在线统计呈现。网络问卷调查法的优点是比较客观、直接。缺点是不能对某些问题进行深入调查。

网络讨论法是调查者通过网络实时交谈、网络会议等途径收集市场信息的方法。调查主持人在相应的讨论组织中发布调查的项目,被访者参与讨论,发布各自的观点和意见,或者将分布在不同地域的被访者视讯会议功能虚拟地组织起来,在主持人的引导下进行讨论。这种方法对信息收集和信息处理的模式要求很高,操作起来难度较大。

网络观察法是对网站的访问情况和网民的网上行为进行观察以收集市场信息的一种方法。这种目前被大量的电子商务网站所采用的方式是一种收集市场信息的有效方法。

(3)根据调查者组织调查样本的行为不同分为主动调查法和被动调查法。主动调查法是指调查者主动组织调查样本完成市场调查的方法。被动调查法是指调查者被动地等待调查样本造访并完成市场调查的方法。被动调查法的出现是市场调查的一种新趋势。

(4)根据网络调查采用的技术不同可分为站点法、电子邮件法、随机 IP 法和视讯会议法。

① 站点法。这是将调查问卷的 HTML 文件附加在网站的 Web 上,由浏览这些站点的网上用户在此 Web 上回答调查问题的方法。站点法属于被动调查法,这是目前出现的网上调查的基本方法,也将成为近期网上调查的主要方法。

② 电子邮件法。这是通过给调查者发送电子邮件的形式将调查问卷发给一些特定的网上用户,由用户填写后以电子邮件的形式再反馈给调查者的调查方法。电子邮件法属于主动调查法,与传统邮件法相似,优点是大大地提高了邮件传送的时效性。

③ 随机 IP 法。这是以产生一批随机 IP 地址作为抽样样本的调查方法。随机 IP 法属于主动调查法,其理论基础是随机抽样。利用该方法可以进行纯随机抽样,也可以依据一定的标识排队进行分层抽样和等距抽样。

④ 视讯会议法。这是基于 Web 的计算机辅助访问(computer assisted Web interviewing),是将分散在不同地域的被访者通过互联网视讯会议功能虚拟地组织起来,在支持人的引导下讨论调查问题的调查方法。

3. 网络调查法的操作程序

(1)确定网络直接调查目标。网络调查的对象主要是网民,在确定调查目标时,要考虑被调查对象是否能上网,这些网民的规模有多大。只有当网民中的有效调查对象足够多时,网络调查才能得出有效结论。我国的网民主要以年轻人、城镇人口为主。因此,选择网络调查方法,适用于以城镇年轻群体为主要消费对象的产品。网络直接市场调查的对象主要是企业产品的消费者。调查者可以通过互联网来跟踪消费者,了解他们的意见和建议。

(2)确定调查方法、设计调查问卷。网络市场调查主要采用问卷调查法,设计好一份问卷是取得成功的关键。设计问卷时应注意:①问卷的开头部分要能够引起被访者兴趣和重视,开头部分应包括调查目的、调查者、奖励办法及填写说明等内容;②问卷不宜过长,尽量使用封闭性问题;③问题简明扼要,定义明确;④敏感性问题的语句表述不应使被访者产生反感的情绪。

(3)选择调查方式。网络直接市场调查的方式选择要视具体情况而定。如果企业网站已经拥有固定的访问者,可以利用自己的网站开展网上调查;如果企业自己的网站还没有建好,可以利用别人的网站进行调查;如果企业网站已经建设好但还没有固定的访问者,可以在自己的网站调查,与其他一些著名的 ISP/ICP 网站建立广告链接,以吸引被访者参与调查。企业也可以采用微信公众号及小程序的方式,直接向潜在客户发送调查问卷。还可以采用网上讨论组的方式,在相应的讨论组中发布问卷信息,或者发布调查题目。

（4）数据的处理和分析。调查人员在网上获取大量的信息后,必须对这些信息进行整理和分析,这是网上调查信息能否发挥作用的关键。在对信息进行处理时,首先要排除不合格问卷,再核对回收问卷并进行综合分析,利用相关分析软件进行分类统计,对可疑的电子邮件要进行回访,以提高问卷的可靠性。

（5）撰写调查报告。在对收集到的数据进行分析处理后,调查人员要撰写调查分析报告。报告要力求用准确精练的文字、图表直接地反映出市场的动态信息,以便让企业的决策者针对市场动态和企业的实际情况及时制定和调整营销策略。

4．网络调查法的优点和局限性

1）网络调查法的优点

（1）无时空限制。这是网络调查所独有的优势。网络调查不受时间的限制,任何时候只要网络畅通都可进行调查。不仅如此,网络调查在地域空间上更是具有极大优势,在网络上没有空间界限,地球是一家。这样不仅大大提高了访问率,而且通过网上邀请,还可以方便地邀请到国内外的名人或平时难以接触到的人士做客聊天室,进行“面对面”交流或进行深层访谈,这也是传统面访调查方式可望而不可即的。

（2）周期短。传统的市场调查周期一般都较长,网络调查利用各种互联网信息技术的优势弥补了这一不足。它能够通过网络迅速地获取信息、传递信息和自动处理信息,因而可以大大缩短调查周期,提高调查的时效性。

（3）经济性。实施网上调查在信息采集过程中不需要派出调查人员、不需要印刷调查问卷,在调查过程中最繁重、最关键的信息采集和录入工作分布到众多网上用户的终端上完成,可以无人值守和不间断地接受调查填表,信息检验和信息处理由计算机自动完成。同时由于网络调查的结果开放、共享,调查成本低,具有经济性。

（4）客观性。网络调查被访者是主动参与的,而且被访者在独立思考的环境下填写问卷,不受调查员和外在因素干扰,避免人为错误导致调查结论的偏差,最大限度保证结果的客观性。

（5）可靠性。网络调查的信息质量具有可靠性,主要表现在:一是实施网上调查,被访者可以自由选择是否接受调查,能完全自愿地选择感兴趣的问题,因此在填写问卷时会比较认真;二是可以在网络调查问卷上附加全面、规范的项目解释,有利于消除因对项目理解不清或调查员解释口径不一致而造成的误差;三是问卷的复核由计算机依据设定的检验条件和控制措施自动实施,有效保证问卷检验的全面性、客观性和公正性;四是通过被访者身份验证技术,可以有效地防止信息采集过程中的虚假行为。由此可见搜集的资料可靠性较高。

（6）互动性。网络调查能够设计出多媒体问卷,直观地通过文字、图形和其他各种表现形式做出选择和回答,还可将选项的排列进行随机化设计以避免排列顺序对调查结果的影响,提高问卷设计的质量。

2）网络调查法的局限性

（1）抽样框问题。抽样框是在调查中可以调查的个体的集合。例如,在电话调查中,常把住宅电话号码簿作为抽样框;在网络调查中,常把个人电子邮箱账户作为抽样框。网络调查中主要存在两类问题：一是并非目标总体中的每一个个体都在抽样框中；二是网络调查中被访者限于网民，而中国的互联网用户只占全部人口的一部分，而且网络传播对受众的文化素质要求较高，所以抽样框受到限制，造成抽样框误差。这是开展网络问卷调查的一个难点问题。

（2）对被调查者的身份难以界定。由于网络的匿名性特点，对被调查者的身份和特征很难界定，这也是网络调查的一个缺陷。在网络上，人们的性别身份可以男扮女或女扮男，职业身份也可以由白领改换为蓝领。这些身份的颠倒，影响了网络调查的可信度。

（3）对调查者填答的问卷质量难以控制。现场调查可以及时发现调查填答时的质量问题，而网络调查则做不到这一点。

（4）调查范围有一定的局限性。有时调查者的调查重点会面向一些传统的地区，如较偏远的山区，而在这些地区没有网络技术的支持。因此，网络调查的调查范围有一定的局限性。但随着互联网在农村的发展，这种制约会逐步减少。

（5）专业化、商业化程度还很低。市场调查所要解决的不仅仅是 who、when、where、what 的问题，还要解决 why 的问题，但目前网上调查关于 why 的问题很少，深层次的探讨还没有展开。事实上我们经常在站点上看到一些多是娱乐性、趣味性的问卷。比如，您最喜欢的服装杂志是什么？或者对某问题的参考性态度的研究，一些大型的专业性调查问题仍是发展较为成熟的传统调查在做，网上调查是无能为力的。

3.2.6　询问调查法选择

很显然，上述各种询问调查方法中没有哪一种绝对优于其他，因此询问调查方法的优劣只是相对的，需要根据具体情况确定。在实际调查工作中，人们常常使用以下标准来全面衡量这些方法。

（1）问卷复杂性。尽管研究者总是试图使问卷尽量简单，但是进行一些特殊项目的调查却必须使用相对复杂一点的问卷。在这方面，人员访问调查法显然优于其他方法，它可以使用任何一种问卷。邮寄调查和电话调查一般不宜采用过于复杂的问卷。

（2）数据量。与问卷复杂性密切相关的一个标准是数据量。应答者提供数据量的大小一般取决于问卷的复杂程度和询问花费时间的长短。想获得的数据量越大，调查所采用的问卷就会越复杂，询问的时间也就越长。

（3）数据准确性。调查所得数据的准确性受许多因素的影响，如询问者的提问方式、抽样方法和问卷设计的水平。在这些方法中，没有哪一种在数据准确性方面占有绝对优势。只要组织得好，不管采用哪一种方法都可以得到较为准确的数据。

（4）调查人员控制。在调查中，调查人员的询问语气、用语和态度都会对应答者产生影响，从而使数据失真。对这种影响的控制是提高数据准确性的一个重要方面。

（5）样本控制。样本控制包括前后衔接的两个问题：一是样本选择的范围，二是一旦样本选定后能使样本回答问题的比例。电话调查和网上调查在第一个方面受到很大限制，邮寄调查在第二个方面有很大欠缺，只有人员访问调查在这两个方面都比较好。

（6）速度。电话调查和网上调查在这方面占有明显优势，人员访问调查次之，邮寄调查所费时间最长。

（7）费用。调查费用取决于调查的种类、问卷的性质、回收率、调查覆盖的地理范围和调查所用的时间等多种因素。一般来说,人员访问调查所需费用最大,因为除了需要支付调查人员的工资和其他方面的费用以外,还需要支付较大的差旅费。

各种调查方法在这七个方面都有各自相对优劣势,如表 3-4 所示。当然在实际工作中,可以根据要求选择一些其他标准进行判定,而不一定局限于这七个方面。

表 3-4 四种询问调查方法的优劣比较

判 断 标 准	询 问 方 法			
	面谈访问调查法	邮寄调查法	电话访问调查法	网络调查法
问卷复杂性	优	差	良	差
数据量	优	一般	良	一般
数据准确性	一般	良	一般	良
调查者影响	差	优	一般	优
样本控制	优	一般	一般	差
速度	一般	差	优	优
费用	差	良	良	优

这里用一个例子说明如何应用这些标准确定询问调查方法的问题。有一个研究者在考虑采用哪种方法进行调查时,做了以下初步评定。他先按照七个方面给三种方法打分,优 4 分、良 3 分、一般 2 分、差 1 分。然后列表算出总分,如表 3-5 所示。

表 3-5 询问调查方法的优劣比较

判 断 标 准	询问调查方法			
	人员面谈访问调查法	邮寄调查法	电话访问调查法	网络调查法
问卷复杂性	4	1	3	1
数据数量	4	2	3	2
数据准确性	2	3	2	2
询问者控制	1	4	2	4
样本控制	4	2	2	1
速度	2	1	4	4
费用	1	3	3	4
总分	18	16	19	18

初步评定的结果表明:这项调查采用电话调查比较好。实际上,对于不同的调查,以上各个标准的重要程度是不同的。因此,我们可以根据各个标准在某一特定调查中的重要程度赋予它们相应的权数,然后再计算总分,进行比较。这样就能保证所选择的方法更适合于特定的调查。这种评分比较法虽然比较主观,但对于我们在选择调查方法之前全面考虑调查的特性和适宜的调查方法有帮助。

3.3 观察法

3.3.1 观察法的含义与实质

（1）观察法的含义。观察法就是按照所目睹的情况记录人、物体及事件行为模式的系统性过程。观察法不直接向被访者提问，而是从旁观察被访者的行动、反应和感受。观测调查主要依靠调研人员在现场直接观看、跟踪和记录，或者利用照相、摄像、录音等手段间接地从侧面观看、跟踪和记录。观测调查需要在事件发生时目击并记录有关信息，或者从对过去事件的记录中收集某些证据。

（2）观察法的实质。尽管我们在日常生活中经常观察周围的事物，但是我们一般不会从科学角度进行观测。当观测用于达到某个明确的调研目标时，就变成一种科学调查工具。正如有人所指出的那样：涉及观测的问题，机会只光顾那些有准备的头脑。科学观测可以系统性地记录数据，然后把数据同某些假设联系起来，而不仅仅是反映某些有趣的事物。

人们可以观测有关人行为或物体的各种信息，下面是六种可观测现象的类别：身体动作，如购物模式或看电视的姿势等；口头行为，如销售时的对话等；表情行为，如声音语调或面部表情等；空间关系及位置，如交通模式等；物体目标，如回收服装的数量等；以及语言和图示记录，如广告的内容等。

3.3.2 观察法使用要求及条件

1. 观察法的使用要求

（1）计划周密，目的明确。观察法所观察的内容是经过周密考虑的，是观察者根据特定需要，有目的、有计划地收集市场资料，研究市场问题的过程。

（2）自然、客观、全面。观察记录的是当时正在发生的、处于自然状态下的市场现象，并且一般被观察者并未意识到正在被观察，未受到观察者干扰，因而具有自然、客观的特点。还要求观察人员在充分利用自己感觉器官进行有目的的观察时，还要尽量运用科学的观察器械，对被观察者进行系统、全面的观察。

（3）避免观察人员主观偏见，观察法可以重复查证。观察者只需将观察到的内容如实记录，不受主观影响。观察法的观察内容应该是频繁发生的，对于偶尔发生的现象，很难搜集、掌握反映其内在规律的信息，是不适合使用观察法的。

2. 观察法的使用条件

在将观察法作为市场调研工具使用之前，调研人员必须知晓观察法的使用条件。其使用条件包括以下三个方面。

（1）事件必须发生在短时间内。

（2）被观察行为必须发生在公共场所。

（3）由于记忆存在缺失而难以通过询问获得信息。

短间隔意味着被观察的活动从开始到结束只持续很短的时间。这类活动包括到超市购物、购买服装或者带孩子观看电视等。有些购买决策性过程可能需要很长时间（如买房子），由于时间和费用方面的限制，要观察整个过程是不现实的，所以观察法多适用于短时间内能完成的活动,或者观察某一持续时间长的事件的特定阶段的活动。公众行为是指发生在公共场所,能够被调研者很容易观察到的行为。诸如私人信仰等行为都不属于公众行为,因此也不能使用观察法进行调研。

记忆缺失是指由于动作或行为发生多次或自动发生,从而回答者无法回忆行为的细节。例如,人们不记得他们购买服装时试穿了几次,或者上周四下午 2 点他们收听的是哪个广播频率的节目。当出现记忆缺失时,可以使用观察法来充分理解现有的行为。正因为如此,记忆缺失成为很多公司多年采用机器装置观测这些行为的一个原因。

3.3.3 观察法类型

(1) 按照观察结果的标准化程度,划分为结构性观察和非结构性观察。结构性观察是指观察者事先清楚地知道应该观察和记录什么,与要求观察和记录的特性无关的行为一概不管。在市场调查中,观察大多是结构性观察。非结构性观察,则是指事先并没有限定观察者应该注意什么,可以忽视什么。非结构性观察经常用于非正式的探测性市场调研,很少用于正式的市场调查与预测。

(2) 按照观察人员参与活动深浅不同,划分为完全参与观察、不完全参与观察和非参与观察。

(3) 按照对观察现场环境控制不同,划分为自然环境观察和设计环境观察。观察者坐在靠近一个服装门店的入口处,观察有多少对夫妻,多少个大小不同的家庭,在特定期间内进入购买服装。这个观察者就是在进行自然环境下的观察。这里,没有任何人为因素鼓励或禁止购买者进出服装门店,进出门店的人不会觉得有什么异常情况发生。

然而,能够在这种自然环境下观察的消费或市场行为很少。很多消费或市场行为的观察,必须在人工环境下进行。比如,一个商店的管理者要观察营业员的服务态度和业务水平如何。当然,他们可以派一些观察员在自然环境下观察各个营业员接待顾客的整个过程。但是,由于大部分顾客都是匆匆忙忙买完东西就走,所以观察员很少有机会看到各个营业员在服务态度和业务水平上的差异。另外,这样做也耗时费力。如果这是管理者委派几个有经验的观察员装作顾客购买物品,在购买的过程中故意制造麻烦观察营业员的反应,既可节省调查的时间和费用,观察结果也更有价值。这就是在进行人工环境下的观察。当观察时,被观察者并不知道他正在被观察。

一般来说,观察的环境越自然,观察到的行为越能准确地代表被观察者的正常行为。但与此同时,等待欲观察行为发生的时间越长,观察费用也越大。

(4) 按照观察所采用的工具不同,划分为人员观察和机械观察。人员观测调查是由调查人员实地观测调查受访对象以了解情况的一种常用观测方法。如果有些事件或行为在发生之前无法预测,人员观测就是最好的观测方法。例如,某调研公司为了解某种品牌的服装市场营销情况,就派到销售现场,亲自观测和记录顾客的购买情况、购买情绪、踊跃程度、同类产品竞争程度等;同时派员进入使用现场,亲自观测用户试穿本品牌产品的情况。机械观测调查就是通过机器观测受访对象,连续记录发生的行为。机械观测是通过专门的仪器完成的。例如,超级市场的扫描仪或交通监控器或者使用 RFID 等现代信息技术来统计消费者服装试穿次数等,这种观测方式可以准确记录各种常规性、重复性或程序化的行为模式。

（5）按照所选观察时机不同,划分为直接观察和间接观察。直接观察是指观察被研究者正在发生的行为。例如,如果我们想知道购物者是怎样通过按压方式来判断西红柿的新鲜程度的,就可以观察西红柿购买者实际的挑选行为。为了观察一些隐蔽的行为,如过去的行为,我们需要使用间接观察法。通过间接观察,调研人员研究被观察对象的行为所产生的效果和结果,而不是他们的行为本身。

间接观察可分为档案记录和实物追踪。档案记录是一种二手资料,如可用于解决当前问题的有关历史记录。它们包含大量的重要信息。比如,根据销售电话记录可以得到销售人员电话访谈的频率,通过仓库不同时间的存货可以探明市场变化趋势,根据收银机的扫描数据可以了解价格变化、促销活动及产品包装尺寸变化对市场的影响。实物追踪是对一些事件发生的有形证据进行分析的一种方法。例如,通过观察家庭的"垃圾箱"(观察和研究与主题相关的垃圾)来了解人们如何循环使用塑料奶瓶。

3.3.4 观察法优点和局限性

1. 观察法的优点

（1）记录客观,资料可靠。被观察者的活动处于正常自然的状态,从而可以客观地搜集、记录观察现场实况,搜集第一手资料,调查资料真实可靠、准确性高,调查结果更接近实际。

（2）避免观察双方主观干扰。观察法基本上是观察者的单方面活动,不依赖语言交流,不会受到被观察者意愿和回答能力等有关方面的困扰。

（3）无须获得被观察者的合作。可以搜集到访问者所不易得到的资料,如可观察到不易接触的人群等。

2. 观察法的局限性

（1）表面性和偶然性是观察法的最大缺点。只能观察到公开的行为,一些私下的行为难以观察。观察法也难以了解到人们的动机、态度、想法和情感。

（2）观察法限制性比较大。观察法常受到时间、空间和经费的限制,常需要大量观察者到现场长时间观察。

（3）对观察者素质要求较高。观察法要求观察者具备敏锐的观察力、良好的记忆力、应变能力强等素质,否则会影响调查效果,使观察不够深入、全面等。

3.4 实验调查法

3.4.1 实验调查法含义、特征及类型

1. 实验调查法的含义

实验调查法是指调查人员从影响调查对象的诸多因素中,有目的地选出一个或几个因素,在其他情况不变的条件下,改变所选因素以观察市场调查对象的变动情况,从而确定其存在的因果关系,以了解市场现象的本质特征和发展规律。

2. 实验调查法具有的特征

（1）可对比性。必须将实验结果与实验对象的相关资料情况进行对照、比较、分析,以

找出事物之间的因果关系。

（2）可控制性。调研人员必须有效地控制所选择的自变量，并测量这些自变量对因变量的影响。

（3）同一性。对于反复进行的同一实验，其实验条件必须相同，这样才能保证多次实验结果的同一性、准确性，从而保证可推广与实践。

3. 实验调查法的类型

（1）实验前后无控制对比实验。这种实验方案是通过记录观察对象在实验前后的情况，了解实验结果的变化。观察对象只有一个实验单位，实验因素也只有一个。

（2）实验前后有控制对比实验。指控制组事前事后实验结果同实验组事前事后实验结果之间进行对比的一种实验调查方法。

（3）控制组与实验组连续对比实验。在实际生活中，控制组与实验组的条件是不相同的，往往会影响实验结果。为了消除非实验因素的影响，可采用控制组与实验组进行连续对比实验。这是对实验组和控制组都进行实验前后对比，再将实验组和控制组进行对比的一种双重对比的实验调查法。

（4）单因子随机实验。当实验单位很多，市场情况十分复杂时，按主观的判断分析选定实验单位就比较困难。这时可以采用正规设计实验，即采用随机抽样法选定实验单位，使众多的实验单位都有被选中的可能性，从而保证实验结果的准确性。

（5）双因子随机实验。这种实验是同时考察两种因子或因素对实验变量（指标）的影响，借以寻找两种因子的最佳组合。

3.4.2　实验设计组成概念

实验调查能否达成预期目标根本取决于实验设计。实验设计是一组详细说明以下问题的程序：测试单位是什么，以及如何将这些单位分为均匀的子样本；处理或操纵哪些自变量；测量哪些因变量；如何控制外生变量。其中，自变量、因变量、测试单位及外生变量构成了实验设计的核心概念。

1. 自变量

自变量是指可以被操纵的变量，这个变量是独立的。实验人员可以操纵或者改变它的值，使其成为他所希望的独立于其他变量的任何值。自变量被假设为具有因果关系的影响。对受到研究的自变量的选择性操纵被称为实验处理。例如，一个定价实验中的几个实验处理水平可能是 1.49 元、1.89 元和 1.99 元。几种不同的包装、不同的广告主题及饮料口味的不同表达等都是常见的处理。

在市场调研中，自变量通常是分类或类别变量，代表了营销战略的一些分类或定性的方面。例如，为了确定采购点陈列的效果，自变量的实验处理就是不同的陈列方式。各种广告文本是分类或类别变量的另一个例子。在另一种情况下，自变量可能是一个连续变量。例如，广告所花费的数量可能是具有不同值的任何数目。调研人员就需要选择变量的适当水平作为实验处理。

在一种最简单的实验中，通常只对自变量的两个值进行操纵。想想一个度量广告对销售量产生影响的实验。对实验组进行的处理，可以是增加广告预算 50 万元；作为对比，对控制组进行的处理可以是保持广告预算没有任何变化（或增加值为零）。通过保持控制组的状态恒定,调研人员就控制了实验中潜在的误差来源。在实验结束时,对两个处理组的销售量进行比较,就可以确定广告水平(自变量)具有何种影响。

在基本的实验设计中,只有一个自变量受到操纵,并观测其对因变量的影响。但是,复杂的营销因变量,如销售量、产品使用及品牌偏好,会受到多个因素的影响。自变量(如价格和广告)的同时变化,与任何一个变量的单独变化相比,对销售量产生的影响可能更大。当涉及对一个以上的自变量的互动研究时,调研人员就需要选择更为复杂的实验设计,以便对这些自变量的影响做出评估。

2.因变量

因变量是指衡量自变量对测试单位的影响的变量,如销售额、利润等。因变量之所以如此命名,是因为它的值是预计要依赖于实验人员对自变量的操纵的;它是判断结果的原则或标准。因变量的变化可以假设为自变量变化的结果。

对于因变量的选择是实验设计中至关重要的决策。例如,调研人员要对不同的广告文本形式进行实验,那么所要确定的因变量应该是什么? 可能是广告认知度、回忆、品牌偏好的变化,或者是销售量,这恐怕要取决于广告的目的。

因变量的选择过程如同问题的确定过程,考虑得越细致越好。否则,可能导致实验结果与实际的营销结果不一致,甚至实验被证明是成功的,然而营销计划执行下来却是失败的。例如,在试验销售中,选择因变量必须考虑到效果变得明显所需要的时间长度。在实验完成的几个月后再度量销售量,就可以确定是否有滞后影响。同时,除了考虑销售量在实验期间所产生的变化外,重复购买行为也是需要考虑的重要因变量。

3.测试单位

测试单位就是一些对象或实体,其对实验处理的反应受到度量或观测。消费者个人、组织单位、商店或地理区域,或者其他的实体都有可能成为测试单位。在大多数的营销及消费者行为实验中,个人是最常见的测试单位。

正如市场调研的其他方法选择,实验调查中测试单位的选择不当可能导致抽样误差。例如,Dow 化学公司舷外马达的新型润滑剂的实验性测试就出现过这种问题。这种润滑剂是在佛罗里达和密歇根进行测试的。之所以选择佛罗里达,是因为调研人员认为这个州气候温暖,而这种产品又必须经得起持续性使用,所以这是一个最苛刻的测试。在佛罗里达的实验测试显示,这种润滑油是很成功的。然而,在密歇根的情况就完全不同了。虽然润滑油在夏天卖得很好而且用起来也很好,但是 Dow 化学公司发现,在寒冷的北方气候下,润滑油都发生了凝结,这就使得舷外马达在整个冬天都闲置下来,最后生锈了。这个生锈的问题在佛罗里达从来没有发生过,马达在那里整年都在运转。这样,一些样本选择误差可能就是由于用于分配对象的程序或者是实验或控制组的测试单位。

4.外生变量

外生变量是指自变量以外的影响测试单位反应的所有变量,这些变量会削弱实验结果或使实验结果无效,从而对因变量的测量产生干扰。

例如,如果实验组中的对象总是在上午进行处理,而控制组中的对象总是在下午进行处理,那么该实验就可能存在一个系统性误差。其中,一天中的时间就可能是一个没有受到控制的外生变量。

3.4.3 实验有效性与质量控制

1. 内部有效性与外部有效性

实验调查的结论是否有效一般通过两个量值来判断。首先是内部有效性,说明自变量是否为因变量变化的唯一原因;另一个是外部有效性,说明实验结果适用于真实世界的程度。

(1) 内部有效性。内部有效性是指实验处理是否为观测到的因变量变化的唯一原因。如果观测到的结果受到随机的外生变量的影响或混淆,调研人员将很难对实验处理和因变量之间的关系得出有效的结论。如果观测到的结果可以毫无疑问地归结于实验处理,那么实验就是内部有效的。

(2) 外部有效性。外部有效性表示将实验的结果推广到实验环境以外或更大总体的能力。确定外部有效性,实质上涉及一个抽样问题:在一个模拟的购物环境中实验得出的结果可以在多大程度上转换成真实世界的超市购物?在华中某个特定市场上的试销可以代表所研究产品的全国性推介吗?如果具体的实验环境没有切实地考虑到真实世界中其他相关变量的交互作用,外部有效性就会受到很大的影响。

2. 外生变量对实验有效性的威胁

外生变量对实验有效性的威胁通常直接作用于内部有效性上。但是,内部有效性的威胁可能进一步危及外部有效性,因为如果实验缺乏内部有效性,就不可能对其结果进行计划。

对外生变量进行识别和分类认识是有益的。外生变量对实验有效性的威胁主要来自历史事件效应、成熟效应、选样偏差、需求效应、测试效应及测量工具效应六个方面。

(1) 历史事件效应。历史事件效应是指发生在实验期间的影响因变量数值的任何事件。例如,空调促销实验期间,天气持续凉爽,促销效果可能因此受到影响。

(2) 成熟效应。成熟是指测试单位自身随着时间流逝而发生的变化,这些变化并不是由自变量引起的,它们是一种时间上的作用,而不是一个具体事件。在一项涉及人的实验中,当人变得更老更有经验、疲倦、厌倦或不感兴趣时,就发生了成熟。历时几个月之久的跟踪和市场研究极易受到成熟的影响。例如,假设一个实验是为了测试一个新的薪酬计划对销售量的影响。在历时几个月甚至一年的测试实验中,有些销售人员可能因为有了更多的销售经验或者是补充了一些知识而变得成熟。他们的销售量可能会提高,但原因可能不是薪酬计划。

(3) 选样偏差。当实验或测试群体与拟使用实验结果推测的总体或相比较的控制群体有系统差异时,就会产生选样偏差对实验有效性的威胁。

(4) 需求效应。需求效应是指当实验对象意识到实验人员的期望或需求或实验假设后,按照所期望的方向做出反应,向实验人员展示那些并不能代表他们市场行为的行为,从而引起因变量的变化。

在大多数实验中,最显著的需求效应可能是由管理实验程序的那个人引起的。如果实验人员的出现、表情或者评论会影响到对象的行为或者会让对象动摇而改变答案以迎合实验人员,那么这个实验就出现了需求效应。

(5) 测试效应。测试效应也称为前测效应,因为最初的测试使得应答者适应了实验的特性,而且如果没有采取任何前测措施,则应答者行为可能会有所不同。在一个前后测量研究中,在自变量受到操纵之前进行前测,可能会使应答者在进行第二次测试时变得敏感。例如,那些第二次进行标准化成就及智力测验的学生,通常都会比第一次进行这种测验的学生做得更好一些,同样,前测也可能会提高实验对象的知识和技能,使实验对象变得更有经验。

(6)测量工具效应。对因变量进行度量就要使用问卷或者其他形式的测量工具,如果同样的测量工具使用了不止一次,就可能产生前测效应。为了避免前测效应,进行事后测量时理论上就要求使用等价但形式不同的测量工具。但是,这样做可能出现因为测量工具的变化而导致的测量工具效应。

例如,如果使用同样的访问人员同时在前测和后测中提问,就可能出现一些问题。经过前测,访问人员可能会提高其在访问方面的技能,或者他们可能会感觉无聊并且决定要用自己的话改写问卷。

3. 外生变量的控制

外生变量的存在和影响将搅乱实验结果,严重威胁实验的内部有效性和外部有效性。实验调查结论是否有效,关键取决于实验中外生变量是否得到有效控制。所以,实验质量控制的关键就是控制外生变量,降低甚至消除外生变量对实验有效性的威胁。

对外生变量的控制应针对每一个外生变量威胁的来源展开,同时更需要考虑采取一些系统性的控制方法。常用的控制方法有以下四种。

(1)随机化分组。随机化分组指的是借助随机数表或抽签等手段,将实验对象随机地分配到实验组(或处理组)和控制组(或对照组)。同时,处理条件也随机地分配到各个组。随机化分组是一种将外生变量对所有环境的影响平均分配或分散的策略,有助于保证参与实验的各组从一开始就基本是平等的,是确保实验组测试前质量的优先选择措施。

(2)匹配分组。将对象随机分配到各个实验组,这是为了防止测试单位在关键变量方面各不相同而最常使用的技术。然而,如果实验人员事先了解特定的随机变量可能影响到因变量,他就可能使用匹配分组,确保每一个组的对象都是根据这些属性进行匹配的。根据相关的背景资料对应答者进行匹配是控制分配误差的另一个方法。例如,如果预计年龄会影响到消费习惯,而且如果所有实验环境中的对象都是根据年龄进行匹配的,那么进行一个消费的实验,就可以更好地保证对象之间没有任何差异。

(3)实验设计。实验设计指通过精心设计实验方案,使实验环境中除自变量以外的外生变量的影响得到有效的控制。当外生变量不能消除时,实验人员就要争取环境的稳定性,即努力使得参与实验的每个组的所有对象都接触到完全相同的环境。例如,一个度量消费者对于棉纸柔软度的评价实验,已经显示了湿度的变化会影响反应。在这种情况下,要消除湿度这一外生变量的影响,就要保证实验场所内的所有实验是在恒定的温度和湿度条件下完成的。

如果实验要求同样的对象接触到两个或更多的实验处理,那么处理的次序就可能构成对因变量变化产生干扰的外生变量。例如,网络游戏厂商让对象完成两个需要一些技能的实验任务。由于存在前测效应,两款游戏中稍后给出的那款游戏就可能更容易些,所需技能似乎更低一些。消除这种外生变量影响的较好的办法,就是在实验设计时注意平衡处理,即让对象中的一半先进行 A 处理,然后再进行 B 处理;而另一半却先进行 B 处理,然后再进行 A 处理。

另外,在实验室实验中,各组成员之间的人际交往也可能成为干扰实验的外生变量。在对象们被分配到各组之后,每个人就应该保持隔离,这样在给定的处理环境中所进行的讨论才不会成为干扰实验的因素。

(4) 统计控制。统计控制是指采用统计分析的方法去测量外生变量并修正其影响。例如,在研究店内广告对促成消费者冲动购买的效果时,可以对诸如性别、年龄或收入等外生变量加以控制,从而近似地排除这些无关变量的干扰。

3.4.4 实验调查法优缺点

1. 实验调查法的优点

(1) 客观性及科学性强。实验调查法是一种真实的或模拟真实环境下的具体的、科学的调查方法,因而具有很强的真实性和客观性,结果具有较大的推广实用性。

(2) 可控性及主动性强。实验调查法通过实验活动提供市场发展变化的资料,不是被动等待某类市场现象的发生,而是积极主动地去揭示或确立市场现象的相关关系。它不但可以说明是什么,而且可以说明为什么,还具有可重复性,因而其结论具有较强说服力。

(3) 可提高调查的精确度。实验调查法可排除人们主观估计的偏差,调研人员可有效控制实验环境,进行反复试验,使调研的结果更为精确。

(4) 适用面广、通用性强。实验调查法可用于绝大部分的调查活动,在访问法和观察法的调查过程中,都可以适当加入实验调查法,以获得更有说服力的资料。同时,实验调查法的几个常用方法相当简单实用,因而其通用性较强。

2. 实验调查法的缺点

(1) 市场中的可变因素难以掌握,实验结果不易相互比较,往往带有一种特殊性。

(2) 有一定的限制性。只能分析事物的因果关系,不能对过去情况进行分析并预测未来情况。

(3) 风险较大,样本获取复杂,需对多种情况进行分析。费用高,实际作业时较困难。

(4) 保密性差。现场实验或市场测试暴露了在真实市场中要进行的某个营销计划或营销计划的某些关键部分,使其竞争对手在大规模市场推广之前想出对策,竞争对手还可能会有意干扰现场实验的结果。

3.5 本章小结

(1) 文案调查法又称间接调查法、资料分析法或室内研究法,是指调查者通过收集各种历史和现实的资料,对资料进行整理、分析,得到与调查目的有关的各种信息的一种调查方法。文案调查法具有以下几个特点:它是收集已经加工过的二手资料,而不是对原始资料的搜集;它收集的资料包括动态和静态两个方面的信息;它是以收集文献性信息为主;它不受时空限制。

文案调查法优点:应用范围广,受调查时间、空间和费用的限制比较少;操作方便、简单;成本低;间接性强。文案调查法局限性:调查人员的素质对调查结果影响较大;所收集资料的质量差异较大;时限性;不可得性。

文案调查的内容:宏观环境与政策、产业与市场信息、消费者信息。服装企业所需二手资料的主要渠道来源包括企业内部资料和企业外部资料。文案调查的原则：真实性、广泛性、相关性、时效性、经济性、针对性。文案调查步骤：确定市场调查目的,明确调查主题;确定资料来源渠道,收集资料;评估二手资料;二手资料的筛选与分析;撰写文案调查报告。文案调查方法的查寻方法：参考文献查找法、检索工具查找法。

（2）询问调查法是调研人员以口头或书面形式,向具有代表性的调查对象询问各种涉及其行为、意向、态度、感知、动机及生活方式的问题,从而来收集数据资料的一种定量研究方法。询问调查法是直接调查法中非常常用的一种方法,可以借以了解被访者的行为、动机、情感、态度等多方面的信息,因此它在服装行业有着非常广泛的应用。

询问调查是一种复杂的信息收集行为,如果询问调查能够恰当设计和执行,那么其准确性相当高。但是,调研设计和执行中任何环节出现疏漏,都会影响所收集数据的质量。因此,在各种询问调查方法的使用中,调查过程和调查数据的质量保证和质量控制一直是需要思考的重要内容。

询问调查法可归为四个基本类别,即面谈访问调查法、电话访问调查法、邮寄调查法及网络调查法。

（3）观察法是指调查员凭借自己的感官和各种记录工具,在被访者未察觉的情况下,直接观察和记录被访者的行为,以收集市场信息的一种方法。观察法不直接向被访者提问,而是从旁观察被访者的行动、反应和感受。观察法要求调研人员计划周密,目的明确;自然、客观、全面;避免观察人员主观偏见。观察法可以重复查证,可以按照观察结果的标准化程度、按照观察人员参与活动深浅不同、按照对观察现场环境控制不同、按照观察所采用的工具不同、按照所选观察时机不同进行分类。

观察法可观测人类的各种现象,包括身体动作,如购物模式或看电视的姿势等;口头行为,如销售时的对话等;表情行为,如声音语调或面部表情等;空间关系及位置,如交通模式;物体目标,如回收服装的数量;以及语言和图示记录,如服装广告的内容等。

（4）实验调查法是指调查人员从影响调查对象的诸多因素中,有目的地选出一个或几个因素,在其他情况不变的条件下,改变所选因素以观察市场调查对象的变动情况,从而确定其存在的因果关系,以了解市场现象的本质特征和发展规律。

实验调查能否达成预期目标根本取决于实验设计。实验设计是一组详细说明以下问题的程序：测试单位是什么,以及如何将这些单位分为均匀的子样本;处理或操纵哪些自变量;测量哪些因变量;如何控制外生变量。其中,自变量、因变量、测试单位及外生变量就构成了实验设计的核心。

案例分析

（一）某服装集团并购重组方案设计

来自上海的某服装公司在与客户深入沟通后,对欲兼并的地方性服装企业从外部环境到区域环境等进行了全面的分析,最终提供了完善的并购重组整合方案。

1. 环境分析

首先对全球服装行业发展状况和发展趋势进行分析,研究世界服装公司并购重组的动因、并购重组的成功经验和失败经验;其次,对目标企业区域性行业发展状况、并购动因、并购原则、并购重组方案等进行分析,从而为该集团公司并购重组决策提供依据。

2. 目标企业分析

通过对目标企业的发展历史、发展现状进行分析,从对目标企业的产品、市场格局、合作关系、渠道、管理者和人力资源等角度对目标企业进行了全面分析和综合评估,分析目标企业存在的优势、发展中面临的主要问题和可能存在的风险,这为并购重组方案的制订提供详细的信息,保证并购重组方案的可行性。

3. 并购重组方案设计与选择

首先,通过对客户基本境况、行业背景和发展战略进行全面分析,明确客户对目标企业进行并购重组的原则。其次,结合该集团公司过去并购重组的经验和行业并购经验,确立企业并购重组的基本方案、股权结构、并购后发展目标。最后,根据并购方案,制订并购重组后的整合方案,包括重组方案的实施策略、新企业体制设计、组织结构整合设计、技术研发整合、经营管理整合、新企业文化建设等方面,从而保障重组后,新企业能够平稳过渡和快速发展。

案例思考:

(1)你认为该服装公司在进行环境分析的过程中,使用了什么调查方法?如何调查收集资料?

(2)该服装公司对目标企业进行的分析是通过什么调查方式得到的?你认为可以采用哪些调查方式全面地了解目标企业?

(3)该咨询公司所进行的重组方案的选择是否需要再做市场调查?如果需要,你认为什么调查方法是适合的;如果不需要,试说明理由。

(二)市场调查新景观

市场调查作为一种营销手段,对于许多精英企业来说已成为一种竞争武器,自1919年美国柯蒂斯出版公司首次运用成功,即在世界范围内迅速扩展开。并由最初的简单收集、记录、整理、分析有关资料和数据,发展成为一门包括市场环境调查、消费心理分析、市场需求调研、产品价格适度、分销渠道、促销方法、竞争对手调查、投资开发可行性论证等在内的综合性科学。随着世界经济的不断发展,国际上一些著名企业更是把精确而有效的市场调查作为企业经营、发展的必修课,各种手法可谓洋洋大观、高招迭出。

1. 意见公司

日本企业家向来以精明著称,在市场调查这方面自不甘落后。这家公司由日本实践技术协会开设,有员工近百人。他们与不同年龄、不同层次的消费者建立固定联系,经常请他们对各种商品提出意见。同时还刊登广告征求意见,并提供相应报酬。他们将收集到的各种意见整理分类及时反馈给有关企业,"意见公司"也从中得到回报。公司的人员来自各个层次,知识结构也力求搭配合理。

2. 免费电话巧问计

美国一家生产化妆品等日用化学品的著名厂家,为了听取用户意见,推出了免费电话向消费者征询意见。他们在产品包装上标明该公司及各分厂的800个电话号码,顾客可以随时就产品质量问题打电话反映情况,费用全部记在公司账上。公司则对所来电话给予回复,并视情况给予奖励。仅1995年一年内,该公司就接到近25万个顾客电话,从中得到启发而开发出的新产品的销售额近 1 亿美元,而公司的电话费支付不过 600 万美元,如此效果让老板喜不自禁。

3. 研究垃圾

一般人听起来,研究垃圾乃荒唐之举,对经营决策不会有什么影响,但事实恰恰相反。著名的雪佛龙公司以重金请亚利桑那大学教授威廉·雷兹对垃圾进行研究。教授每天尽可能多地收集垃圾,然后按垃圾的内容标明其原产品的名称、重量、数量、包装形式等予以分类,获得了有关当地食品消费情况的准确信息。用雷兹教授的话说:"垃圾绝不会说谎和弄虚作假,什么样的人就丢什么样的垃圾。"雪佛龙公司借此做出相应决策,大获全胜,而其竞争对手却始终也没搞清雪佛龙公司的市场情报来源。

4. 半日游逛

德国的哈夫门公司格外善于捕捉市场信息,享有"新鲜公司"之雅号。他们的方法是经理和高级职员每天半日坐班,半日深入社会,广泛获取信息。一次,公司的管理部部长进剧院看戏,却三心二意难进剧情,而不远的一对青年男女的对话,却声声入耳:"你能给我买顶有朵白花饰物的绒帽吗?我们公司的女孩们都想得到那样一顶漂亮的帽子。只有赫得公司卖过一批,可能以后再也见不到了。""亲爱的,我保证给你买到。你知道吗,我们公司的同事们都在想买那种双背带背包,这种背包既省力又不会使肩膀变形,你要是能为我买来他们肯定既羡慕又嫉妒。"管理部部长坐不住了,出门直奔几家商店,可都没货。部长连夜找来几位设计师,两周后,将大白花绒帽和双背带背包作为哈夫门公司献给大家的圣诞礼物摆上了柜台,生意之红火就不用说了。

5. 经理捡纸条

在澳大利亚昆士兰州,许多远道而来的顾客,特别是生怕忘事的家庭主妇,在到商店购物前总喜欢把准备购买的商品名字写在纸条上,买完东西后则随手丢弃。一家大百货公司的采购经理注意到这一现象后,除了自己经常捡这类纸条外还悄悄发动其他管理人员也行动起来。他以此作为重要依据,编制了一套扩大经营的独家经验,结果可想而知:许多妇女从前要跑很远的路才能购买到的商品,现在到附近分店同样能买到。

他山之石,可以攻玉。20 世纪 90 年代是经济竞争白热化的年代,愿我国的企业家们也能从中吸取经验,在进入市场之初,为何不根据本企业的实际情况进行几次市场调查,谁说赢家注定是别人呢?

案例思考:

(1) 本文共有多少种类型的调查方式?

(2) 任意选取文中的一个情境,如果是你,还可以通过其他更好的调查方式得到更精确的结果吗?怎么做?

(3) 在"半日游逛"的实例中,哈夫门公司还能用本章节中的实验调查法、网络调查法或访问法吗?如果可以,试说明理由并谈谈你是如何进行调查设计的;如果不可以,试说明理由。

第4章 服装市场抽样调查

【知识目标】

1. 市场抽样调查的含义及相关概念。
2. 市场抽样调查的随机抽样及非随机抽样的各类型。
3. 抽样调查样本容量的因素及确定。

【能力目标】

1. 掌握抽样调查的程序及方案设计。
2. 掌握随机抽样与非随机抽样的类型及实施。
3. 掌握样本容量的影响因素及确定。

4.1 抽样调查概述

4.1.1 抽样调查的含义及作用

1. 抽样调查的含义

市场调查根据涵盖面的大小分为全面调查和非全面调查：全面调查又称普查，是对调研对象逐一进行调查，费时、费力、费资金，企业一般很少用到；非全面调查又称抽样调查，是服装市场调查中使用频率较高的一种调查方法。

抽样调查是按照一定的原则和程序，从全部调查研究对象中抽选一部分单位进行调查，并根据所获数据对总体数量特征做出具有一定可靠性的估计和推断，从而达到对总体的认识。它的目的却在于取得反映总体情况的信息资料，因而也可起到全面调查的作用。

2. 抽样调查作用

抽样调查主要是通过对部分单位的调查，达到对总体单位数量特征的认识。

（1）当不可能全面调查时，可采用抽样调查，如对无限总体的调查。

（2）当不需要进行全面调查时可采用抽样调查，如产品质量的破坏性检验。

（3）由于时间、经费限制或误差要求不高时可采用抽样调查，如一般的科研项目调查。

（4）满足紧急需要，同时又可以不做全面调查的调查可采用抽样调查，如学生食堂的每餐例行检查。

（5）在全面检查后，对某些数据进行修正时采用抽样调查。

4.1.2 抽样调查的相关概念

1. 总体与样本

（1）总体，也称全及总体或者母体，根据一定的目的和要求所确定的研究事物的全体，它是由客观存在的、具有某种共同性质的许多个别事物构成的整体。总体分为有限总体和无限总体，前者的总体数量是你可以确定的，后者的总体数量无法准确确定，总体单位数一般用 N 表示。

（2）样本，即样本总体或抽样总体，研究中从总体中随机抽出的、实际观测或调查的一部分个体。样本总体是有限的，一般用 n 表示，样本是不确定的、可变的、随机的，而总体是唯一的、确定的。

2. 样本容量与样本个数

（1）样本容量。样本总体中所包含的总体单位数目称为样本容量（一般用 n 表示）。一般经验认为，当 $n \geq 30$ 或者至少 $n \geq 3(k+1)$ 时，才能满足模型估计的基本要求，n 为解释变量的数目。一个总体中可抽取多个样本，样本容量大，则误差小、调查费用高；反之，样本容量小，误差大，抽样将失去推断的价值。

（2）样本个数。从一个总体中所能抽取样本的个数。对于有限总体，样本个数可以计算出来。样本个数的多少与抽样方法有关。

3. 总体指标与样本指标

（1）总体指标。根据总体各单位标志值计算出来的综合指标。最常用的总体指标有：总体平均值、总体成数、总体方差和总体标准差。

① 总体平均值。总体各单位标志值的平均值。只有数值标志才能进行平均值的计算。一般有两种方法：简单平均值和加权平均值。

简单平均值：$\overline{X} = \sum X_i / N$

加权平均值：$\overline{X} = \sum X_i N_i / N$

式中　X_i——各组变量值；

　　　N_i——各组总体的单位数；

　　　$\sum$——总和符号；

　　　N——总体的单位数。

② 总体成数。指一个现象有两种表现（比如，性别只有男女两种类型）时，其中具有某种标志的单位数在总体中所占的比重。其计算公式为

$$P = N_1 / N$$
$$Q = N_0 / N$$

并且有如下关系：

$$N_1 + N_0 = N$$
$$P + Q = 1$$

式中　P——成数；

　　　N——总体的单位数；

N_1——一种表现的总体单位数;

N_0——另一种表现的总体单位数。

③ 总体方差的总体标准差。总体方差与总体标准差(均方差)是用来说明总体标志变异程度的指标。二者是平方与开平方的关系。方差包括总体平均数方差和总体成数方差。

总体平均数方差:$\sigma^2 = \dfrac{\sum(X_i - \overline{X})^2}{N}$

总体成数的方差:$\sigma^2 = P \times Q = P \times (1 - P)$

(2)样本指标。样本指标是抽样总体各单位标志值的综合统计指标。常用的抽样指标有两种:抽样平均数指标和抽样成数指标。抽样方差与标准差(均方差)也被用来说明总抽样样本标志的变异程度。

$$\overline{X} = \sum X_i / n$$
$$p = n_1 / n$$
$$q = n_0 / n$$

并且有如下关系:

$$n_1 + n_0 = n$$
$$p + q = 1$$

式中　p——成数;

n——总体的单位数;

n_1——一种表现的总体单位数;

n_0——另一种表现的总体单位数。

4. 抽样框

抽样框又称"抽样框架""抽样结构",是指对可以选择作为样本的总体单位列出名册或排序编号,以确定总体的抽样范围和结构。一般来说抽样框有以下三类。

(1)一次性抽样框。从一个具有不同完整程度的调研单位总体中抽取样本,可称为一次性抽样框。例如,某中学在某一个班级中按学号随机抽取 20 名同学,调研其日常零用钱的数额和支出结构等方面的情况,在此,该班级全体同学的名册就是一个一次性抽样框。

(2)多个抽样框。抽样是多段的,要经过两个或更多的阶段才能完成。例如,对"天津市中学生品牌消费现状"的调研,第一阶段是在市内六个区及塘沽区、汉沽区、大港区的区内所有中学(第一个抽样框)中,先各抽选一所中学;再在每所选中的中学的所有在校生(第二个抽样框)中,随机抽取 50 名学生作为样本。在这里,总体被划分为数个抽样单位,每个单元就是一个抽样框。

(3)多重抽样框。在一次性调研中采用两个或两个以上的相互独立的抽样框。实践证明,这种抽样方式越来越重要。多重抽样框能弥补单一抽样框覆盖不完整的问题,该方法要求抽样框是现有的资料,或能轻松构建起来,这样既可以保证样本数据对总体信息推断的可靠性,又可以节约抽样调研中建框的固定成本。

抽样框一般可以采用现成的名单,如户口、企业名录、职工或学生名册等。在没有现成名单的情况下,可由调研人员自己编织。但在利用现有名单作为抽样框时,要对现有名单进行核查,避免遗漏、重复等,以提高样本对总体的代表性。

5. 重复抽样与不重复抽样

重复抽样(放回式抽样或重置抽样),每次从总体中抽取的样本单位,经检验之后又重新放回总体,参加下次抽样,直到抽满 n 个样本单位为止,这种抽样的特点是总体中每个样本单位被抽中的概率是相等的。该抽样有可能出现极大值或极小值构成的极端样本。

不重复抽样(不放回式抽样或不重置抽样)是指每次从总体中抽取的样本单位,经检验之后不再放回总体,在下次抽样时不会再次抽到前面已抽取过的样品单位。不重复抽样的误差小于重复抽样误差。

4.1.3　抽样调查的原理

1. 必然性与偶然性的辩证关系

必然性是指事物联系和发展中一定要发生的、不可避免的趋势。偶然性是指事物联系和发展中不确定的趋势。

必然性和偶然性是对立统一的关系。

(1) 二者是对立的,它们是事物发展的两种不同趋向,产生的原因,以及在事物发展中的地位和作用不同。

(2) 二者是统一的,其表现是:第一,必然性总是通过大量的偶然性表现出来,由此为自己开辟道路,没有脱离偶然性和纯粹必然性;第二,偶然性是必然性的表现形式和必要补充,偶然性背后隐藏着必然性并受其制约,没有脱离必然性的纯粹偶然性;第三,必然性和偶然性可以在一定条件下互相转化。

必然性和偶然性辩证关系的原理,对指导科学研究和社会实践有重大意义。抽样调查得到的结果是一种偶然性,是总体现象必然性的表现。因而,依据必然性与偶然性的辩证关系原理,可以通过抽样调查对总体现象进行估计和预测。

2. 大数定理

大数定理的数学公式为

$$\lim_{n \to \infty} p\left\{ \left| \frac{1}{n} \sum_{i=1}^{n} X_i - \mu \right| < \varepsilon \right\} = 1$$

式中　n——样本容量;

　　　X_i——样本值;

　　　μ——总体均值;

　　　ε——给定的充分小的值。

大数定理表明:当样本容量 n 充分大时,可以用样本平均估计总体均值。

大数定理的意义在于:个别现象受偶然因素影响;但是,对总体的大量观察后进行平均,就能使偶然因素的影响相互抵消,从而使总体平均数稳定下来,反映出事物变化的一般规律。因而,在进行抽样调查时,如果抽样样本足够大,就可以用样本统计量来估计总体指标值。

3. 中心极限定理

定理1:正态分布的再生定理,即相互独立的两个正态随机变量相加之和仍服从正态分布;因此从服从正态分布的总体中抽出一个容量是 n 的样本,则样本平均数($\overline{X}$)也服从正态分布。

定理2：随机变量 $X_1, X_2, \cdots, X_n$ 相互独立，且服从同一分布，该分布存在有限的期望 (μ) 和方差 (σ)。当 n 趋于无穷大时，其算术平均数 $\left(\overline{X} = \dfrac{1}{n} \sum\limits_{i=1}^{n} X_i \right)$ 近似服从正态分布，且 $\overline{X} \sim N\left(\mu, \dfrac{\sigma^2}{n} \right)$。

中心极限定理表明：无论总体服从何种分布，只要它的期望值与方差存在，就可以通过增大样本容量 n 的方式，保证样本平均数近似服从正态分布。也就是说，大样本的平均数服从正态分布。因此，可以用本统计量估计总体参数。

4.1.4 抽样方案设计

1. 抽样方案设计的主要步骤

抽样方案设计的主要步骤，如图 4-1 所示。

2. 抽样方案设计的内容

（1）明确调查目的，确定所要估计的目标量。例如，电视节目的收视率以户为单位进行调查，一般的调查以个人为单位进行调查。

（2）定义总体及抽样单元。例如，电视节目收视率调查，总体一般指在电视覆盖地区的拥有电视的家庭中 4 岁以上的居民，最小抽样单位一般为"户"。而广播电视的广告、传播效果调查一般以 12 岁以上的公民为受众总体，最小抽样单位为"个人"。消费者调查、社会问题调查的总体一般指 18 岁或 18 岁以上的公民。

（3）确定和构建抽样框。确定和构建抽样框是抽样调查的一项基础而重要的工作。抽样框须能够最大限度地恰当包含所有目标总体单位。而且抽样框内所包含的辅助信息，以及这些信息的质量将决定调查中抽样设计的类型和估计的程序。包含辅助信息的复杂抽样框可以用于比较复杂的抽样设计。

（4）选择抽样方案的类型。不同的抽样方法，优缺点各不相同，须慎重选择。各种抽样方法将在下文介绍。

（5）根据抽样方案的类型，对主要目标量的精确度要求和置信度等，确定样本量，并给出总体目标量的估计式（点估计或区间估计）和抽样误差的估算式。

（6）制订实施方案的具体办法和步骤。

3. 抽样方案设计的原则

（1）实施抽样的随机性原则。即按照概率规律，从总体中抽选样本。在抽样设计中，首先要保证随机原则的实现。随机取样是抽样推断的前提，失去这个前提，推断的理论和方法也就失去存在的意义。从理论上说，随机原则就是要保证总体的每一单位都有同等的中选机会，或样本抽选的概率是已知的。

但在实践上，如何保证这个原则的实现，需要考虑许多问题：一是要有合适的抽样框。抽样框固然要具备可实施的条件，可以从中抽取样本单位。仅仅这样是不够的，一个合适的

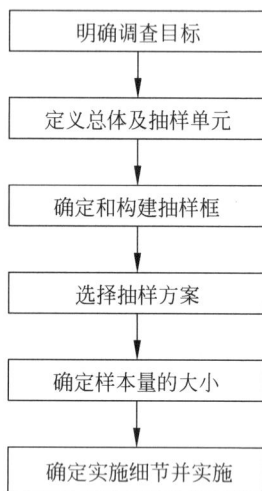

图 4-1 抽样方案设计的主要步骤

抽样框必须考虑它是否能覆盖总体的所有单位。抽样框还要考虑抽样单位与总体单位的对应问题。在实践中发生不一致的问题也不是少见的。有的是多个抽样单位对应一个总体单位。例如,调查学生家庭情况,以学生名单为抽样框,在学生名单中可能有两个或更多的学生属于同一家庭。也有的是一个抽样单位对应几个总体单位。例如,人口调查中以住户列表为抽样框,每一住户就包括许多人口。像这类抽样很可能造成总体单位中选中机会不均等,应该注意加以调整。二是取样的实施问题。当总体中单位数很大甚至无限的情况下,保证总体中每个单位中选的机会均等绝不是简单的工作。在设计中要考虑将总体各单位加以分类、排队或分阶段等,尽量保证随机原则的实现。总之,不允许调查者根据主观意图来挑选或确定调查单位。

(2) 慎重考虑样本容量和结构的原则。样本的容量究竟要多大才算是合适的?例如,在粮食产量调查中,要调查多少亩才能反映全省几千万亩播种面积的亩产水平?在民意测验中,要调查多少人才能反映全国几亿人口的意见?等等。调查单位多了会增加组织抽样的负担,甚至造成浪费,但调查单位太少又不能有效地反映情况,直接影响推断的效果。样本的容量取决于对抽样推断准确性、可靠性的要求,而后者又因所研究问题的性质和抽样资料的用途不同,很难给出一个绝对的标准。

但在抽样设计时应该重视研究现象的差异、误差的要求和样本容量之间的关系,做出适当的选择。对相同的样本容量,还有容量的结构问题。例如,一个县要求抽查 500 亩(1 亩 ≈ 666.667 m^2),它可以抽 5 个村,每村抽 100 亩;也可以抽 10 个村,每村抽 50 亩。样本容量的结构不同,所产生的效果也不同。抽样设计应该善于评价而且有效利用由于调整样本结构而产生的效果。

(3) 节省成本,实现抽样效果最佳原则。即在固定的费用条件下,选取抽样误差最小的方案;或在要求的精度条件下,做到调查费用最小。在抽样设计中必须重视调查费用这个基本因素。实际上任何一项抽样调查都是在一定费用的限制条件下进行的,抽样设计应该力求调查费用节省的方案。

调查费用可分为可变费用和不变费用。可变费用随着调查单位的多少、远近、难易而变化,如搜集数据费、数据处理和制表费等。不变费用是指不随工作量大小而变化的固定费用,如工作机关管理费、出版费等。节约调查费用往往集中于可变费用的开支上。在设计方案中,我们还要注意提高精确度的要求和节省费用的要求并非一致,有时是相互矛盾的。抽样误差要求越小,则调查费用往往需要越大。因此,并非抽样误差越小的方案便是越好的方案,许多情况是允许一定范围的误差的。我们的任务就在于在一定误差的要求下选择费用最少的方案,或在一定的费用开支条件下选择误差最小的方案。

4.1.5　抽样调查的程序

抽样调查的程序可以总结为 7 个步骤,如图 4-2 所示。

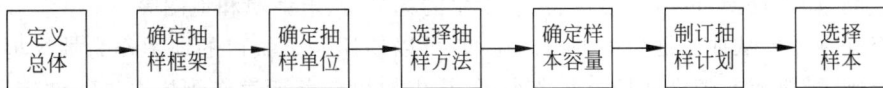

图 4-2　抽样程序

1. 定义总体

定义总体就是要确定调查对象的全体。有时,调查总体的确定并不像想象的那么容易。例如,要通过市场调查的方式了解购物中心顾客的惠顾及购买行为,该如何确定调查总体呢?

实际上,要准确地界定一个总体,必须包括四个要素,即抽样元素、抽样单位、抽样范围和抽样时间。比如,在一个企业关于其产品社会集团购买量的调查中,调查总体可以定义为:"在过去三年中,在中国境内,所有购买过我们产品的机关、部队、学校、企业和事业单位。"再比如,在企业关于某种商品价格的调查中,调查总体可以定义为:"从 2022 年 1 月 15 到 30 日,西安市各大商店中每一种竞争品牌的价格。"在这两个总体的定义中,就包含这四个要素。

在社会集团购买量的调查中,四个要素的具体内容如下。

抽样元素:所有购买过我们产品的机关、部队、学校、企业和事业单位。

抽样单位:同上。

抽样范围:全国。

抽样时间:过去三年中。

在商品价格的调查中,四个要素的具体内容如下。

抽样元素:每一种竞争品牌的价格。

抽样单位:大商店。

抽样范围:西安市。

抽样时间:2022 年 1 月 15 日到 30 日。

缺少这四个要素中的任何一个,抽样总体的界定就不清晰了。

正确地界定总体是抽样程序的第一步,也是重要的一步,它关系到所得信息是否可靠和信息量大小的问题。比如,在上述集团购买量调查的例子中,如果把总体定义为:"在过去三年中,所有购买过我们产品的企业和事业单位。"由于总体中丢掉了集团购买中很重要的一些组成部分(机关、部队和学校),所以从中抽取样本的代表性就有问题,调查结果的价值也因此而打折。

想一想要采用抽样调查的方法了解一种儿童食品在市场上的形象,该如何定义调查总体呢?注意,儿童虽然是食品的食用者,但是他们往往并非购买者,购买与否可能不反映他们的好恶。如果把实际的购买者作为抽样元素,那么谁是购买者?正确定义这类总体的关键是要搞清楚每一个家庭成员在购买和消费这类商品时所扮演的角色,以及构成这个市场的主要家庭类型。

2. 确定抽样框架

抽样框架(sampling frame)是指总体中抽样单位或元素的表现形式或呈现方式。理想的抽样框架应该满足这样一个条件:抽样总体中的每一个元素都在抽样框架中出现一次,且仅出现一次。在实际的调查工作中,研究者往往无法找到这种理想的抽样框架,而不得不使用替代品,如户籍簿、员工名单、在校学生的花名册、电话簿和地图等。

调查样本需要从抽样框架中抽出。比如,可以使用一个城市的地图作为抽样框架。根据某种原则,随机或非随机地抽出几个小区,从中抽出几条街道作为样本进行调查。再如,电话号码簿也是进行市场调查经常使用的抽样框架。不过,在使用电话号码簿进行抽样时,如果调查总体中有很多的元素(如家庭或组织)没有安装电话就可能存在抽样框架误差。

对于任何不完整的抽样框架来说,抽样调查的结果中都或多或少地含有抽样框架误差。抽样框架误差的大小一般取决于包含在抽样框架中的总体元素与未包含在抽样框中的元素之间差别大。差别大的,误差大;差别小的,误差小。所以,我们在确定抽样框架时,一要考虑其适用性,二要考虑其完整性,三要考虑未包含在总体中的元素对调查结果准确性的影响程度。

3. 确定抽样单位

抽样单位是容纳总体的基本单位,它可以等同于、也可以不等同于样本元素。我们前面说过的集团购买量调查的例子中,二者等同;而价格调查的例子中,二者不同。与总体元素的确定相比,抽样单位的确定具有某种主观性或任意性,可以由研究人员根据具体情况选定。比如,欲从 13 岁以上的女性中抽取一个样本,研究者可以根据身份证显示的有关资料以公安局提供的名单为抽样框架直接抽取,也可以根据户口簿先抽取一些家庭,然后再对每一个家庭中 13 岁以上的女性进行调查。在这两种情况下,样本元素虽然没有变,都是 13 岁以上的女性,但是抽样单位变了。抽样单位的确定,主要取决于以下两个方面。

第一,抽样框架。如果我们能够找到一个比较完整的元素目录作为抽样框架,那么把样本元素作为抽样单位比较好;否则就需要另找其他的抽样单位。

第二,调查方法。我们进行的是电话调查,那么电话号码就是一个很好的抽样单位。如果我们进行的是邮寄调查,则使用地址或姓名作为抽样单位比较好。人员访问调查比较灵活,抽样单位可以根据操作的方便性来确定。

4. 确定抽样方法

抽样方法是指抽样单位被选定为样本的方式,选取抽样单位的方式很多,概括而言,主要在以上或组合:随机与非随机抽样、单个与整群抽样、分层与不分层抽样、等概率与非等概率抽样及一步与多步抽样。

5. 确定样本容量

样本容量,简称为样本量,指样本中包含抽样单位或样本单位的数目。应用非随机样本,样本容量的大小由研究人员根据经验和主观判断决定。应用随机抽样,样本容量的大小则要使用数理统计的方法根据决策对于信息准确性的要求计算得出。

在实际的市场调查与预测中,样本容量常常会根据研究的费用来确定。在某项基金项目申请书的研究经费预算中,研究者当时计划在西安、北京、上海、广州、青岛等地各收取问卷 120 份,样本容量为 600 份。为什么选择 600 份呢?因为根据经验,这一基金资助的项目在当时一般不超过 18 万元,而根据研究经费在各个方面的分配和收集问卷的费用,600 份是大致可行的样本数。

6. 制订抽样计划

抽样计划需要详细说明如何做出和执行抽样的每一项决定。除逐个说明前面五个步骤的有关问题外,还要对抽样的具体实施步骤加以规定和说明。比如,当进行人员访问调查时,若应答者不在家该怎么办?能否找人替代?若能,替代者应该具有什么特性?若不能,是否需要再访?若需要,什么时间?对于这一类问题,抽样计划都应该给予具体规定。在制订抽样计划时,要尽量设想到可能出现的各种特殊情况,统一规定解决问题的办法。这样可以使调查人员有据可依,减少抽样误差。

7. 选择样本

抽样程序的最后一步是样本元素或单位的实际选择，由调查人员完成。这一步可能会遇到的特殊问题，这是抽样工作的具体实施阶段，所需要的工作量和费用最大。对于人员访问调查，更是如此。虽然抽样计划对样本选择的细节做了规定，但是调查人员并非总是按照计划执行。他们有时图方便或出于其他方面的考虑，可能会擅自改变计划，从而给调查结果带来不确定性。有的误差，能否取得真实可靠的数据，很大程度上取决于这个阶段工作质量的高低。

4.1.6 抽样调查的优缺点

1. 抽样调查的优点

（1）适合大总体。如果被调查的总体很小，最好用普查代替抽样调查，因为对一个较小的总体，获得较小抽样误差的估计量所需的样本量可能会占总体相当大的比例。相反，对一个大总体进行普查会很昂贵。而且，大多数市场调研项目通常面对的都是一些大而复杂的总体，抽样调查显然是更可取的方式。

（2）经济。由于普查需要对总体的所有个体进行调查，因而它所需的费用远大于抽样调查。对于大型总体来说，可以从相对较小的样本中获得所需的精确结果。例如，2020 年中国人口抽样调查只调查全国人口的 1%，如果每个个体的费用是固定的，那么做一次人口普查所需的费用可能是人口抽样调查费用的 100 倍。

（3）高效。由于实地调查对象数目减少，抽样调查可以在较短的时间内完成。这对于变化很快的市场行情来讲是十分有效的，主要表现在以下两方面。

第一，准确度较高。抽样调查有助于了解较为深入和复杂的信息，根据调查样本数量和总体中各单位之间的差异程度进行计算，并控制在允许范围之内，调查结果的准确度较高。

第二，满足特殊要求。在有些场合，调查所需的信息不能简单地直接从被访者的回答中得到。举例说，一项健康调查需要关于血压、血型及被访者健康状况的其他数据，只有经过专业卫生人员的测量才能精确地得到结果。如果只有那些受过专门训练的人员或者使用昂贵的计量仪器才能收集到所需数据，大规模的普查是不可能的。在一些特殊领域（如生产过程中的质量控制），某些检测是破坏性的，此时抽样调查是唯一可能的选择。

2. 抽样调查的缺点

（1）不支持小区域估计。调查目标可能需要小的地理区域的估计结果。例如，中国城市劳动力调查不仅需要可靠的全国汇总结果，而且需要每个城市和乡镇的汇总结果。抽样调查能够以很小的抽样误差得到全国汇总数；但是由于样本量太小，通常不能得到有关城市和乡镇等小区的可靠估计。由于普查是调查所有个体，所以它可能提供任何层次的估计，且没有抽样误差。

（2）不支持稀少个体特征估计。如果要测量总体中具有某一特征的个体时，必须大致了解个体在总体中所占的比例。如果总体中具有这个特征的个体很少，则抽样调查方式是不能被接受的，必须进行普查。

（3）抽样误差。抽样误差是所有抽样调查所固有的，是由于只用总体的一部分而不是全部来估计总体特征所产生的误差。对于普查，由于计算是基于整个总体的，所以不存在抽样误差，抽样误差能够被度量和控制，不能被消除。

非抽样误差对于普查和抽样调查则是普遍存在的,没有多大差别。尽管所有调查都会存在非抽样误差,但普查由于受其自身规模的影响,调查涉及面更大更广,持续时间更长,调查人员队伍更大,访问管理工作更为复杂,因而非抽样误差也可能更大。当非抽样误差成为调查质量控制的主要对象时,抽样调查比普查更有优势。

(4) 其他考虑。与抽样调查相比,普查数据具有更高的权威性,可以为以后的抽样调查提供抽样框架;还可以提供一些标准信息,如总体中男性与女性的数目与比例,帮助改进抽样调查所获得估计量。

4.2 随机抽样与非随机抽样

抽样调查技术分随机抽样和非随机抽样,即概率抽样和非概率抽样,其详细分类如图 4-3 所示。

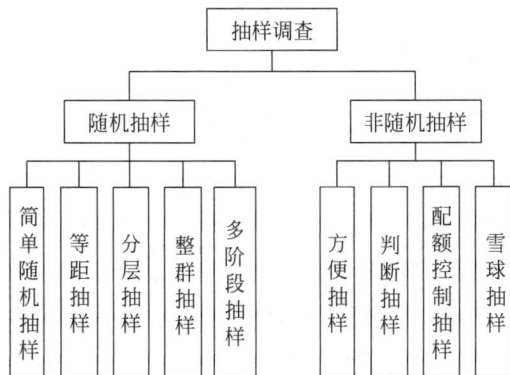

图 4-3　抽样调查技术分类

4.2.1 随机抽样

随机抽样(stochastic sampling)又称概率抽样,是指抽样调查时每个总体单位都具有同等被抽中的可能性。在概率抽样中,调查员必须严格遵守正确的选择程序,避免武断或带有偏见地选择样本单位。

根据调查对象的性质和研究目的的不同,随机抽样主要有简单随机抽样、等距抽样、分层抽样、整群抽样和多阶段抽样等。下面分别进行介绍。

1. 简单随机抽样

简单随机抽样(simple probability sampling)是最完全的随机抽样。对于大小为 N 的总体,抽取样本量为 n 的样本,若全部可能的样本被抽中的概率都相等,则称这样的抽样为简单随机抽样。它保证了总体中的每一个个体都有同等的被抽取的概率。具体抽样时根据抽样单位是否放回可分为放回简单随机抽样和不放回简单随机抽样。

(1) 简单随机抽样的具体操作。如果可以得到一个抽样框(列出所有总体单位的名单),那么调查人员可以选择简单随机抽样方式,具体步骤如下。

第一,对总体的每个单位进行编号,总体单位数为 10000 的总体可编为 00001～10000 号。

第二,在随机数码表(一般的数理统计书中都有此表)中从任意一个编号数开始向上、向下或跳跃选取编号,在 00001 和 10000 之间选出 200 个(样本单位数)。

第三,在有明确总体单位的数字表中选出符合上述数字的总体单位,这些总体单位就是样本。如果调查的总体单位是消费者,而且已经掌握了消费者出生日期的名单,抽样就会变得比较简单,只需根据样本量的需要选取任意某一天或几天出生的消费者作为样本。

简单随机抽样的优越性在于它看起来简单,并且满足随机抽样的一切必要条件,保证每个总体单位在抽选时有同等的被抽中的机会。虽然简单随机抽样以一个完整的总体单位表为依据,但是在现实中编制这样一个完整的总体单位表是极其困难的,在多数情况下是不能实现的。

(2)简单随机抽样的平均误差。标准差是反映平均数代表程度的一种尺度。用抽样方法来推算总体所产生的平均误差与标准差属同一性质的,皆反映抽样指标对总体指标代表程度的一种尺度,两者关系密切。抽样平均误差是一系列抽样平均数(或成数)的标准差,通常用 S 表示。

简单随机抽样平均误差的计算公式为

$$S_x = \sqrt{\frac{\sigma^2}{n}} = \frac{\sigma}{\sqrt{n}}$$

式中　σ——全及总体标准差;

　　　n——抽样单位数。

成数抽样平均误差的计算公式为

$$S_p = \sqrt{\frac{P(1-P)}{n}}$$

式中　P——全及总体的层数。

在不重复抽样的条件下,上述公式可变为

$$S_x = \sqrt{\frac{\sigma}{n}\left(1-\frac{n}{N}\right)}$$

$$S_p = \sqrt{\frac{P(1-P)}{n}\left(1-\frac{n}{N}\right)}$$

(3)简单随机抽样的方法。简单随机抽样的方法有以下几种。

① 抽签法。抽签法是把抽样框中每个元素的号码写在签上,将签混合均匀后,每次抽一个签,签上的号码即表示样本中的一个元素。不把这个签放回,接着抽取下一个签,直到抽足 n 个为止。实际上也可以一次同时抽几个签。对应号码的几个元素就构成了容量为 n 的一个简单随机样本。

当总体数量较少并且有现成的可用于抽取的材料时,可选用抽签方法。例如,对 100 名学生进行调查,每名学生均有一张学籍卡片。此时,可以将学籍卡片的顺序打乱,再从中抽出若干张。一般而言,市场调查中所涉及的总体往往数量很大。例如,在全市范围内抽选出若干街道办事处,而一个中等城市的街道办事处数量一般在 20～40 个,这时可以采用抽签方法。

② 随机掷骰子法。随机掷骰子法是一种用均匀材料制成的正 20 面体,面上分别刻有 0～9 的数字各 2 个。使用时,先将总体单位进行编号,然后采用掷或者摇骰子的方式,产生

若干 0~9 的数,按先后顺序进行排列后得到一个任意大的随机数。

③ 计算机随机数法。若利用计算机产生随机数,譬如说执行 BASIC 语言的 RAN 语句可产生 1~N 范围,即表示入样的单元号。若代表同一单元的随机数出现两次或两次以上,则从第二次开始就弃去不用,再抽下一个,直到抽足 n 个不同的单元为止。

由于计算机产生的随机数实际上是伪随机数,即在产生的数列中,存在某种规律性,是真正的随机数,特别是当直接采用一般现成程序时,产生的随机数往往不能保证其随机性。因此应注意尽量少使用这种方法,除非使用其他方法非常不便。

④ 随机数表法。随机数表法是从随机数字表上的任一随机位置开始读数(例如,可以闭上眼睛,用指尖或笔尖确定一个数,这个数就是开始读数的位置),横向(或纵向)连续地摘录数字,直到抽足 n 个元素为止。

⑤ 使用统计软件直接抽取。使用这种方法的前提是拥有合适的抽样框或使用电子表格软件自动生成了类似前几种方法的 1~N 的编号作为抽样框,流行的优秀统计分析软件 SAS 和 SPSS 等都有此功能,其工作原理与使用随机数类似。

⑥ 其他方法。当手边没有随机数表或者随机数骰子等工具的时候,也可以采用其他的方法产生随机数,确定样本。

⑦ 放回抽样与不放回抽样的比较。用随机数方法选取样本单位时,可能会遇到这样一个问题,即一个数(个体)有可能被选中两次或两次以上。比如,号码为 050 的居民,由于我们从起点开始,顺序向下数随机数时遇到 050 这个数而中选,但不能排除下面的可能性,即当我们继续数下去时,050 这个数可能还会再次出现。在使用抽签方式抽取简单随机样本时,则不会出现这种情况。

当出现某个个体被抽中两次或两次以上的问题时,可以有两种处理方法。一种方法是只将每个个体的第一次中选计入样本,如果再次遇到同样的号码就跳过去,使总体中所有的个体数目是 100 个,这种方法称为不放回抽样或不重复抽样,这种方法所得到的样本叫作简单随机样本(SRS)。

另一种方法是将再次中选的每一次也都计入样本,如果一个个体中选两次,该个体的统计量就两次计入样本,即把一个个体当成两个个体用(即通常所谓加权),这样实际选出的样本个体数就会小于 100。比如,如果有 5 个个体中选两次,那么实际样本规模为 95,这 5 个个体的统计量各被计入样本两次。这种方法称为放回抽样或重复抽样,也叫作独立同分布样本,这种方法得到的样本叫作非常简单随机样本(VSRS)。在抽样原理中所举的骰子的例子就相当于放回抽样。

两种方法相比较,不放回抽样误差小一些,即比放回抽样精确程度稍高。在实际进行简单随机抽样时,一般使用不放回抽样方法。

(4) 简单随机抽样的优缺点。简单随机抽样的优点:方法简单直观,当总体名单完整时,可直接从中随机抽取样本,由于抽取概率相同,计算抽样误差及对总体指标加以推断比较方便。尽管简单随机抽样在理论上是最符合随机原则的,但在实际应用中则有一定的局限性,主要表现在以下五个方面。

① 采用简单随机抽样一般必须对总体各单位加以编号,而实际所需调查总体往往很大,单位非常多,逐一编号几乎是不可能的。

② 由于抽出样本单位较为分散,所以调查时人力、物力、费用消耗较大,实施起来将十

分困难。因此,这种方式适用于总体单位数不太庞大及总体分布比较均匀的情况。

③ 由于简单随机抽样并没有利用关于总体的一些已知信息,因此它不可能是最有效的。简单随机抽样常常比其他抽样技术有更大的抽样误差,因而结果的精度较低。

④ 某些事物无法适用简单随机抽样。例如,对连续不断生产的大量产品进行质量检验,就不能对全部产品进行编号抽样。

⑤ 虽然从平均的意义上来说,简单随机样本对目标总体有代表性,但是给定的一个简单随机样本有可能与目标总体相差甚远。如果样本量小,这种可能性就更大了。

2. 等距抽样

等距抽样又称系统抽样(systematic sampling),是指先将总体各单位按照一定的顺序排列起来,然后按照一定间隔来抽取样本单位。其核心思想就是先在总体中按照一定的标志将抽样单位顺序排列,并根据总体单位数(N)和样本单位数(n)计算出抽样距离($k = N/n$);然后,随机确定第一个样本单位;其他样本单位则按相等的距离或间隔顺序抽取。排列顺序可以是与调查项目无关的标志。例如,按姓氏笔画、地理位置、户口册编码等排列,也可以是与调查项目直接或间接有关的标志。例如,在职工家计调查中,按平均工资由低到高排列。

等距抽样法的具体操作步骤如下。

第一步,将 N 个总体单位按一定顺序排列,编号为 $1, 2, \cdots, N$。

第二步,根据总体单位数 N 和样本单位数 n 计算出抽样间隔 k(必须是整数),$k = N/n$。

第三步,在 l 和 k 之间随机选一个数字,称为随机起点 r。

第四步,根据 r 和 k 从总体中抽取 n 个样本单位:总体中第 r 个单位即作为第一个样本;$r + k$,即为第二个样本单位;其余类推。这样,总体中选中的 n 个单位号码依次为:r,$r + k, r + 2k, r + 3k, \cdots, r + (n-1)k$,抽样完成。

例如,一个居民区有 500 户居民,企业拟从中抽出 25 户进行服装消费品需求的调查。如果按无关标志排列,可以利用居民户口名册,从 1 号排列到 500 号,并确定抽样距离为 $500 \div 25 = 20$ 户。先在第一组 1 到 20 号中随机抽出一个号码,假定抽出 8 号。然后,每隔 20 号抽一户,一直抽到 25 户,即抽出 8 号、28 号、48 号、68 号、88 号、108 号、128 号、148 号、168 号、188 号、208 号、228 号、248 号、268 号、288 号、308 号、328 号、348 号、368 号、388 号、408 号、428 号、448 号、468 号、488 号为样本单位。

等距随机抽样如果按有关标志排队,可以被看作一种特殊的分层比例抽样。如果分层比例抽样把总体划分为若干相等的部分,每部分只抽一个样本单位就与等距随机抽样非常相像,不同在于:分层比例抽样在每一部分中抽取样本都是随机的,而等距随机抽样只是随机地确定第一个样本单位,其他的样本单位则按照一定的抽样距离必然得出。

等距随机抽样能够保证抽取的样本单位在总体中均匀分布,从而提高样本的代表性并减少抽样误差。另外,抽样与调查的组织工作也比较方便。不过,运用有关标志排队,必须具备一个前提条件,即在调查之前掌握总体单位有关标志的数据。比如,调查职工商品需求情况就需要有职工平均工资或平均收入的数据,否则无法按次序排队和抽选。另外,如果使用不当,可能产生较大的系统性偏差。因为等距随机抽样比简单随机抽样的"自由度"小,第一个样本一旦确定,其余的样本就只有一个可能,即没有选择变动的余地。如果抽选间隔和调查对象的活动节奏或循环周期重合,就会产生系统性偏差。比如,调查消费者对某商店的惠顾行为或购买行为,如果我们选择七天为一个间隔确定调查的时间那么就会有较大的系统性偏差,因为这样调查,我们得到的可能是只反映一星期中某一天(如星期一)消费者对商店的惠顾行为或购买行为特征。

3. 分层抽样

分层抽样又称类型抽样(stratified sampling),它是先将总体所有单位按某些重要标志进行分类(层),然后在各类(层)中采用简单随机抽样或等距抽样方式抽取样本单位的一种抽样方式。做好分层随机抽样的关键是分类或分层的标准要科学,必须符合调查总体的实际情况。分层时应该注意的三个要点:①层与层之间要有清楚的界限。分层的结果必须是每一个单位都归属于一定的层,不允许同一单位既属于这一层,又属于那一层,当然,也不允许相互交叉或者有所遗漏。②要清楚各层中的单位数目,以及各层占总体的比重。③所分的层数不宜过多,否则会失去层的特性,不便于从每层中抽样。

分层抽样的目的是提高样本的代表性,避免简单随机抽样时可能出现样本过于集中于某种特性或者完全无某种特性的现象。通过分层,各层单位之间的共同性增大了,差异程度缩小了,就比较容易抽出具有代表性的样本。所以,在要求样本具有一定代表性的前提下,分层抽样所需的样本数要比简单随机抽样少。这种方法对总体情况复杂总体内各单位之间差异较大、单位数量较多的情况尤为适用,但要求对总体各单位的情况有较多的了解,否则无法做出科学分类。

(1)分层抽样的具体步骤。把总体各单位分成两个或两个以上的相互独立的完全的组(如男性和女性),从两个或两个以上的组中进行简单随机抽样,样本相互独立。总体中各单位按主要标志加以分组,分组的标志与我们关心的总体特征相关。例如,我们正在进行有关啤酒品牌知名度方面的调查。啤酒方面男性的知识与女性不相同,那么性别应是划分层次的适当标志。如果不以这种方式进行分层抽样,分层抽样就得不到什么效果,花再多时间、精力和物资也是白费。

分层抽样与简单随机抽样相比,我们往往选择分层抽样。一方面,因为它有显著的潜在统计效果,即如果我们从相同的总体中抽取两个样本,一个是分层样本,另一个是简单随机抽样,那么相对而言,分层样本的误差更小些。另一方面,如果目标是获得一个确定的抽样误差水平,那么更小的分层样本将达到这一目标。在调查实践中,为提高分层样本的精确度要付出一些代价。通常,我们实现正确的分层抽样一般有两个步骤。

第一步,辨明突出的(重要的)人口统计特征和分类特征,这些特征与所研究的行为相关。例如,当研究某种产品的消费率时,按常理认为男性和女性有不同的平均消费比例。为了以性别作为有意义的分层标志,调查者肯定能够拿出资料证明男性与女性的消费水平明显不同。用这种方式可识别出各种不同的显著特征。一般来说,在识别出六个重要的显著特征后,增加显著特征的辨别对于提高样本代表性就没有多大帮助了。

第二步,确定在每个层次上总体的比例(例如,性别已被确定为一个显著的特征,那么总体男性占多少比例,女性占多少比例)。利用这个比例,可计算出样本中每组(层)应调的人数。最后,调查者必须从每层中抽取独立简单随机样本。

(2)分层抽样的方法。分层抽样方法分为四种:比例分层抽样、纽曼分层抽样、德明分层抽样和多次分层抽样。在实际中,通常采用比例分层抽样,因为这种方法比较简单。而比例分层抽样又分为等比例分层抽样和不等比例分层抽样。

在等比例分层抽样中,要求各类样本单位数的分配比例与总体单位在各类的分配比例一致,即 $n_i/n = N_i/N$(n_i 为从各层中抽出的样本数;n 为样本量;N_i 为各层的总体单位数;N 为总体单元总量)。等比例抽样简便易行,分配比较合理,在实际工作中应用较广。例如,我们要在一个有 1000 名职工的企业中抽取 100 名职工。我们以工作岗位为分层指标,主要分为管理人员、一线工人和后勤工人三类,已知的情况是管理人员占职工总数的 10%,一线工人占 60%,后勤工人占 30%,从而确定了各类人员的样本数为管理人员 10 名、一线工人 60 名、后勤工人 30 名。然后,用简单随机抽样的方法对各类人员进行抽样。

在不等比例的分层抽样中,则不受上述条件限制,即有的层可多抽些样本单位,有的层也可少抽些样本单位。从每层中抽取的样本的数与该层的相对大小相关,并与该层元素在所感兴趣的特性(指标、变量)的分布标准差相关。不等比例的分层抽样从逻辑上来说很简单。首先,较大的层在确定总体均值时具有较大影响,这些层应当在推导样本均值时施加较大的影响,所以从这些相对较大的层中应当抽取较多的元素。其次,为了增加精度,从标准差大的层中应当抽取更多的元素,从标准差小的层中应当抽取较少的元素(如果同一层中的所有元素是一致的,那么只需抽取一个元素的样本就可以得到完善的信息。)当每层内的感兴趣变量的标准差都相同时,上述两种方法实际上就是一致的。

不等比例的分层抽样需要先估计所感兴趣的特性(指标、变量)在层内分布的标准差,但是这方面的信息常常得不到。因此,调研者可能要靠直观和逻辑判断来确定每层的样本数。例如,在研究对某类商品的消费者行为时,估计高收入阶层内的个体差异可能会比低收入阶层内的个体差异大得多,因此,样本中高收入消费者所占的比例可能就比总体中高收入者所占的比例大得多。

(3)分层抽样中指标的选择。用于将总体分层的变量叫分层变量或分层指标。分层指标的选择是分层抽样的中心问题,如果选择不当,可能使得分层随机抽样的误差比简单随机抽样的误差还要大。因此,对于调查标志来说,分层后的层内的差异水平达到最小是分层差异标志选择的目的。

首先,选择分层变量的准则是考虑同质性、异质性、相关性和费用。同一层内的元素应当尽可能是同质的,而不同层间的元素应当尽可能是异质的。分层变量应当与所感兴趣的特性密切相关。上述这些条件或准则满足得越好,分层抽样的效果就越好。其次,分层变量应当是易于测量和应用的,这样才能减少分层抽样的费用。通常用于分层的变量包括人(性别、年龄段、种族、文化程度等)、生活方式(媒介接触行为、运动偏好、娱乐类)、消费者类型(是否使用信用卡等)、单位规模(大、中、小型)、行业类型(家电类厂家、日用品类厂家)等。分层数一般不要超过六个,如果超过了六层,精度上的任何增益会随分层费用的增加和抽样难度的增加被抵消掉。

例如,我国国内一般大规模的民意调查都是以居住地分层的,至少分为城镇和乡村两层,因为城、乡居民的观念、行为和习惯等是不同的。中央人民广播电台 2022 年抽样调查是多级分层的,第一级的分层是按经济发展水平将全国 467 个地区分为"经济发达地区""经济一般发达地区""不发达地区"和"贫困地区",因为根据以往的研究,人们的广播接触行为是与地区的经济发展水平和个人的经济地位相关的。

(4)分层抽样的优缺点。分层抽样比简单随机抽样和等距抽样等方法更为精确,能够通过对较少的抽样单位的调查,得到比较准确的推断结果,特别是当总体较大、内部结构复杂时,分层抽样常能取得令人满意的效果。分层抽样在对总体推断的同时,还能获得对每层的推断。

需要指出的是,分层抽样也会带来某些技术问题。首先是层的划分,有时在实际工作中分层并不容易,需要收集必要的资料,从而耗费额外的费用。其次是分层抽样要求各层的大小都是已知的。当它们不能精确得知时,就需要通过别的手段进行估计,这不仅增加了抽样设计的复杂性,也会带来新的误差。

(5)分层抽样适用的范围。分层抽样作为一种精度较高的常用抽样技术,特别适用在以下场合。

① 在调查中不仅需要对总体的参数进行估计,也需要对各层的参数进行估计,并且考虑它们的精度。例如,在一项全国性调查中,既要求获得全国的结果,也需要有分省的结果。

② 要保证样本更具代表性。由于分层抽样中每层一定有单列,所以样本分布更均匀。

③ 为了使调查的组织及数据的汇总都比较方便,分层抽样中的数据收集、汇总和处理都可按层独立进行。如果层是按一定行政系统划分时,就可按各自的行政系统组织调查与汇总。

简单随机抽样、等距抽样、分层抽样的比较如表 4-1 所示。

表 4-1 简单随机抽样、等距抽样、分层抽样的比较

类　　别	各自的特点	共　同　点	抽样间的联系	适 用 范 围
简单随机抽样	从总体中逐个抽样	① 抽样过程中的每个个体被抽到的可能性相等。 ②每次抽出个体后,不再将它放回,即不放回抽样	在起始部分时采取简单随机抽样	总体个数较少
等距抽样	将总体均分成几个部分,按预先制定规则在各部分抽取			总体个数较多
分层抽样	将总体进行几个分层,分层进行抽取		分层抽样时采取简单随机抽样和等距抽样	总体由差异明显的几部分组成

4. 整群抽样

在有些实际场合,总体是由许多群集,每个群集包含的个体数目不等,以个体为单位编制抽样不可行。例如,进行抽样比为 10000:1 的全国性抽样调查,实际上是不可能的,即使可能,也要花费太多的精力和时间。况且,即使勉强抽出样本,调查对象遍布全国,实地调查将出现许多不可想象的困难。这时如果把总体分为若干群集,群集抽样框进行简单随机抽取个体,各种工作量无疑将大大减少。这样的方法叫整群抽样(cluster sampling),又称聚类抽样、整体抽样,也称集团抽样。

(1)整群抽样法的具体操作。整群抽样是当总体的基本单位自然组合或被划分为若干群后,从中随机抽取部分群并对抽中群内全部基本单位进行调查的一种抽样组合形式。假如我们要进行北京市居民家用电器的拥有状况调查,采用整群抽样方法,那么,我们在北京市 3600 个居民委员会中随机抽取 20 个居委会,这 20 个居委会中的所有居民户都成为我们的调查样本。

当划分群时,每群的单位数既可以相等,也可以不等。当各个群集包含的个体数目接近时通常采用不放回简单随机抽样;当各个群集包含的个体数目相差较大时,则可采用PPS等不等概率抽样。在每一群中的具体抽选方式,既可以采用等概率抽样(如简单随机抽样),也可以采用不等概率抽样。

因为以群为单位进行抽选,抽选单位比较集中,明显地影响了样本分布的均匀性。整群抽样和其他抽样方式相比,在抽样单位数目相同的条件下抽样误差较大,代表性较低。在抽样调查实践中,当采用整群抽样时,一般都要比其他抽样方式抽选更多的单位,以降低抽样误差,提高抽样结果的准确程度。

当然,整群抽样的可靠程度主要取决于群与群之间的差异大小,当各群体间差异越小时,整群抽样的调查结果就越准确。因此,在大规模的市场调查中,当群内各单位间的差异较大,而各群体之间差异较小时,才可考虑采取整群抽样方式。

(2)采用整群抽样的原因。整群抽样的实际应用比较广泛,除抽样框容易获得外,还有以下四个方面的原因。

① 当缺少基本单位的名单而难以直接从总体中抽取所要调查的基本单位,但以由单位组成的群体(即组合单位)作为抽样单位却有现成的名单或有明显的空间界限时,抽样就显得方便实用,避免了编制基本单位名单(抽样框)的问题。

② 即使容易获得个体的抽样框,但从费用上考虑,直接从个体抽样获得的样本比较分散,从而将增加诸如差旅交通之类的费用,耗时也将增加很多;相反,按整群抽样样本相对集中,这既方便调查,又节省费用。因此,虽然对同样多的个体而言,整群抽样的精度稍低,但因每调查一个小单元的平均费用和耗时均低,故可以通过适当增加样本达到费用省、精度高的目标。

③ 采用整群抽样是抽样调查本身目的的需要。有些抽样调查,只有进行整群抽样才能说明问题。例如,人口普查后的抽样复查,要想估计出它的差错率,只有通过对某一区域(如省、市、县、街道等)的抽样复查后的人口群体进行全面调查才行。类似地,出生率、流动率等调查都需要采用整体抽样。

④ 如果某些总体的各个子总体之间的差异不大(例如,调查目标是城市居民户平均拥有彩电数等),此时对居委会采用整群抽样的精度不比直接抽取居民户的精度低。

(3)整群抽样须注意的以下问题。

① 整群抽样的随机性体现在群与群之间不重叠,总体的任何一个基本单位都必须且只能归于某一群,群的抽选按概率确定。

② 如果把每一个群看作一个单位,那么整群抽样就是以群为单位的纯随机抽样。理解这一点,对于给出整群抽样估计量的方差会有帮助。

③ 整群抽样对于群而言是非全面调查,对于被抽中群内基本单位而言则是全面调查,是"先部分,后全部"的抽样组织形式,与分层抽样正好相反。因此,整群抽样的误差取决于群间差异,而不受群内单位之间差异的影响。这就要求总体 N 个基本单位所形成的各个群,尽量有相同或相近的群内结构。也就是说,要尽量把总体方差转化为群内方差。这与分层抽样的"层内差异尽量小、层间差异尽量大"的要求形成鲜明的对比。

④ 整群抽样也是多阶段抽样的前提和基础,因此,如何提高整群抽样的精度是一个重要的问题。

从以上四种随机抽样方法的内容介绍可以看出,其操作方法存在不同,如表4-2所示。

表 4-2　四种随机抽样的操作方法比较

名　称	操　作　方　法
简单随机抽样	调研人员利用计算机生成随机数字,随机数字拨号或其他的一些随机选择程序保证总体的每个成员都有相等的机会被选为样本
等距抽样	利用总体名录作为抽样框,然后将抽样框中的总体成员数除以要抽取的样本容量获得抽取间隔调研人员选取任意起点作为第一个样本,然后每相隔一个固定间隔就选出其他的样本。不论选取哪个起点,间隔都必须正好落在总体框内。系统抽样可以实现与简单随机抽样相同的抽样目标,但效率更高
整群抽样	将抽样框中所有样本单位分成被称为群的组,群内成员都比较相似。调研人员随机选择几个群然后对群内的所有成员进行普查(一阶段抽样)。调研人员也可以随机地选取较多的群,再从每群中随机选取样本(两阶段抽样)。如果能够很容易地识别出高度相似的群,这种方法就很适用
分层抽样	如果是因为一个或几个因素(诸如收入或产品使用习惯)使总体分布出现了偏态,这时调研员可将总体分成若干被称为层的子总体。然后,对每一层采用简单随机抽样。可以使用加权方法估计总体,如估计总体均值。这种处理方式比其他抽样方法更适用于非正态分布的总体(即偏态总体)

5. 多阶段抽样

在许多情况下,特别是在复杂的、大规模的市场调查中,调查单位一般不是一次性直接抽取到的,而是采用两阶段或多阶段抽取的办法,即先抽大的调查单元,在大单元中抽小单元,再在小单元中抽更小的单元,这种抽样组织方式称为多阶段抽样(multistage sampling)。

1)多阶段抽样的特点

(1)多阶段抽样对基本调查单位的抽选不是一步到位的,至少要两步。

(2)组织调查比较方便,尤其对于那些基本单位数多且分散的总体,由于编制抽样框较难以直接抽取所需样本,可以利用地理区域或行政系统进行多阶段抽样。

(3)多阶段抽样是多种抽样方法的结合物。

2)二级抽样和分层抽样、整群抽样的比较

二级抽样和分层抽样、整群抽样有相似之处,都必须先将总体分组,然后再抽取一级或单元。分层抽样在第一级中实际抽取了全部的层(一级单元),然后再从各层抽取部分的二级单元;而整群抽样是从全部群中抽取了部分的群(一级单元),然后对抽中的群的单元全部进行调查,相当于抽取了全部的二级单元。二级抽样在第一级中和第二级中都随机地抽取部分一级单元和部分二级单元。因此,在组织形式上可以把二级抽样看作抽样和整群抽样的综合,如表 4-3 所示。

表 4-3　二级抽样和分层抽样、整群抽样的比较

名称	一级单元	二级单元	精度(样本含量相同时)	提高精度的办法
分层抽样	抽取全部	抽取部分	高于简单随机抽样	扩大层间差异,缩小层内差异
整群抽样	抽取部分	抽取全部	低于简单随机抽样	缩小群间差异,增大群内差异,增加群数
二级抽样	抽取部分	抽取部分	介于整群抽样和随机抽样之间	减少一级单元之间的差异,尽量多抽取一级单元

4.2.2 非随机抽样

非随机抽样(non-ability sampling)也称非概率抽样,它不是根据被调查总体中的每一个单位被抽到的可能性相等的原理抽取样本,而是调查人根据自己的主观选择抽取样本,即调查总体中每一个单位被抽取到的可能性是不相等的。非随机抽样包括方便抽样、判断抽样、配额控制抽样和雪球抽样等具体方法。

1. 方便抽样

方便抽样(convenience sampling)也称任意抽样,是根据调查者的方便,以无目标、随意的方式进行的抽样调查活动。例如,某公司的市场营销部选择公司雇员对公司开发的新产品进行初步测试。固然,这个方法看上去有很大的偏差,但该公司不要求雇员对新产品进行仔细评估,也不要求雇员拿新产品与竞争对手的产品进行比较,只要求雇员提供一个总的感觉(如产品的外形、功能、色调等)。在类似情况下,方便抽样是获取必要信息的一种有效而实用的方法。在进行试探性调研既缺乏经验而又急需数据的近似值时,这种方法很实用。与随机抽样相比,方便抽样的应用比例增长得很快,其原因是存在着很多低发生率、低总体单位特征方差和难以获得分类资料的情形。

2. 判断抽样

判断抽样(judgment sampling)又称目的抽样,是指研究人员从总体中选择那些被判断为最能代表总体的单位作样本的抽样方法。当研究者对自己的研究领域十分熟悉,对研究总体比较了解时采用这种抽样方法,可获得代表性较高的样本。这种抽样方法多应用于总体差异小而内部差异大的情况,以及在总体边界无法确定或因研究者的时间与人力、物力有限时采用。

判断抽样适用于调查人员基于既定选择标准抽取典型样本的任何情形。在购物中心进行的大部分市场或产品测试调查基本上属于判断抽样。为调查产品品位而需要选择的购物中心,取决于调查人员的判断。特殊的购物中心会吸引不同阶层的消费者,而有些人恰好是某种被调查产品的既定的调查对象。

判断抽样法的依据有两点:①选择代表普遍情况的对象;②选择多数型或平均型的对象。能否做到这些,关键在于对总体的有关信息是否有相当的了解。样本的代表性和调查结果的准确性,取决于调查者对调查对象的了解程度及其判断能力,因此这是一项富含经验性的工作。

使用此方法进行市场调查,容易出现主观片面的缺点。此法也同任意抽样法和配额控制抽样法一样,样本资料只能说明调查总体某些特征的大致情况,不利于用以准确地推断总体。不过,这种方法简单、方便、节省,若调查要求精度不高、在样本数目不多时,不需要推断总体的调查,可考虑采用此法,且调查回收率高。

3. 配额控制抽样

配额控制抽样(quota sampling)是根据一定的标志对总体单位进行分层或分类后,从各层或各类中根据总体的实际情况主观地选取一定比例的调查单位的方法。"配额"是指对划分出的各种类型的总体单位都分配一定的数量样本,从而组成调查样本。因而,配额控制抽样较判断抽样加强了对样本结构与总体结构在"量"的方面的控制,能够保证样本有较强的代表性。

配额方式通常有两种：一是独立控制，即只对其中的一个特征样本数目加以控制，即一个控制变量（如年龄或性别或收入）；二是交互控制，即同时考虑几个因素（如年龄、性别和收入）。

配额抽样类似于随机抽样中的分层抽样。不过，二者有两点重要的区别：首先，配额抽样的被访者不是按随机原则抽出来的，而分层抽样必须遵守随机原则；其次，在分层抽样中，用于分类的标志应联系研究目标来选择，而配额抽样没有这些要求。

假定调查对象（母体）分为三个层次，各层次的规定样本数如表 4-4 所示。

表 4-4　调查各层面控制表

工资月收入/元		职　　业		地　　区	
800 以下	3	工人	6	沿海	8
800～1499	4	农民	10	内地	12
1500～2999	5	教师	4		
3000～4999	6				
5000 以上	2				
合计收入类	20	合计职业类	20	合计地区类	20

可以根据独立层面控制表编制一个交叉控制表。通过交叉控制表，才能确定对各个层面的样本数进行交叉配额的方法，使抽出的样本数与所有层面的数字一致。有了这份交叉控制表，调查人员便能据此决定应该如何选取所需要的样本，如表 4-5 所示。

表 4-5　交叉控制表

职业		工人/人		农民/人		教师/人		共计
	地区	沿海	内地	沿海	内地	沿海	内地	
工资/元	800 以下	—	1	1	1	—	—	3
	800～1499	1	—	—	1	1	1	4
收入/元	1500～2999	—	1	—	3	1	—	5
	3000～4999	1	1	1	2	1	—	6
	5000 以上	1	—	—	1	—	—	2
	小计	3	3	2	8	3	1	20
	合计	6		10		4		20

4. 雪球抽样

以若干具有所需特征的人为最初的调查对象，然后依靠他们提供认识的合格的调查对象，再由这些人提供第三批调查对象……依次类推，样本如同滚雪球般由小变大的抽样方式叫雪球抽样（snowball sampling）。它是在特定总体的成员难以找到时最适合的一种抽样方法。比如，对于无家可归者、流动劳工等人群的市场调查，用一般的抽样方法很难获得适用的样本。此时，可以考虑使用滚雪球抽样：先搜集目标群体少数成员的资料，然后再向这些成员询问有关信息，找出他们认识的其他总体成员。因此，这种方法适用于调查范围内总体单位发生率低或少见的抽样调查。低发生率或少见的总体中所占比例很小的一部分个体，要找到这些少见总体中的个体，代价是很大的，使得调查人员因为费用的原因不得不采用雪球抽样形式。由此可以看出，"滚雪球"就是根据既有研究对象的建议找出其他研究对象的累积过程。

采用滚雪球抽样调查的优点是调查费用将大大减少。然而，这种成本的节约是以调查质量的降低为代价。整个样本很可能产生偏差，因为样本的名单来源于那些最初调查过的人，结果，样本可能不能很好地代表总体。另外，如果被访者不愿意提供其他相关人员信息，就不能采取这种方法。

5. 非概率抽样的优缺点

从以上内容可以看出，非随机抽样中的方便抽样、判断抽样、配额控制抽样和雪球抽样各有特点，其操作方法存在区别，如表 4-6 所示。

表 4-6　四种非概率抽样方法比较

名　称	操　作　方　法
方便抽样	调研人员（例如用步行街或购物中心作为抽样框）对潜在的被访者进行拦截访问。如果总体的某些成员很少或不出现在那个地区，抽样框误差就会出现。另一种误差来自访问员对被访者的任意选择
判断抽样	调研人员使用自己的判断或请其他有相关知识的人来判断哪些成员应该被抽取。由于这种抽样存在着主观性，因此总体中的某些成员被选中的机会会比另一些成员少
配额控制抽样	调研人员确定配额特征（如人口统计特征或产品使用因素），并利用它们为每类被访者确定配额。配额的大小由调研人员认为的总体中每类被访者的相应数量确定。配额抽样常用来确保便利抽样方法能从不同种类的被访者中抽取要求的比例
雪球抽样	被访者被要求推荐一些像他们那样符合条件的人的姓名或身份。在这种情况下，那些不为人熟悉、人们不喜欢或者看法与别人不一致的被访者被选中的机会就要小得多

与随机抽样相比，非随机抽样具有如下优缺点。

1）非随机抽样优点

（1）非概率抽样比概率抽样的费用低。非概率抽样的这一特点对那些精确性要求不高，只注重方向性的调查有相当大的吸引力，如试探性调查。

（2）一般来讲，非概率抽样实施起来要比概率抽样用的时间少。

（3）如果合理运用非概率抽样，也能产生极具代表性的抽样结果。

2）非随机抽样缺点

（1）不能估计出抽样误差。

（2）调查者不知道抽样指标代表总体指标的程度。

（3）非概率抽样的结果不能用来推断总体指标。

4.3　样本容量的确定

统计学中把调研对象的总和称为调查总体，组成总体的每个个体称为元素，其中一部分有代表性的个体称为样本。样本是总体的缩影，在开始组织抽样调查之前，确定抽多少样本单位是个很重要的问题，样本数目过少，会使调查结果出现较大的误差，与预期目标相差甚远；而样本数目过多，又会造成人和时间的浪费。因此，只有抽取出来的样本能够代表总体，才能比较准确地用调查的结果来推断总体。样本的代表性取决于多个因素，其中样本中元素的数量（即样本容量）是一个最重要的影响因素。

非随机抽样样本容量的确定比较简单。因为既没有办法估计抽样误差，也没有办法估计调查结果的准确性，所以在采用非随机样本时，样本容量的大小并没有一个确定的标准。在实际工作中常用的方法，要么把非随机样本当作随机样本对待，按照随机抽样的方法计算样本容量；要么根据研究预算和抽样成本大概确定一个抽样数目。

随机抽样样本容量的确定则比较复杂，需要根据调查的目的要求、总体的大小、总体的构成和不同的抽样方式来确定。本部分主要讲的是随机抽样样本容量的确定。

4.3.1 影响样本容量的因素

抽样调查的样本量取决于以下五个因素。

（1）被调查对象标志的差异程度，即总体方差的大小，总体方差越大，所需的样本量一般也越大。

（2）允许误差（又称极限误差）数值的大小。允许误差与样本量的平方根大致成反比。允许误差越小，样本量越大；反之，样本量越小。允许误差的大小主要取决于调查的目的和费用的投入。调查结果要求比较精确，又有足够的费用投入，允许误差可以小些；反之，允许误差可以放大些。

（3）调查结果的可靠程度，即置信度或置信水平的大小。所要求的置信度越高，所要求的样本量应当越大；所要求的置信度较低，样本量可以小些。

（4）抽样的方法。在同等条件下，不重复抽样比重复抽样需要的样本单位数少些。

（5）抽样的组织形式。采用类型抽样和等距抽样比简单随机抽样需要的样本单位数目少些。此外，根据调查经验，调查表的回收率或访问的成功率高低也是影响样本的因素。在回收率低的情况下，应适当加大样本数目。

4.3.2 样本量的确定

比较客户关于绝对误差 $|\hat{\theta}-\theta|$ 不允许超过允许误差 d，而且概率保证程度不低于 $1-\alpha$ 的要求：$P\{|\hat{\theta}-\theta|\leqslant d\}=1-\alpha$ 和正态分布性质 $P\{|\hat{\theta}-\theta|/[V(\hat{\theta})]^{\frac{1}{2}}\leqslant\mu_\alpha\}=1-\alpha$，可以看出，要同时满足这两个要求，就必须保证

$$d=\mu_\alpha\times[V(\hat{\theta})]^{\frac{1}{2}} \quad 或 \quad V(\hat{\theta})=\frac{d^2}{\mu_\alpha^2}$$

而 $V(\hat{\theta})=\dfrac{1-\dfrac{1}{N}}{n}s^2$。式中，用 $\dfrac{d^2}{\mu_\alpha^2}$ 代替 $V(\hat{\theta})$，容易发现，样本容量 n 与 d 和反映总体分散程度的 s^2 有关。这样，由于 d 和 μ_α 都是事先规定或约定的，属于已知条件，所以如果能够根据以往研究结果或其他知识粗略估计 s^2，就可据此估算出样本容量。事实上，人们基本就是采用这个方法在抽样之前就确定了样本容量 n 的，其公式如下。

放回简单随机抽样：$n = \left(1 - \dfrac{1}{N}\right) \dfrac{\mu_\alpha^2 s^2}{d^2}$

不放回简单随机抽样：$n = \dfrac{1}{\dfrac{1}{N} + \dfrac{\mu_\alpha^2 s^2}{d^2}}$

当 N 很大时，上述两种场合的样本容量可近似取为 $n = \dfrac{\mu_\alpha^2 s^2}{d^2}$。

s^2 的估计方法有四种：参照时间不久的经验或研究结果；参照本次调查预试验或调查的结果；参照本次调查先期的结果，有时调查一半即可知道原定样本容量是否合适，可考虑修正方案，调整样本容量的大小；根据某种先验理论，例如，在以估计比例为目的的抽样调查里，方差往往取最大值 0.25。不过，需要注意的是在经费允许时，n 的取值应坚持保守主义原则，尽量大一点，以便留有余地。

4.4 本章小结

（1）普查是对调查对象的全部单位（即总体）所进行的逐一的、无遗漏的调查。抽样调查只对调查总体中的部分元素或单位（即样本）进行调查。在市场调研与预测中，抽样调查比普查更经常被采用。普查和抽样调查在获得数据的准确性上，并无绝对的优劣之分。普查虽然不存在抽样误差，但却存在非抽样误差。当普查工作组织得比较乱时，由于会出现较大的非抽样误，所以普查获得的数据不一定比抽样调查获得的数据准确。

（2）抽样调查分为随机抽样和非随机抽样，即概率抽样和非概率抽样。常用到的抽样调查概念有：总体与样本、样本容量与样本个数、总体指标与样本指标、样本框、重复抽样与不重复抽样。抽样程序可以分为定义总体、确定抽样框架、确定抽样单位、确定抽样方法、确定抽样容量、制订抽样计划和选择样本七个步骤。

（3）随机抽样（stochastic sampling）又称概率抽样，是指抽样调查时每个总体单位都具有同等被抽中的可能性。随机抽样主要有简单随机抽样、等距抽样、分层抽样、整群抽样和多阶段抽样。

（4）非随机抽样（non-ability sampling）也称非概率抽样，它不是根据被调查总体中的每一个单位被抽到的可能性相等的原理抽取样本，而是调查人根据自己的主观选择抽取样本，即调查总体中每一个单位被抽取到的可能性是不相等的。非概率抽样包括方便抽样（convenience sampling）、配额控制抽样（quota sampling）、判断抽样（judgment sampling）和雪球抽样（snowball sampling）等具体方法。

（5）抽样调查的样本量取决于被调查对象标志的差异程度、允许误差（又称极限误差）数值的大小、调查结果的可靠程度、抽样的方法及抽样的组织形式。

案例分析

（一）某市私人轿车的潜在用户调查

某公司要估计某市私人轿车的潜在用户。因为私人轿车的消费同居民收入水平密切相关,所以以家庭收入为分层的基础。假定某市居民户即总体单位数为 2000000 户,已确定样本数为 2000 户,家庭收入分高、中、低三层。其中,高收入的家庭户数为 200000 户,占总体单位数的 10%;中等收入的家庭户数为 600000 户,占总体单位数的 30%;低收入的家庭户数为 1200000 户,占总体单位数的 60%。如果采取分层比例法抽样,各层应抽出的样本数目是多少呢?

已知 $N=2000000$,$n=2000$,$N_1=200000$,$N_2=600000$,$N_3=1200000$。根据分层比例抽样公式:$n_i=\dfrac{N_i}{N}\times n$,有

$n_1=10\%\times 2000=200$

$n_2=30\%\times 2000=600$

$n_3=600\%\times 2000=1200$

因此,本调查应从高、中、低收入家庭分别抽取 200,600 和 1200 户作为样本。

(二)零售商与供应商之间依赖关系的实证研究

随着改革开放的不断深入,中国的营销渠道领域发生了深刻的变化,"三多一少(多种所有制形式、多种经营方式、多渠道、少环节)"的流通体制正在形成,渠道成员之间也演变为基于各自利益的互惠互利合作关系。不过,这也带来了渠道成员之间的矛盾与冲突。营销渠道中零售商与供应商之间的行为互动问题已经现实地摆在我们面前。

本文以零售商与供应商之间的依赖关系为研究的切入点,应用调查所得数据,采用量化方法进行分析,回答下述三个问题:第一,零售商或供应商的实力会怎样影响对方对它的依赖?第二,在多大程度上,零售商与供应商对于彼此依赖的感知是一致的?第三,对彼此依赖感知上的差异会不会导致它们行为上的差异,如更多的摩擦或冲突?

……

分析:

本文以西安市百货公司与其供应商的关系为研究对象。根据研究课题的性质,我们首先与西安市 10 家较大的百货公司接触,其中 6 家同意参与调查。然后,根据百货公司提供的名单,我们将事先设计好的问卷分发给店内的供应方代表,请他们填写。发出 352 份问卷,收回 227 份。因为匿名填写问卷会使应答者更真实地表达自己的态度,也会提高问卷的回收率,所以为了整个研究项目能够获得较高质量的数据,我们在问卷中没有强迫应答者填出自己所代表的供应商,只是在问卷末尾请他们在不介意的前提下写出自己公司的名称。64 份问卷给出了企业名称,成为本文可以使用的样本。

针对这 64 家供方企业,我们又设计了一份简化的问卷,要求 6 家百货商店的有关负责人针对这 64 家供方企业回答问卷上的问题,我们则记录下他们的答案。由此,我们得到了64 组对偶观察值。

(三)购物中心问卷调查抽样行为守则

本调查要研究的问题是:(1)购物中心的顾客都是什么群体?(2)不同顾客群体间的惠顾行为都有什么差别?(3)最重要的是,哪些因素对他们的购买行为有显著影响?参与本调查的同学要严格遵守以下行为守则。

1. 访问时间：2024 年 3 月 20 日—2024 年 4 月 20 日。

2. 访问地点：上海恒隆港汇广场购物中心出口。

3. 我们只访问离开上海恒隆港汇广场购物中心的人。

4. 我们只访问 18 岁以上(看样貌决定)的人。

5. 每第十个步出出口的顾客,若符合要求(第 2、3 点),便上前访问。

6. 最好能出示学生证。

7. 如对方拒绝受访,数十人再邀请。

8. 如访问中途对方有意中断,先告诉对方调查只要几分钟就完成。如被访者坚持离开,说声"对不起"或"多谢"让对方离开。

9. 如有些问题被访者不想回答,说声"没关系",然后继续问其他题目。

10. 因购物中心是公共场所,所以不要有干涉他人的行为。

11. 总之要有礼貌。有些拒绝受访的人态度很恶劣,但也要以平常心对待。

12. 第一天工作后,请用电话告知当天工作所遇到的特别难题。

13. 所有问卷请于 4 月 20 日完成并交回。不能过时。

思考：

1. 要获得一个有代表性的样本,上面的抽样守则有什么问题吗?

2. 若让你为本调查设计一个随机抽样的方案,你会怎样设计?

3. 请从样本代表性的角度评价你自己的设计。

第5章 服装市场调研资料的审核、整理与分析

【知识目标】
1. 服装市场调研资料的审核。
2. 服装市场调研资料的整理。
3. 服装市场调研资料的分析。

【能力目标】
1. 掌握服装市场调研资料的审核内容与方法。
2. 掌握服装市场调研资料的整理内容与流程。
3. 掌握服装市场调研资料的分析原则与方法。

市场调研资料处理既是市场调研人员的一种思维活动和信息工作,也是一种投入产出的工作过程。在这一过程中,不但要耗费市场调研人员大量的智力劳动,需要投入大量的财力、物力,还要投入各种软件,采用科学的方法、程序和技术,对各种第一手资料和第二手资料进行加工处理,使之加工成为更实用、价值更高的信息。服装市场调研资料的处理一般分为市场调研资料的审核、市场调研资料的整理及市场调研资料的分析三个阶段。

5.1 服装市场调研资料的审核

5.1.1 服装市场调研资料审核的含义与目的

1. 服装市场调研资料审核的含义

服装市场调研资料审核是指在着手整理市场调查资料之前,对需要整理的原始资料进行认真审查和核实的过程。

2. 服装市场调研资料审核的目的

服装市场调研资料审核是保证市场调查工作质量的关键,是资料整理过程中不可忽视的重要一环。资料审核的主要任务是解决调查资料的真实性和合格性问题,目的在于为进一步整理和分析研究打下基础。为了保证资料分类(组)和汇总的正确,在资料收集工作完成后,必须对每项资料进行严格的审查和核实。如果原始资料中有错误,就要通过审核加以排除或修正,不然就会导致错误的结论,影响调查研究的科学性。

5.1.2 服装市场调研资料审核的内容

市场调查资料审核的内容主要包括及时性审核、完整性审核、正确性审核、数据资料相关性审核和数据资料变化规律的审核。

1. 及时性审核

及时性审核是看各被调查单位是否都按规定日期填写和送出,以及填写的资料是否为最新资料。现代市场活动节奏越来越快,只有代表市场活动最新状态的市场信息才是使用价值最高的信息,切勿将失效、过时的信息引入决策中。此外,要剔除不必要的资料,把重要的资料筛选出来。

2. 完整性审核

完整性审核是看应该包括的被调查单位是否都包括了,调查表内的各项是否都填写齐全。如果发现没有答案的问题,可能是被访者不能回答或不愿回答,也可能是调查人员遗忘所致,应立即询问,填补空白问题。如果问卷中出现"不知道"的比重过大,就会影响调查资料的完整性,应适当加以处理说明。此外,应注意确保调查表中的资料清楚易懂。

3. 正确性审核

正确性审核,又称真实性审核,它主要是看调查资料的口径、计算方法、计量单位等是否符合要求,然后剔除不可靠的资料,使资料更加准确。例如,调查人员在审核调查问卷时,可能发现某一被访者的回答前后不一致,或者一个资料来源的数字与后来从其他资料来源收集的数字不一致等,这就需要调查人员深入调查,探询原因,或调整资料,使之真实、准确。由此可见,要做好市场调查资料的审核工作,审核者应当了解市场营销业务和市场调查业务,熟悉市场调查项目、指标含义、计算方法和资料审核方法。

4. 数据资料相关性审核

从不同渠道取得的相同数据资料之间有联系;从不同渠道取得的不同信息,或从相同渠道取得的不同信息,以及相同渠道取得的相同信息之间也有内在联系。信息数据资料的审核分析工作就是要从中找出其内在联系,使数据资料起到举一反三的作用。

5. 数据资料变化规律的审核

在不同时间取得的信息资料会出现各种差别。长期集中资料就会发现这种变化是有规律的,对数据资料的审核分析就是要找出其变化的规律性。市场信息的变化规律有三种类型:一是波动性变化规律。例如,有些商品的销售在一定时间内出现高低波动,这种波动与自然季节或社会季节有关,并呈现周期性变化,这就是季节性波动规律。二是趋势性变化规律。例如,某商品因外界因素的变化,其销售量呈现上升或下降的趋势。三是不规则变化规律。有些数据资料变化的方向、内容无规律可循,但在一段时间内一定会出现这样的情况却是有规律的。分析市场资料变化的规律就是要找出引起变化的原因,并通过对规律的掌握来把握趋势变化的转折点。

5.1.3 服装市场调研资料审核的主要方法

1. 逻辑审核

这是根据调查项目指标之间的内在联系和实际情况对资料进行逻辑判断,看是否有不合情理或前后矛盾的情况。例如,产品成本的升降总是和占成本比重很大的主要原材料、燃

料、动力等消耗相联系的,若企业报送的资料中反映成本显著下降,而主要原材料、燃料、动力等消耗升高,这就存在矛盾,需要进一步查校。又如,一张调查表中年龄 13 岁,而婚姻状况却填"已婚",其中必有一项是错误的。总之,从回答得是否合理可以看出答案的准确与否。

2. 计算审核

这是对数据资料的计算技术和有关指标之间的相互关系进行审查,一般在整理过程中进行。这主要看各数字在计算方法和计算结果上有无错误。常用的计算检查方法有加总法、对比法、平衡法等。例如,对 400 人的收支状况调查进行汇总,如表 5-1 所示。

表 5-1　400 人的收支状况调查

目前收支情况	人口数/人	比重/%
结余较多	30	7.50
略有节余	225	56.25
收支平衡	120	30.00
入不敷出	25	6.25
合计	400	100.00

人口数的合计为 400 人,如果合计多于或少于 400 人,说明在汇总时存在错误,必须重新查找。又如,一张表的进销存资料不平衡,其中一定有错误。有时各项有关数字之间虽然平衡,但数字不一定都准确,这就需要经验、知识和对有关情况的了解。对于从抽样调查得来的资料,首先要注意样本的抽取是否遵守了随机原则。此外,有些资料是用不同计量单位或价格单位计算的,对此必须折合成标准单位(或相同单位)才能比较。

3. 经验审核

经验审核就是根据已有经验,判断数据是否真实、准确。例如,如果被访者的年龄填为 132 岁。根据经验判断,年龄填写肯定有误。又如,某杂货店营业面积 300 m²,根据经验,这样的营业面积肯定与事实不符。在市场调查资料审核时,应注意以下三个问题。

(1)开始时间。审核工作应在资料搜集工作结束后立即开始,因为这时调查人员刚刚完成调查过程。如果发现错误,可以及时纠正,并采取必要补救措施,越早消除资料中的错误,对后期的资料分析工作越有利。

(2)稽查准确性。直接、及时地与信息源取得联系,核对得到的市场信息资料的准确性,以判断传递过程中是否有失误。

(3)实际调查中再审核。除了在整理资料时进行审核外,更重要的是在实地调查时由调查人员及时进行审核,标明资料的可靠程度,如可信的、可以参考的、不可信的等。在利用资料时,特别是具体引用资料时,可酌情加以处理。

5.1.4　服装市场调研资料审核的基本步骤

访问调查的审核工作一般包括两个阶段:实地审核和中心办公室审核。

实地审核属于初步审核,一般包括调查员审核和实地督导审核。调查员在调查结束后应及时审核问卷,检查其完整性、正确性、一致性,以及是否清楚易懂。如果被访者对于某项问题无回答,则应注明原因。实地督导审核应在收到问卷后立即开始。其主要目的是检查数据是否有比较明显的遗漏与错误,并且通过审核,有助于控制调查员误差,可以及时发现并纠正他们对调查程序或具体问题的误解。

我们以最常见的问卷调查的中心办公室审核为例,简单介绍接收核查和编辑检查。

(1) 接收核查。从不同地区、不同调查员交回的问卷,都应该立即登记和编号,尤其对于大规模的调查,更应做好登记和编号工作。一般负责接收问卷的人员要事先设计好登记表格,上面列有调查员姓名和编号、调查地区和编号、调查实施的时间、交付的日期、实发问卷数、上交问卷数和问卷编号、未答或拒答问卷数、丢失问卷数、其他问卷数及合格问卷数等。回收的问卷应分别按照不同调查员和不同地区(或单位)放置,问卷表面应写有编号或注明调查员和调查地区等。否则,大量的问卷混在一起,容易丢失,而且不易查找。

接收问卷时对所有的问卷都应检查一遍,将无效的或不能接受的问卷剔除。无效的问卷主要指以下七种情况。

① 回答不完全,即有相当多的问题没有填写答案。

② 被访者没有理解问卷的内容而错答问题,或没有按照指导语的要求回答问题。例如,要求跳答的问题没有按要求去做,单选题却选择多个答案等。

③ 回答没有什么变化的问卷。例如,在 7 级的态度量表中,不管是正向的看法还是反向的看法,被访者的回答全是 4。

④ 缺损的问卷,即有一页或多页丢失或无法辨认的问卷。

⑤ 在截止日期之后回收的问卷。

⑥ 由不属于调查对象的人填写的问卷。例如,在一项药品市场调查中,调查对象是患有某种疾病并曾经进行过治疗的人,因此没有患有此项疾病或患有此项疾病但没有治疗过的人填写的问卷都属于无效问卷。

⑦ 前后矛盾或有明显错误的问卷。例如,年龄为 20 岁,工龄却为 30 年。

对于配额抽样的调查,各层要抽取的样本数已定,所以在接收问卷时应弄清属于哪层,并计算各层回收的问卷。如果某些层的回收问卷数与定额相差太多,则可能要进行补充调查。例如,某项关于高档消费品的抽样调查中,事先要求家庭人均月收入高于 2000 元,使用过此高档消费品的被访者至少有 150 人,调查对象是从随机抽取的街道居委会的居民户中等距抽取的,结果在回收问卷时发现该类被访者数明显低于配额,因此,在数据处理前应及时对该类居民专门进行补充调查。

(2) 编辑检查。编辑检查是对问卷进行进一步的更为精确的检查。主要检查的仍是回答的完整性、准确性、一致性,以及是否清楚易懂等。例如,北京市某消费品市场调查中,某被访者的家庭人均月收入仅 500 元,却经常在燕莎、赛特等高档商场购物。又如,某个题目的答案圈在 2 与 3 之间,让人难以确定是 2 还是 3。对于检查出来的无法令人满意的问卷,常用的处理方法为退回实地重新调查、视为缺失数据或者放弃不用。

退回实地重新调查,即把不满意的问卷退回去,让调查人员再次调查原来的被访者。这种处理方法主要适用于规模较小、被访者很容易找到的商业或工业市场调查。但是,调查的时间不同,调查的方式不同(例如,原为面访调查,第二次调查可能只通过电话询问),都会影响二次调查的数据。

视为缺失数据,即在无法退回问卷时,把令人不满意的回答作为缺失值来处理。这种方

法主要适用于：

① 有令人不满意的问卷数较少时。

② 这些问卷中令人不满意回答的比例很小。

③ 有令人不满意回答的变量不是关键变量。

放弃不用，即简单放弃有令人不满意的回答的问卷。这种方法主要适用于：

① 有令人不满意回答的问卷比例很小(低于 10％)。

② 样本量很大。

③ 有令人不满意回答的被访者与令人满意的被访者在人口特征、关键变量等分布没有显著差异。

④ 准备放弃的问卷中令人不满意回答的比例较大。

⑤ 对关键变量的回答是缺失的。

但是，如果有令人不满意回答的被访者与令人满意的被访者在人口特征、关键变量等方面的分布存在显著差异，或者判断一份问卷是否令人满意是主观的，简单放弃有令人不满意回答的问卷也可能产生系统偏差。因此，如果调研者决定放弃一些问卷，则应当在报告中说明放弃的问卷数量，以及判别这些问卷的程序。

5.2 服装市场调研资料的整理

5.2.1 服装市场调研资料整理概述

1. 服装市场调研资料整理的内涵

服装市场调研资料的整理就是运用科学方法，对调查所得的各种原始资料进行审核、校验和初步加工综合，使之系统化和条理化，从而以集中和简明的方式反映调查总体情况的工作过程。例如，我们要了解整个社会商品零售额的增长情况，不能只看个别单位商品零售额的变动，必须把所有单位的商品零售额通过分组整理，才能研究社会商品零售额的发展情况。任何资料如果不经过科学的整理，就不可能进行科学分析，就不能得出正确的结论。资料加工整理得好，会使综合资料十分丰富，能说明更多的问题及事物的内在联系。

2. 服装市场调研资料整理的意义

(1) 服装市场调研资料整理是对原始资料的系统整理。通过市场调研取得的原始资料都是从各个被调查单位搜集来的、零散的、不系统的资料，只是表明各被调查单位的情况，不能说明被研究总体的全貌和内在联系。而且，搜集的资料难免出现虚假、差错、短错、冗余等现象。因此，只有对这些原始资料去粗取精、去伪存真、由此及彼、由表及里，才能保证资料的真实、准确和完整。在此基础上进行加工整理，才能进一步分析研究，达到深刻认识事物本质的目的。

(2) 服装市场调研资料的整理是市场调研工作分析的前提条件。市场调研资料的科学整理，是在整个市场调查研究中不可缺少的一个重要环节。未经处理的信息资料由于比较杂乱、分散，所以其使用价值有限。资料处理能大大提高市场信息的浓缩度、清晰度和准确性，从而大大提高信息资料的价值。在信息资料的处理过程中，通过调研人员的智力劳动，创造性思维，使已有的信息资料发生交互作用，从而有可能产生一些新的信息资料。通过资料的整理,使市场调查分析更加准确、系统、方便和快捷。

(3)市场调研资料的整理有利于发现工作中的不足。在市场调研工作的各个阶段,各具体环节,都会出现计划不周或工作中的偏差等问题。比如,对市场调研问题的定义可能并不十分全面;对市场调研的设计可能忽视了某些工作;信息资料的收集可能存在遗漏或者收集方法的欠缺等。这些问题有可能在实施过程中,通过检查、监督、总结等活动被发现,并加以纠正。但是,很难避免有些问题未被人们所发现,在信息加工处理过程中,往往能发现一些问题,通过及时反馈,就能够采取措施,对存在的问题加以纠正,对已经产生的不良后果加以补救。

3.服装市场调研资料整理的要求

资料处理作为市场调研的重要组成部分,必须符合以下基本条件。

(1)要树立正确的观念。人的行为总是在一定的观念指导下进行的。所有市场调研人员和信息资料加工处理人员树立正确的观念是保证资料处理有效进行的首要条件。要树立现代信息观念,明确市场信息工作的原则和要求。要树立实事求是,一切从实际出发的观念。市场信息工作一定要实事求是,如实反映客观实际情况。资料处理必须以客观存在的信息资料为基本依据。要坚决反对弄虚作假、欺上瞒下等十分错误的做法;也要反对主观臆断、凭空想象、道听途说、捕风捉影、添枝加叶、以偏概全、七拼八凑、张冠李戴等行为;要避免"大致""估计""可能"等粗枝大叶、浅尝辄止的作风。此外,还要树立时间观念、市场观念、竞争观念、服务观念、质量观念、效率效益观念等现代经营管理人员必须具备的观念。

(2)要有高素质的资料处理人员。信息资料的处理与分析是一项专业性、技术性很强的工作。它对信息处理分析人员的要求很高。一个称职的资料处理分析人员,除了应具备一个现代经营管理人员所必须具备的政治思想方面的素养、文化知识方面的素养、经营管理方面的素养、道德品格方面的素养、性格风度方面的素养和强健的体质外,还必须具有高度的敏感性、广博的知识、广泛的兴趣、较高的综合分析能力、严细的作风,要有较深的市场经济知识,懂得现代信息科学的有关知识,掌握一定的现代信息处理技术和方法。一般而言,要有专职人员承担市场信息的处理分析工作。

(3)要有健全的制度。资料处理分析的制度化对保证处理分析工作有效进行具有重要意义。资料处理的规章制度必须完备,形成体系。不但要明确资料处理分析人员的职责,还要有严格的检查考核、奖惩方面的规章制度。不但要有处理分析业务工作的规则、程序,还要有明确的质量、时间、保密等方面的要求和规定,确保资料处理的各个方面,各个环节的工作都处于规章制度的范围之内。规章制度除了要求完备外,一旦制定,还必须严格执行,保证其严肃性。

(4)要有科学的工作标准。信息资料的处理分析是一项技术性与科学性很强的工作,如果没有科学合理的工作标准,最终形成的信息资料将会失去应有的价值,甚至给使用者造成危害。为此,必须根据信息资料不同类型、不同特点,以及企业对信息的使用要求,确定加工处理中涉及的各种科学标准。

(5)要有科学、认真、高效的工作态度。信息资料的处理分析是一项烦琐、复杂的工作,有了健全的制度、科学合理的标准,还必须有科学、认真、高效的工作态度,只有如此,才能保证信息资料处理的数量和质量,进而保证整个市场调研工作的高效和高质。

5.2.2 服装市场调研资料整理的程序与内容

1. 服装市场调研资料整理的程序

资料处理是由一系列具体工作组成的过程。这些具体工作既互相独立，又互相衔接互相关联。调查数据的整理主要依据调查资料的整理方案（在市场调查的设计阶段编制）进行。

通常，服装市场调研资料整理过程包含五大部分的工作，每一部分中又可细分为数量不等的具体工作，如图 5-1 所示。

尽管数据实地收集过程可能还没结束，但只要首批问卷从实地返回，就应立即进行数据整理工作。这样做的好处是：如果当时发现问题，就可对数据的实地收集工作，及时采取措施进行更正。

2. 服装市场调研资料整理的内容

（1）现场控制。现场控制是指在市场调研的信息资料收集之时对收集工作的监控和对某些信息资料的处理与分析工作。现场控制的主要目的是尽可能地减少在市场信息收集阶段出现的各种偏差和错误资料，提高所收集到的资料的准确性。

市场调研中的资料收集方法有多种。每种方法均有可能因各种主客观原因导致信息资料的失实、偏差，甚至谬误。现场控制通常以督导市场调研与预测人员恪尽职守，严格执行工作规范和标准，以科学的

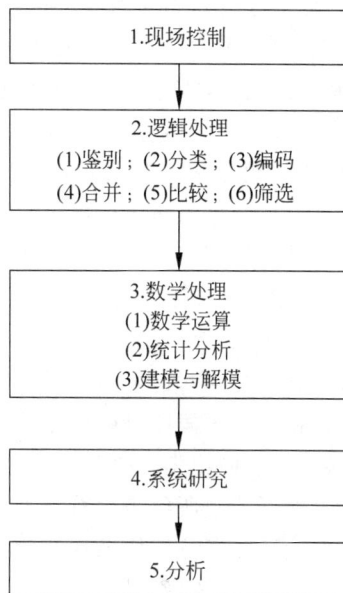

图 5-1　资料处理的一般过程

态度与方法进行市场信息的收集等形式来达到防范错误的出现。另一种办法是对收集到的信息当即进行检查分析，以便及时发现问题，并采取对策加以解决。

对第一手资料的调查，由市场调研与预测人员在一项直接调查活动结束后立即进行某种处理与分析是十分必要的。如果该项调查是由单个调研人员进行的，他（她）应在调查刚结束时立即对收集到的资料进行整理。由于调查的时间限制，当场的记录通常不甚完整，并有可能采用许多符号或简化语，及时整理，因记忆清晰，可以补充遗漏，规范记录，减少日后可能引起差错。如果是由几个调研人员共同进行的调查，在调查结束时及时集体讨论，完善所收集的资料，收效将会更大。

（2）逻辑处理。逻辑处理是指对信息资料进行的只涉及形式而不涉及内容上的某些加工工作。它主要包含六类具体的工作。

① 鉴别。鉴别是对信息资料的真实性、准确性、系统性、适用性等所做的判断和结论。鉴别相当于工业生产质量管理中对成品的监测、检验。信息资料的处理与分析过程相当于工厂的生产过程，为保证最终形成的信息资料的质量和价值，必须加强对各种信息资料的鉴别。

从信息资料处理与分析的要求看，鉴别的内容应包括真实性鉴别，即检验信息资料的真伪；准确性鉴别，即判断信息资料的精确程度；系统性鉴别，即确定信息资料的完整程度；

适用性鉴别,即检测信息资料的适用程度和价值大小。

从鉴别的对象看,鉴别的内容包括用材鉴别,即对各种市场调研与预测活动收集所得的初始资料的鉴别,以保证用作处理与分析的信息资料的质量;方法鉴别,即对信息资料的处理与分析方法的鉴别,避免方法不当引起处理出来的信息质量不高;成品鉴别,即对处理与分析后形成的信息资料进行鉴别。

② 分类。分类是根据市场调研的目标和要求,按照一定的标准和口径,对所收集的信息资料分别进行归类的加工工作。由于市场调查所得的信息资料十分烦琐复杂,对它们按其性质、特点、用途等分门别类地加以区别,同其所同,异其所异,具有十分重要的作用。分类有利于人们更清楚地认识各种资料的内容;有利于有效地管理和查找利用各种资料;有利于形成系统化的信息资料,便于加工处理和使用。分类不仅可以把性质、特点、用途相同的信息资料集中在一起,而且能把相关的信息资料连接在一起,从而形成系统化的信息资料,为进一步的处理与分析提供有利条件,亦有利于使用。

信息资料的分类,要根据市场调研项目的特点,实际工作的需要进行。分类的关键之一也是分类的第一步工作是确定分类的依据或标准。通常,除了可把信息资料的性质、特点、用途等作为分类标准外,亦可把内容、时间、地点等作为分类标准。标准一经确定,即可把相同的信息划归一类,这个类叫母项(又称上位类),在母项下划出来的各个组叫子项(又称下位类)。在子项下面还可以根据信息资料的另外特点进一步划分成若干小类。由一类分出来的各类称为同位类,它们在某一特点上(即上位类所代表的特点上)是相同的,而在另一些特点上(即下位类所代表的特点上)是不相同的。因此,各类之间应是互相排斥的。这样分层展开,就形成了分类体系。在这一体系中,信息资料根据它们的特点,以相同、不同及部分对于总体的依存关系来表示和概括客观事物,这就有利于人们对事物的认识。通常,要求按上述原理精心设计信息资料的分类表。

设计出分类表后,即可对各种具体的信息资料进行分类操作。这一工作通常由三个步骤组成。第一步是资料的辨类。需要归类的信息资料,先要进行辨类。通过正确的辨类,确保各种信息资料能准确地编入它们应当编入的类别,防止漏编或错编。第二步是资料的归类。这就是把各种信息资料归入适当的类别。这一步工作要求严格按分类的标准和辨类的结果,对号入座。第三步是对某些资料进行互见、分析、参照的处理。当对某些信息资料,例如,只按一个主题归类,不能充分发挥资料的使用价值时,可采用互见、分析、参照的处理办法。互见是重复反映,即将一种资料分成两类或更多的类;分析是将资料的一部分内容,反映在有关的另一个或几个类别;参照是对类与类之间的从属、相互联系和相互补充关系加以说明和引见。

③ 编码。编码是指将各种类别的信息资料用代码来表示的过程。代码是用来代表事物的记号,它可以用数字、字母或特殊的符号,或者它们之间的组合来表示。编码与分类紧密相连,它是一项重要的工作,特别是在运用计算机管理的情况下,由于计算机是通过代码来识别事物的,所以编码是必不可少的环节。编码具有重要的功能。一是为各项信息资料提供一个概要和清楚的认定,便于储存和检索;二是可以显示信息资料单元的重要意义,并能协助资料的检索和操作;三是有利于信息资料处理的效率和精度,节省处理费用。

④ 合并。合并是指对某些性质相同、内容相似的信息资料进行合并。在许多情况下,合并能起到精简信息资料的数量,提高其质量的作用。但是,合并必须合理,必须以不影响

信息资料所反映的内容和使用为前提。

⑤ 比较。比较是指对不同信息资料的适用性和价值大小等所做的对比。市场调查所获得的信息资料通常很多,各自的适用性和价值存在差异,通过比较,可以发现它们之间的差异,从而区分优劣。

⑥ 筛选。筛选是指在鉴别和比较的基础上,选择那些适用性强、价值大的信息资料,淘汰那些不适用、无价值,以及一些没有必要保存的适用性差、价值小的信息资料。筛选是信息资料处理中的基本工作,但筛选必须认真、仔细、慎重,防止出现把一些有用的信息资料删除掉,或留下不适用、无价值的信息资料。

(3) 数学处理。数学处理是指对信息资料所做的定量运算、分析和处理。它大致包括三方面的工作。一是数学运算。它主要对那些定量化的市场信息数据,根据需要所进行的各种数学计算,如加、减、乘、除,求极值等。二是统计分析。它是根据统计学原理,运用统计方法,对有关信息资料进行计算,如计算平均数、中位数、概率分布等。三是建模与解模。它是根据所调研事物的内在关系和发展规律,建立相关的数学模型,并通过解模运算,得出某些预期的结果。

数学处理对市场调研的资料处理几乎都是必不可少的。数学处理有难易之分,有的项目所涉及的数学处理比较复杂,这就要求处理分析人员必须具备较高的数学处理知识和能力。

数学处理的结果,往往能形成新的信息资料,能揭示事物的发展趋势和规律,有利于人们更深刻更全面地认识客观事物。所以,每个市场调研者均必须高度重视数学处理工作。

(4) 系统研究。系统研究是在充分掌握各种信息资料的前提下,运用系统观点思维推理,对所研究的问题进行全面的科学的研究,以得出正确的结论。系统研究不是孤立地分析每一个信息资料,而是从总体上,把各种信息资料联系起来加以考察。其原则是将内部因素与外部因素相结合,局部因素与全局因素相结合,历史因素与现状和未来趋势相结合,静态与动态相结合,定性与定量相结合。

系统研究既要重视和采用分析的方法,即把研究对象的整体分解为各个部分,从中认识事物的基础或要素的方法,更要重视和采用综合的方法,即把各种相互联系的个别资料联合成一个统一整体加以考察,然后找出事物的结构和本质的方法。系统研究还要采用辩证思维的方法,以正确认识客观事物。

通过系统研究,找出事物之间的联系和发展的内在规律,得出准确、科学的有用信息。这是一种高水平的处理与分析,是信息加工处理人员原有知识、经验和各种信息资料相结合,运用创造性思维等智力活动的过程。

(5) 编写报告。编写报告是指对经过处理与分析后形成的信息资料按要求的格式规范写作成文。编写通常有以下几种形式。一是原文转发。当收集到的资料的内容和形式都符合要求时,无须修改,可以原文转发。二是文字压缩。例如,资料的内容不错,但文字太长,叙述烦琐,则需进行文字压缩,使其简明扼要。三是重新改写。当资料的内容重要,但格式不符合规范要求时,需重新改写。四是对经处理与分析后形成的新的信息资料的编写。

报告编写时信息资料要符合以下基本要求。

① 简明。编写的信息资料必须十分简明,为此,要注意尽可能地用图表、数据等形式,以书面文字表达的信息资料要力求简洁明了。

② 准确。编写的信息资料要十分准确地反映客观事物。不但资料反映的对象要清楚,观点鲜明,内容、时间、地点等也要准确无误。不但文字表达准确,各种数据运用、图表等也必须准确。

③ 科学。不但信息资料的编写要科学,即格式规范,文法修辞符合要求,信息资料载荷的内容也要符合事物的本来面目。

④ 统一。信息资料的编写要有统一的格式规范,统一的标准,统一的口径。

5.2.3 服装市场调研资料整理的数据编码

处理资料时面临的第一个问题是如何准确地录入资料。这要求把文字资料转化成数码形式的数据。编码就是将资料信息转化为统一设计的计算机语言可以识别的代码,以便对资料进行整理和分析过程。具体来说,编码就是对一个问题的不同回答进行分组和确定数字代码的过程,是对一个问题的不同答案给出一个计算机能够识别的数字代码的过程。在同一道题目中,每个编码仅代表一个观点,然后将其以数字形式输入计算机,将不能直接统计的文字转变成可直接计算的数字,将大量文字信息压缩成一份数据报告,使信息更为清晰直观,以便对数据进行分组和后期分析。

1. 问卷编码的内容

问卷编码工作是问卷调查中不可缺少的流程,同时也是数据整理汇总阶段重要而基本的环节,主要包括以下三个方面的内容。

(1) 问卷代码编码。问卷代码编码是指对于每一份问卷设立一个唯一的代码。例如,一份问卷的代码为"2160608",开头的代码"2"表示北京大学,下面两个数字"16"代表具体班级,再后面"06"代表调查人员的编号,最后两位"08"表示为调查员在这个班级收到的第 8 份问卷。问卷代码编码的目的是在问卷分析中发现异常数据可以核对原始问卷查看数据异常产生的原因,以便对数据进行正确处理。

(2) 封闭式问题的编码。大多数问卷中的大多数问题是封闭式的,并且已预先编码。这意味着调查中一组问题中的不同数字编码已被确定。封闭式问题都是事前编码,由于单项选择题与多项选择题编码方式不一样,单项选择题编码方式比较简单,故此处仅介绍单项选择题的编码方式。

常用的封闭式问题编码方法有以下两种。

① 顺序编码法。顺序编码,即用某个标准对问卷信息进行分类,并按照一定的顺序用数字或字母进行编码的方式。比如,调查消费者月收入的项目把不同消费的家庭分为五个档次,然后用 1~5 分别代表从低到高的五个档次,如下:

1 小于 1000 元
2 1001~3000 元
3 3001~5000 元
4 5001~7000 元
5 大于 7000 元

② 分组编码法。分组编码法,即根据调查对象的特点和信息资料分类及其处理的要求,把具有一定位数的代码单元分为若干组,每个组的数字均代表一定的意义。所有项目都有着同样的数码个数。例如,对目前在校大学生进行一次关于使用信用卡意向的调查,相关

的信息包括性别、类别、月消费、使用意向四项。用分组编码法进行编码如下：

性别	类别	月消费	意向
1＝男	1＝本科生	1＝小于 300 元	1＝已有卡
2＝女	2＝硕士生	2＝301～500 元	2＝准备使用
	3＝博士生	3＝501～800 元	3＝不准备使用
		4＝801～1200 元	4＝无意向
		5＝1201～2000 元	
		6＝2000 以上	

若编码为 1241 就表示为一名男性硕士研究生,每月消费在 801～1200 元,并且他已经拥有信用卡。分组编码容易理解记忆,但是如果数位过多,势必造成数据处理和系统困难。

在 SPSS 软件中,问卷编码一般采取一个问题对应于一个变量,单个进行编码。总之,对于属性水准的答案就需根据分类来编码,对于数量水准的答案一般选的知识多少就填多少。

(3) 开放式问题的编码。与封闭式问题不同,开放式问题只能在资料收集好之后,再根据被访者的答复内容来决定类别的指定号码,适宜采用事后编码。对于开放式问题的事后编码,它所依据的不应该仅是答案的文字,更重要的是这些文字所能反映出来的被访者的思想认识。这项工作可以遵循下述步骤进行。

① 列出答案,即将所有答案都一一列出。在大型调研中,这项工作可以作为编辑过程的一部分或单独的部分完成。

② 将所有有意义的答案列成频数分布表。

③ 确定可以接受的分组数。此时主要是从调研目的出发,考虑分组的标准是否能紧密结合调研目的。

④ 根据确定可以接受的分组数,对在第②步频数分布表中的答案进行挑选归并。在符合调研目的的前提下,保留频数多的答案,然后把频数较少的答案尽可能归并成含义相近的几组。对那些含义相距甚远,或者虽然含义相近但合起来频数仍不够多的答案,最后一并以"其他"概括,作为一组。

⑤ 为所确定的分组选择正式的描述词汇。

⑥ 根据分组结果制定编码规则。

⑦ 对全部回收问卷的该开放式问题答案进行编码。

2. 问卷编码时应该注意的几个问题

在进行编码时提出以下六个方面的问题。

(1) 提倡使用统一编码表和对编码表进行测试。无论是开放题还是半开放题,在几道问题或答案内容相同、相近、类似等情况下,将这几道题目采用统一的编码表。这样做既易于控制编码,同时也给后期的数据处理、分析带来很多方便。另外,对于确定的编码表,在正式开展调查前应在小范围内对编码表进行测试,以便对编码表进行修正,并使编码人员充分理解编码表。

(2) 编码的合理性。编码应充分反映调查项目之间的内在逻辑联系,如对本省地市的编码值应该接近,以反映本省地理位置接近这一客观事实,并且在处理和汇总时容易设定条件。在使用数字进行编码时要遵循:能用自然数,绝不用小数;能用正数绝不用负数;能用绝对值小的整数绝不用绝对值大的整数。

（3）编码的广泛性和概括性。它包含两方面含义：①每个答案都可以在最终的编码表上找到合适的对应，否则编码表是不完备的；②最终的编码表应全面涵盖问题设计时所要收集的各个方面的信息，有时候出现频次少但观点特别的回答可能代表一个特定的重要群体，从研究的角度来说包含这类编码也是非常重要的。在确定最终编码表时，可以通过经验判断编码表是否包含了各个角度的回答。

（4）编码的唯一性和排斥性。不同编码值不能表示相同的内容或有重叠交叉。每个答案只能有唯一的编码条目与之对应，不应出现同一个答案对应两个或以上编码条目的情况，否则编码表就不满足唯一性。例如，如果编码表中出现 5——高兴、8——愉快，那么对于"快乐"这个答案就可以编成 5 也可以编成 8。这种情况需要对编码表重新进行归纳。

（5）严格界定回答问题的角度。对于同一个问题，不同的人可能从不同的方面或角度考虑，每一个方面又会有多种有关的观点和事实。例如：对于"您现在的职业是什么？"这个问题，有可能得到就业状态的回答，如全职、兼职、失业、待业等；有可能得到所属行业的回答，如农业、制造业、商业、金融业、教育、艺术等。如果这些答案都出现在同一道问题中，则会给编码工作带来麻烦。比如，统计部门的统计师，既可以编为统计师的代码，也可以编为统计部门的代码，同时它也符合全职的含义，在这种情况下编码工作就不能保证唯一性的要求。此类问题是编码人员无法解决的，要避免这种情况的出现应尽量在正式问卷确定之前根据调查目的调整提问的方式。如果调查目的需要了解一个问题在多个方面属性，则可以将一个问题分为多个问题，每个问题要求从一个方面进行回答。

（6）详略适当。在归纳确认最终编码表的时候，经常会遇到将一些答案归纳在一起还是将它们分开的情况。对于这样的问题要根据研究目的和数据分析上的要求确定取舍。如果问卷的问题是询问事实的，如"您使用什么牌子的洗发水？"，设计人员可能会按研究的要求保留出现频次最高的前 20 个品牌，而将其余归纳为"其他品牌"。如果问卷的问题询问的是观点、意见，如"您为什么喜欢某牌子的洗发水？"，对较分散的答案则不能简单地从频次上确定取舍。对于研究目的来说，即便只有很少的回答者因为"味道"而喜欢一个品牌，也可能是很重要的回答；而过于细致的分类又可能造成分析的不便。所以对这类问题，编码工作是否能做好，取决于设计人员对调查目的的理解程度如何。因此，要想对调查问卷的编码做得科学合理规范，设计人员必须对整个调查的目的有一个详细的了解。

5.3 服装市场调研资料的分析

市场调研资料整理好以后，需要对其进行进一步的分析，这样才能够形成撰写市场调研报告所需要的数据资料。

5.3.1 服装市场调研资料分析的含义及作用

1. 服装市场调研资料分析的含义

服装市场调研资料分析的本质是要把事物、现象、概念分成较为简单的组成部分，找出这些部分的本质属性和彼此之间的关系。市场调研资料的分析就是以某种有意义的形式或次序把收集的资料重新展现出来。分析实际上是告诉人们，每组资料里到底隐藏了哪些有

用的信息,并以恰当的形式表现出来。这种工作一般要求市场调研人员必须具备一定的统计基础知识和技能。

市场调研资料分析是一项综合性很强、内涵丰富的工作。主要包含以下内容。

(1)要对本次调研的核心目的进行分析,确定此次调研分析的方向和最终目的,以及资料分析的重点等情况。

(2)要确定市场调研资料收集的具体方法是否适合调研的总体目标,是否具有针对性。

(3)要对收集资料的可靠性和代表性进行分析。

(4)选用适当的分析方法,对市场调研资料的数据进行分析,总结资料所反映的问题。

(5)得出综合的分析结论。

2. 服装市场调研资料分析的作用

市场调研资料分析的主要作用是揭示调研事物的本质,实现调研目标。市场调研总的目的是针对某一特定的目标,获取相关的实质性信息以帮助决策者做出正确的决策。而这种能够帮助做出正确决策的信息不是调研所得的表面信息,而是通过对市场调研资料的分析,找到调研事物的内在联系、变化趋势和影响程度等深层次的信息。

例如,调研民营企业家对现代企业制度的认识。只有通过对调研资料的分析才能得出如下结论:相当一部分民营企业家对现代企业制度的认识是比较模糊的。表现在(表 5-2)对有限责任公司和个体企业大部分只能分清形式上的区别,而对其本质的差异认识较模糊。并且由于社会传统文化的影响和社会对有限责任保护不力,很多企业家对于现代企业制度的有限责任并不认可。在传统意识中,很多人认为公司比企业规模大,企业一定比个体户大,这些都是认识上模糊的反映。这种模糊认识和社会对有限责任保护不力强烈地制约着民营企业向现代公司转型。

表 5-2 对有限责任公司和个体企业差异的认识

认 识	比例/%
没什么差异,只是名称的不同	9.6
主要是企业规模不同	40.7
企业组织结构不同	67.9
不清楚	3.7

5.3.2 服装市场调研资料分析的原则

1. 针对性原则

针对性原则是指要采用与调研目的、调研资料性质、现有资源相适应的分析方法,对调研资料进行分析。任何一种分析方法,都有各自的优点和不足,各有不同的使用范围和分析的角度。某一种情况可能就需要某一种或几种特定的统计分析方法,所以分析人员就需要准确地把握各种分析方法的特点和作用,将多种与调研目的相匹配的方法组合应用,形成最准确、恰当的方法系统,取长补短,相互配合,从而得出全面和准确的结论。

2. 完整性原则

完整性原则是指对调研资料进行多角度的、全面的分析,以反映和把握调研资料的总体特征。它不是对资料进行局部的分析,而是全面考察各种相关因素的现状和趋势,分析现象之间的关系。

3. 客观性原则

客观性原则是指必须以客观事实和调研的资料为依据进行分析,不能受到外来因素或内部主观倾向的影响。否则,就会使前面各阶段的努力化为乌有,更重要的是可能会误导企业决策者做出背离实际的决策,从而使企业陷入困境。

4. 动态性原则

动态性原则是指对调研资料的分析,不但要分析把握其现状,更要分析把握其变化要注意分析各相关因素的变化特点,用发展的观点、动态的方法来把握问题,从而正确地引导企业的发展。在具体的操作中,要主动掌握并合理运用科学的预测方法,得出符合市场趋势的分析结论。

5.3.3　服装市场调研资料分析的方法

1. 定性分析法

(1)定性分析的特点。定性分析是市场调研资料的基础分析方法之一,它主要具有以下五个特点。

① 定性分析注重对整体发展的分析。定性分析的目的在于把握事物本质的规律性,因此必须立足于对研究对象的整体分析,获得对研究对象的完整透视。

② 定性分析的对象是描述性资料。定性分析以事物的描述性资料为研究对象。这些资料通常以书面文字或图像等形式表现,而不是精确的数据形式;这些资料是在各种自然场合,以定性研究的方法(如通过参与观察和深入访谈)得来的资料,带有很大程度的模糊性和不确定性;定性分析的资料来自小的样本及特殊的个案,而不是随机选择的和大的样本。因此,它们决定了定性分析有自己独特的分析方法,且需要定量的资料来进行补充。

③ 定性分析的研究程序具有一定弹性。在分析程序上,定性分析也不同于定量分析。定量分析有一个标准化程序,使用数学方法获得定量的结果,用数学语言表示事物的状态、关系和过程,并在此基础上加以推导、演算和分析,以形成对问题的解释和判断,从而使其具有逻辑上的严密性和可靠性。而定性分析是一个不太严格的研究程序,前一步搜集资料的数量与质量往往决定下一步应该怎么做,其原因是调研对象作为一个不断变化的主体所具有的动态性,使定性分析过程常常出现变动,具有很大的灵活性和弹性。

④ 定性分析的方法是对搜集资料进行归纳的逻辑分析。归纳分析有着不同于演绎分析的一般程序。演绎分析是先有一个假设,然后搜集能检验假设的资料或者事实,将事实与假设加以比较分析后得出结果。而归纳分析却是先列出事实材料,将这些资料与事实加以归类,然后从中得到一些启示,抽象概括出概念和原理。这是一种自下而上的分析路径。定性分析是否客观取决于所研究对象是否有丰富的、合乎实际的材料,它不仅可以从各个不同的事物经验中找出共同的联系,也可以从许多不同的观察事例中找出共同的特点,同时研究事物的特例,找出相异之处及其原因。

⑤ 定性分析中的主观因素影响及对背景的敏感性。定性分析是一种价值研究,一方面很容易受到研究者和被研究者的主观因素影响,如研究者的能动性、独立性和创造性、若干差异的存在,以及较强的主观体验色彩,从而影响分析的客观性。另一方面,市场调研对象

的表现状况又总是与特定的情境相关联离开这一特定情境,一定的市场现象就不会发生。这就是背景的敏感性,因此定性分析很注重对背景的分析。

(2) 定性分析的主要方法。定性分析的主要方法包括以下三种。

① 归纳推理方法。归纳推理法是把一系列分离的事实或观察到的现象放在一起研究从而得出结论。归纳推理方法首先产生一系列个别的前提,然后把这些前提与其他前提组合在一起得出结论。这些个别的前提可以从观察、实验、调研中获得。例如,某市对卷烟消费品牌调研表明,在 500 个被调查者中,有 200 人购买 A 牌卷烟。根据这 200 个发现,可以得出结论——大约有 40% 的消费者购买 A 牌卷烟。

在归纳推理法中,任何结论都是从观察、实验或调研的事实中得出的。市场调研中通过对大量个体的调研得出一般性结论的方法,就是归纳推理方法。

② 演绎推理方法。演绎推理方法是从一般的前提推出个别结论的方法。其结论取决于大前提和小前提。例如,烟草含有害物质(大前提),烤烟是烟草(小前提),烤烟含有害物质(结论)。演绎推理过程包括一系列的语句,其中最后一句是结论,它是从前提逻辑推理出来的,前提的正确性决定结论的正确性。

又如,某市 40% 的消费者购买 A 牌卷烟(大前提)。预计明年该市卷烟消费量为 100 万大箱(事实预测,小前提),明年该市 A 牌卷烟销售量可能是 40 万大箱(结论)。在上述两个例子中,结论是从大前提和小前提逻辑推理出来的。但实际结果常常与上面的结论有一些差别,有时甚至差别很大。例如,虽然存款利率下降,但人们对未来预期不乐观,在医疗、保险、教育等方面需要很大的支出。因此,银行的存款可能会不降反升。又如,由于 A 牌卷烟竞争对手实力的增强、卷烟质量的提高、产品价格的下降,结果使得在 100 万大箱的卷烟销量中,A 牌卷烟消费量只有 30 大箱。因此,尽管演绎推理法可用在资料分析中,但必须明白其使用的前提常常是较脆弱的,不能作为制定经营决策的唯一参考依据。

归纳推理方法和演绎推理方法常是相互作用、相互补充的。在演绎推理方法中的前提常是从归纳推理中得出的。比如,通过归纳推理得出的结论“第一季度是卷烟消费旺季”可以作为推理的前提,因为这个归纳结论是通过观察数年来每年各季度卷烟销售量而得出的。

③ 对比法。对比法是将不同的事物和现象进行对比,找出其异同点,从而分清事物和现象的特征及其相互联系的方法。在市场调研中,就是把两个或两类问题的调研资料相比,确定它们之间的相同点和不同点,或是对反映同一事物的调研资料进行历史比较,以揭示其发展变化趋势和特点。在运用对比法时要注意以下三点:对比可以在同类对象间进行,也可以在不同类对象间进行;要分析可比性;对比应该是多层次的。

2. 定量分析法

定量分析方法主要有以下三种方法。

(1) 使用百分率。定量分析的资料,很多时候只有在与其他的资料进行比较时才会显出它的重要意义。常用的形式是使用百分率,百分率的用途主要有以下两点。

① 说明在整体当中所占有的份额或比例。这种相对数才能说明所调研事物的本质特征。比如,我们调研某大学学生手机的拥有量是 1000 部,我们可以说这个大学学生的手机消费是很低还是很高吗? 不能,如果这个大学就 1000 名学生,那就是平均人手一部,即手机的拥有率是 100%,应该说这个大学学生的手机消费是很高的。但如果这个大学有 10000

名学生,即手机的拥有率是10%,那就应该说这个大学学生的手机的消费是很低的。在这里不是1000部手机这个绝对数说明了这个大学学生的手机消费是很高或很低的,而是手机拥有率100%或10%表明的。可见,分析调研资料运用这种说明在整体当中所占有的份额或比例的百分率是很有必要的。

② 说明增加或减少的幅度。运用百分率这个相对数来说明增加或减少的幅度有时能够提供给决策者更准确的信息。比如,据调研,玉米的价格今年与去年相比涨了0.20元/斤,才两角钱,从总量上看数值不大,但当我们把运用百分率计算出来的增长幅度20%来说明玉米的涨价幅度,足以说明上涨0.20元/斤是非常多得了,这就说明了增加或减少幅度的百分率的魅力。

(2) 使用平均数。平均数是分析市场调研资料时经常使用的工具之一。通过总结大量资料而计算出来的每1个平均数据都具有"代表性的价值"。

例如,表5-3描述了人们对与笔记本电脑有关问题看法的平均情况。问题设计了从完全同意到完全不同意7个档次,要求被调研者如果完全同意给7分,以此类推,到完全不同意为1分。第一栏的数据给出了500位被调研者回答问题的总平均值。由于这4项看法的总平均值都大于理论平均值(3.5),表明大多数被调研者认为需要笔记本电脑;进口笔记本电脑的质量和服务较好,但目前价格太贵。而按是否有笔记本电脑来分,被调研者的回答有一定的差别。与没有笔记本电脑的被调研者相比,有笔记本电脑的被调研者偏向于认为是必需品,认为笔记本电脑价格太贵的较没有笔记本电脑的被调研者要少很多。

表5-3 有关笔记本电脑看法的平均值分析　　　　　　　　　单位:分

看　法	总平均	平　均　值		差别
		有笔记本电脑	无笔记本电脑	
1. 笔记本电脑是必需品	4.6	6.8	3.0	3.8
2. 目前笔记本电脑太贵	5.3	4.1	7.0	−2.9
3. 进口笔记本电脑质量较好	6.1	6.5	5.6	0.9
4. 进口笔记本电脑服务较好	5.6	6.0	4.8	1.2

一般来说,个体数据只能说明在整体中有这样的个体,而平均值才能说明整体情况。如上例,对笔记本电脑是必需品既有完全同意的,也有完全不同意的,但只有总平均值4.6才能说明了被调研者整体的看法。正因为如此,一些中学对学生成绩的统计分析时才要计算并公布所有学生的总平均分和各科成绩的平均分,这样便于每个学生将自己的成绩和平均成绩进行对比,从而判断自己在所有学生中的位置。

(3) 表格法和图示法。表格法是将调研问卷中答案的统计结果以表格的形式表现出来,如表5-4所示。

表5-4 不同职业人数所占百分比

职　业	人数/人	百分比/%
工人	130	19.6
农民	50	7.5

续表

职　　业	人数/人	百分比/%
军人	66	9.9
机关干部	94	14.1
大学生	32	4.8
公司职员	145	21.8
教师	105	15.8
其他	43	6.5
综合	665	100

图示法是将调研问卷中答案的统计结果以各种图形的形式表现出来。表格法和图示法可以更直观形象地表明每一种情况。

5.4　本章小结

（1）服装市场调研资料的处理一般分为市场调研资料的审核、市场调研资料的整理及市场调研资料的分析三个阶段。

（2）服装市场调查资料审核的内容主要包括及时性审核、完整性审核、正确性审核、数据资料相关性审核和数据资料变化规律的审核。服装市场调研资料审核的主要方法：逻辑审核、计算审核和经验审核。

（3）服装市场调研资料的整理就是运用科学方法，对调查所得的各种原始资料进行审核、校验和初步加工综合，使之系统化和条理化，从而以集中和简明的方式反映调查总体情况的工作过程。服装市场调查资料整理的内容主要包括资料数据处理与资料数据管理两方面内容。数据整理的程序是：对原始资料进行审核、订正；编码；数据的录入；数据的清洁；数据统计预处理；制订数据分析的初步方案。

（4）服装市场调研资料分析主要包含的内容：第一，要对本次调研的核心目的进行分析，确定此次调研分析的方向和最终目的，以及资料分析的重点等情况。第二，要确定市场调研资料收集的具体方法是否适合调研的总体目标，是否具有针对性。第三，要对收集资料的可靠性和代表性进行分析。第四，选用适当的分析方法，对市场调研资料的数据进行分析，总结资料所反映的问题。第五，得出综合的分析结论。服装市场调研资料分析的原则包括：针对性原则、完整性原则、动态性原则、客观性原则。

（5）定性分析的特点：定性分析注重整体发展的分析；定性分析的对象是描述性资料；定性分析的研究程序具有一定弹性；定性分析的方法是对搜集资料进行归纳的逻辑分析；定性分析中的主观因素影响及对背景的敏感性。定性分析的主要方法有归纳推理方法；演绎推理方法；对比法。定量分析方法主要有以下三种方法：使用百分率；使用平均数；表格法和图示法。

案例分析

（一）石家庄店调查问卷分析

针对石家庄店销量提升较慢、客单价不高、客流量徘徊不前、"振幅"较小等情况,石家庄店自发组织了一次较为全面的门店顾客调查。

时间:2018 年 10 月 25 日—11 月 5 日

地点:老百姓大药房石家庄店

调查方式:现场发收问卷

问卷数量:发出问卷 1055 份,收回有效问卷 1015 份

1. 您是通过何种途径知道老百姓大药房的?

①电视(212 15.93%) ②报纸(339 25.47%) ③电台(64 4.8%)

④户外广告(189 14.2%) ⑤药房的宣传资料(219 16.45%) ⑥别人告知(308 23.14%)

分析:通过报纸媒体得知老百姓大药房前来消费的占 25.47%,别人告知占 23.14%,电视传播占 15.93%。

说明:开业前期和开业期间的报纸广告和新闻报道、电视广告、新闻是公众认识老百姓大药房的重要途径。别人告知占 23.14%,说明老百姓大药房在消费者眼里认同程度比较高,口碑传播是仅次于报纸新闻广告的,消费者是很认同老百姓大药房的。

2. 您来老百姓大药房是否很方便? 利用何种交通工具?

①方便(578 38.98%) ②不太方便(135 8.96%) ③不方便(54 3.59%) ④公共汽车(68 4.52%) ⑤出租车(23 1.2%) ⑥自行车(416 27.62%) ⑦摩托车(21 1.39%) ⑧私家车(20 1.33%) ⑨步行(182 12.84%)

分析:来老百姓很方便的占 38.98%,使用自行车作交通工具的占 27.62%,步行占 12.84%,"很方便"说明在商圈范围内的比例是最大的,主要交通工具为自行车和步行。

说明:地理位置不佳,交通不便利(坐公共汽车的仅占 4.52%)3km 商圈外的消费者群体的比例较少(主要是公交车,出租车,摩托)。

3. 您家住石家庄哪个区?

①桥西区(101 9.96%) ②桥东区(450 44.38%) ③裕华(93 9.17%) ④新华区(105 10.36%) ⑤长安区(265 26.13%)

分析:消费群体主要来自桥东区(高达 44.38%),长安区(26.13%)。

说明:消费者基本上是商圈范围内或来老百姓大药房较便利的长安区,其他区域的比例基本一致。

4. 您来老百姓大药房消费几次了?

①1 次(131 13.95%) ②2 次(116 12.35%) ③3~5 次(189 20.13%) ④6 次以上(503 53.58%)

分析:6 次以上占 53.58%,3~5 次占 20.13%,说明惠顾的消费者忠诚度较高。

5. 您认为老百姓大药房商品价格比石家庄其他大药房价格:

①普遍低(534 55.05%) ②部分低(345 35.24%) ③相差不多(70 7.15%)

④普遍高(6 0.61%) ⑤部分高(15 1.53%)

分析:价格优势十分明显,认同"普遍低"的消费者占 55.05%,"部分低"占 35.24%,这部分消费者认为价格低只是部分说明我们的一部分商品不存在价格优势,必须加强市调。

6. 您感觉老百姓大药房服务主要表现在:

① 好(726 79.69%) ②一般(177 19.43%) ③差(8 0.88%) ④接待不热情(49 21.88%) ⑤介绍不详细(43 19.20%) ⑥对产品位置不熟悉(68 30.36%) ⑦不礼貌(3 1.34%) ⑧无问候语(21 9.38%) ⑨无人引导(33 14.73%) ⑩敷衍了事(7 3.13%)

分析:消费者对老百姓大药房的服务评价较高,但认为服务一般的也达到 19.43%,说明服务意识有待加强是不容忽视的问题。

主要表现在:(1)介绍不详细、接待不热情,要求营业员对专业知识和主动服务意识必须加强。(2)对位置不熟悉比例为 30.36%,说明营业员对货物摆放位置不熟悉,货架排号没有起很大作用,主动服务意识不强。

7. 在老百姓大药房能否买到所需的药品?

① 能(368 37.51%) ②基本上能(593 60.45%) ③不能(20 0.1%)

分析:在老百姓大药房基本能买到所需药品占 60.45%,说明还有一部分药品购买不到,应根据石家庄市场特点及消费者的用药特点、用药习惯进行调查分析,进一步完善产品结构。

8. 您认为我们还需补充哪些药品才能满足您的需求?

① 抗感冒类(244 28.31%) ②心脑血管类(240 27.84%) ③滋补类(140 16.24%) ④肝胆类(80 9.28%) ⑤其他_____(158 18.33%)

分析:消费者认为应该补充的药品种类,抗感冒类 28.31%,心脑血管类 27.84%,这两类所占比例较大。

说明:(1)产品结构有待完善。(2)不同层次的消费需求不同价格层次的药品。

9. 您常购买的商品类:

① 抗感冒类(607 46.62%) ②心脑血管类(322 24.73%) ③滋补类(176 13.52%) ④肝胆类(60 4.61%) ⑤其他_____(137 10.52%)

分析:来消费的顾客主要购药为抗感冒抗病毒类,这跟季节转换有一定的关系,这也是客单价一直徘徊不前的一个重要原因。

心脑血管类占消费者购药比例为 24.73%,比例较高,滋补类,肝胆类,其他类比例较少,必须加强营销手段促进这些品类销售。

10. 您觉得老百姓大药房的商品价格是否适合不同层次的消费者?种类比重如何?

① 是(516 55.9%) ②部分合适(401 43.45%) ③不合适(6 0.65%) ④多一些知名厂家品牌药(169 43.78%) ⑤多一些普通厂家品牌,但适合普通消费者的(217 56.22%)

分析:商品价格"部分适合不同消费者"的比例达 43.45%,这与第 7 题类似,说明不同价格层次的药品结构有待完善,必须做市场调查。

消费者要求多一些普通厂家品牌,但适合普通消费者的药品,比例达 56.22%,增加知名厂家品牌 43.7%。说明老百姓大药房主要是普通大众来消费的药房,所以产品结构二三线品种与一线品种的比例必须调节好,合理采购配置。

11. 您在老百姓大药房是否碰到过质量问题?

① 有(84 9.94%) ②没有(716 90.06%)

分析:碰到质量问题的消费者比例9.94%,质量问题是不容忽视的一个重要问题,必须认真对待,质量是企业的生命,特别是药品。

12. 您除了自己来老百姓大药房消费还经常给别人代购商品吗?

① 是(365 40.74%) ②没有(233 26%) ③偶尔(298 33.26%)

分析:来老百姓大药房消费的顾客给别人带药的比例为33.26%,说明价格有优势,品种优势,交通不是很方便。

13. 您觉得老百姓大药房卖场商品摆设是否科学合理?

① 合理(652 75.2%) ②需要调节(198 22.84%) ③不合理(17 1.96)

分析:商品摆设不适合消费者购药习惯的比例达22.84%,商品摆设是否需要调整,按GSP标准为基础尽量符合消费者的购药习惯,同时加强主动服务意识,引导消费。

14. 您认为老百姓大药房的广告宣传应该在哪些方面加强?

① 电视新闻(206 14.74%) ②电视广告(286 20.46%) ③报纸新闻(160 11.44%) ④报纸广告(137 9.8%) ⑤户外广告(127 9.1%) ⑥药房各种活动(332 23.95%) ⑦各种媒体活动参与(150 10.73%)

分析:广告效应,消费者认同的主要还是DM及活动,比例达23.95%,而要求电视广告(硬性)加强占20.46%,消费者从电视广告上获取信息占较大比重,这也说明石家庄电视广告插播有一定的收视率。

15. 您对老百姓大药房的促销活动是否感兴趣?应该多做什么样的活动?频率该如何设置?

① 感兴趣(503 28.16%) ②好,应该多做(250 14%) ③无所谓,可有可无(71 3.98%) ④买赠促销(195 10.92%) ⑤抽奖活动(102 5.71%) ⑥歌舞表演,知识抢答(85 4.76%) ⑦厂商产品推介(58 3.25%) ⑧其他___(8 0.45%) ⑨半月一次(192 10.72%) ⑩每月一次(268 15.01%) ⑪2个月一次(54 3.02%)

分析:消费者对促销活动感兴趣,主要是买赠促销,而抽奖活动与厂商推介只差2.46个百分点,因消费者感觉抽奖活动存在一定的欺骗性,积极性不高,以后在厂商场外产品推广活动上加大力度促进销售。促销活动的频次消费者希望每月都有的占15%,半月一次的占10.75%,促销活动对石家庄消费者有较强的吸引力,大的促销活动必须坚持,但要找到最佳结合点。

16. 您是否有过到医院看病到药房买药的经历?

① 经常(301 42.39%) ②有,但不经常(359 50.56%) ③没有(50 7.04%)

分析:到医院看病到药房买药的消费者"有,但不经常"比例高达50.56%,这也是老百姓大药房持处方购药一直较少的原因之一,导致这个原因的有:(1)药房离医院较远;(2)处方药医院品种少。

17. 您认为老百姓大药房的处方药品种是否齐全?品种最齐全的药房是:

① 齐全(135 20.21%) ②较齐全(370 55.39%) ③不齐全(54 8.08%) ④不太清楚(109 16.32%)

分析：消费者认为处方药品种结构较齐全只有 55.39%，说明处方药产品结构需要调整。

18. 您在消费时碰到过服务很周到的服务员吗？请您投一票：

分析：无消费者投票。说明顾客对营业员的服务无很深感触。我们的"星级营业员"在顾客眼中都无印象，说明我们的服务需要加强。

综合分析如下。

宣传：注重 DM 和其他宣传资料的综合利用，多制造一些新闻卖点，引起媒体关注，多做新闻，尽可能以最少的费用制造出最佳广告效应。加强社区活动、厂商推介宣传、口碑宣传，巩固商圈内的消费群，合理挖掘商圈的消费群体。

价格：价格体系合理化，根据零售市场动态科学化的调整价格体系，让消费者敏感的产品必须具有价格优势。

服务：充分提高员工的服务素质，多培训考核。加强主动服务意识，"法制"必须落实，常抓不懈；"人性化"的管理要科学，只是"法制"的辅助，管理无情，严格要求遵守制度从管理人员开始。

质量：质量不容忽视，近来的质量投诉已敲响警钟，各部门必须配合好才能减少事故的发生率。

活动：科学化的设计，多市调，根据时令季节和消费者不同的消费习惯，创造性合理布置分配促销活动，力争活动产生最佳效应。

产品结构：必须进行"扎实"的市场调研，数据要真实，尽可能科学合理调节产品结构，符合消费者用药特点、用药习惯。

"处方市场"的攻坚：想尽一切办法扩大"市场份额"，集思广益，全员皆兵。

（二）关于调查中的几个问题的编码

1. 一个关于美国家庭汽车保有量调查中的几个问题的编码，具体编码方式如表 5-5 所示。

表 5-5　封闭式问题的编码

回答问题	问题的选项	选项的数字编码	答案类型
您的居住区域	A. 北方　B. 南方	1＝北方，2＝南方	属性水准
您的价值取向	A. 自由主义　B. 保守主义	1＝自由主义，2＝保守主义	属性水准
您在购车时是否使用信贷手段	A. 是　B. 否	1＝是，2＝否	属性水准
家庭人口数	（　）人	填入的数值为几就编码为几	数量水准
您家庭汽车保有量	A. 1 辆　B. 2 辆 C. 3 辆　D. 多于 3 辆	1＝1 辆　2＝2 辆 3＝3 辆　4＝多于 3 辆	数量水准

2. 在对于某市某产品需求的调查中，其开放式问题是，您为什么选择该品牌的这种产品？研究者翻阅所有被访者电话后，将原因一一列出，而后归并成六类，并指定编码，如表 5-6 和表 5-7 所示。

表 5-6　开放式问题答案

问题：您为什么选择该品牌的彩电？列出答案如下(设只有 14 个样本)		
1. 质量好	6. 耐用	11. 经常在广告中看到
2. 外形美观	7. 高科技	12. 我没想过
3. 价格便宜	8. 体积小	13. 我不知道
4. 清晰	9. 是名牌	14. 没有什么特别原因
5. 色彩丰富	10. 大家都买这个牌子	

表 5-7　对表 5-6 中开放式问题的合并分类和编码

回答类别的描述	表 5-6 中的回答	编　　码
质量好	1,4,7,6	1
外形美观	2,5	2
价格便宜	3	3
体积小	8	4
名牌	9,10,11	5
不知道	12,13,14	6

第6章　服装市场预测概述

【知识目标】

1. 服装市场预测的含义与原理。
2. 服装市场预测的类型。
3. 服装市场预测的内容和程序。

【能力目标】

1. 掌握服装市场预测的作用及各类型。
2. 掌握应用服装市场预测的内容与程序。
3. 理解服装市场调研与服装市场预测的关系。

市场预测是人们对未来不确定事件进行推断和预见的一种认识活动,其目的是探求事物发展变化的规律,用以指导人们的实践活动,趋利避害。市场预测本身就是数据分析的一个组成部分,它是用某事物现有的数据推断这一事物或与其相关的事物未来发展变化的一种数据分析活动。因此,市场预测并不是独立于市场调研的一种活动,它是市场调研活动的延续,与市场调研共同组成了一套为企业营销活动收集、加工和提供信息的程序。

6.1　服装市场预测内涵

市场预测是市场经济发展的产物。最初的市场预测,早在小商品经济时代就已经出现,只不过比较简单,主要靠生产经营者的直觉和经验做出。随着市场经济的发展,生产社会化程度的提高,生产经营者的生产经营活动涉及的面越来越广,影响市场变化的因素也越来越多,越来越复杂。生产经营者如果不进行科学的市场预测,不能准确地把握市场变化的脉搏,就难以适应瞬息万变的市场,难以在竞争激烈的市场中取胜。电子计算机的出现,为市场预测提供了有效的工具,使市场预测成为企业决策与管理的一种重要信息。

纺织产品和服装产品是居民生活的必需品,纺织服装行业在我国国民经济发展中占有重要地位。随着社会的发展,消费者的需求不断变化,企业需要按照市场的要求开发纺织服装产品。纺织服装生产者需要依靠预测进行原材料采购、生产计划制订、库存管理、物流配送等决策活动;纺织服装商业经营者需要依靠市场预测补充产品、制定销售策略。因此,对于任何一个纺织服装生产者和经营者的经营决策而言,服装市场预测都必不可少。

6.1.1 服装市场预测含义

1. 市场预测的概念

市场预测是预测科学在市场营销活动决策中的具体运用,在市场调研的基础上,运用科学的预测手段与方法对影响市场营销活动诸因素的过去和现在的状况及发展变化进行分析研究,对营销因素的未来发展与不确定状态做出判断、预计和测算。它的目的是为企业制订营销计划和进行营销决策提供依据。

市场预测是个人或组织的一种有目的的活动,主要是各类企业为解决市场营销问题,进行营销决策提供信息的目的而开展的活动。它本身不是目的,而是服从于营销活动,是营销活动的一个有机组成部分。市场预测也是一个由一系列工作环节、步骤、活动和成果组成的过程,需要有科学的理论和方法指导,同时也需要进行科学的组织和管理。在掌握历史和现状信息的基础上,市场预测工作包含着预计、测算、判断和传播等活动,它们互相联系、互相依存,共同组成市场预测的完整过程。市场预测从本质上讲,它也是一项市场信息工作,即运用一定的预测技术,遵循一定的程序,加工处理市场信息,得出结论为决策提供依据,直接为市场营销服务。

市场预测的基础是事物发展的内在规律性。事物总是按照过去、现在、未来的次序不断发展。在过去、现在、未来之间必然存在某种内在联系,未来总是过去和现在的延续或发展,即使是突变,也总有其一定的原因和先兆。所以,马克思主义辩证唯物论和认识论认为世界是可知的,人们通过"实践、认识、再实践、再认识……"的科学认识过程,克服主观和客观、认识与实践之间的矛盾,实现认识世界的目的。当人们掌握了事物发展的规律,占有了历史和现状资料时,就有可能推测、预计其未来状况。市场也有其发展规律,从而为开展市场预测提供了客观可能性。

2. 服装市场预测的概念

服装市场预测是在对服装产业进行市场调研的基础上,运用科学的预测手段与方法对影响服装市场诸因素的过去和现在的状况及发展变化进行分析研究,对服装市场的未来发展与不确定状态做出判断、预计和测算。例如,对纺织服装企业的产品需求状况的预测、利润变化情况的预测、纺织服装价格的预测、服装消费心理的预测、居民消费习惯和购买力情况的变化预测等。

6.1.2 服装市场预测原理

服装市场预测所依据的原理主要有以下四个。

1. 惯性原理

惯性是指事物保持其原来状态(包括静态和动态)的一种属性。根据惯性原理去分析目标事物,即预测对象过去与现在的运动状况,找出反映预测对象原来状态的运动规律并加以延续,就可以预测事物未来及其发展变化的特点。惯性原理也称为预测的延续性原理、趋势性原理等。

根据惯性原理去分析目标事物,即如果认为没有足够强大的外部力量可以改变预测对象运动状况,则找出反映预测对象原来状态的运动规律并加以延续,就可以预测事物未来及其发展变化的特点。

2. 相关性原理

任何事物的发展变化都不是孤立的,都是在与其他事物的相互影响、相互制约、相互联系中发生的,这就是相关性原理。

从相关性原理出发,通过研究分析预测对象与其相关事物之间的相关关系和影响程度,揭示事物发展变化的因果关系和发展变化在时间上的规律性,就可以从原因事件的变化而预测结果事件的发展趋势,从先导事件的变化而预测后致事件的变化。

3. 统计学原理

关于事物发展变化过程的统计数据,可以用统计表或图表的形式表现出来,这是一种说明事物发展变化内在规律的外在形式,它们在某种程度上反映了事物的内在规律性和它们相互之间的联系。根据以往统计资料提供的规律,寻找事物结果发生的概率,并由此对市场营销活动可能产生的效果等进行预测,称为统计学原理。

通过收集、整理、分析历史记录的各种有意义的数据,以及由这些数据形成的时间序列,并且先将这些数据进行抽象化思考,从中寻找事物发展变化的规律,然后加以利用和延伸,就形成了的定量预测方法和预测公式。

4. 类比原理

从一个已知事物去类推预测对象未来的方法被称为类比法。从对一个有代表性的事物进行的总结和归纳中,推断事物的总体特征;从已知事件的已知运动规律与总体变化特征,去推断与之类似的另一个事物的未来运动规律与变化特征。

6.1.3 服装市场预测作用

服装企业的营销决策涉及两个大的内容:第一,确定服装企业的营销战略;第二,确定服装企业的营销战术。服装企业营销战略的决策步骤和内容可以分为市场细分、确定目标市场和市场定位;服装企业营销战术的决策步骤和内容则可以分为产品、价格、分销、促销等。服装企业不论是确定营销战略还是确定营销战术,都需要有一些前提。前提不同,服装企业的营销战略和营销战术也不同。这些前提就是服装企业对于相关影响因素发展变化的市场预测。我们借助于任务——宏观环境影响矩阵(task and remote environment impact matrix)来表达了这种意思,如表 6-1 所示。表 6-1 把宏观环境因素的变化趋势和直接影响服装企业营销活动的关键变量的变化趋势联系起来,这有助于营销管理者着眼于未来,更深刻地分析、认识和理解环境因素的变化及其影响。

表 6-1　任务和宏观环境影响矩阵

宏观环境因素	服装企业营销活动的关键影响变量				
	关键消费者的变化趋势	关键竞争者的变化趋势	关键供应者的变化趋势	企业发展战略的变化趋势	其他因素的变化趋势
经济环境 因素 1 因素 2 ⋮					
文化环境 因素 1 因素 2 ⋮					

宏观环境因素	服装企业营销活动的关键影响变量				
	关键消费者 的变化趋势	关键竞争者 的变化趋势	关键供应者 的变化趋势	企业发展战略 的变化趋势	其他因素 的变化趋势
政治环境 因素1 因素2 ⋮					
技术环境 因素1 因素2 ⋮					
生态环境 因素1 因素2 ⋮					
综合判断	关键消费者的变化趋势1、2、3、…	关键竞争者的变化趋势1、2、3、…	关键供应者的变化趋势1、2、3、…	企业发展战略的变化趋势1、2、3、…	其他因素的变化趋势1、2、3、…

　　服装企业在制定营销战略和营销战术时,首先需要了解宏观环境因素的变化,包括经济环境、文化环境、政治环境、技术环境和生态环境,并根据其变化趋势做出预测。这些因素独立于企业,是服装企业不能控制的,服装企业只能认识和适应它们,并在此基础上加以利用。另外它们是服装企业营销活动关键影响变量变化的根源。因此,它们可以被看作服装企业营销活动的终极自变量,服装企业需要根据其变化,推断它们对于服装企业营销关键影响变量的影响。比如,它们的变化所引发的关键消费者、关键竞争者、关键供应者以及企业发展战略的变化趋势。

　　服装企业对宏观环境因素变化所做出的预测以及据此所做出的关于服装企业营销关键影响变量可能发生变化的推断,就构成服装企业营销战略和营销战术的前提或基础。具体的操作程序如下。

　　第一步,选择重要而具体的环境变量。比如,在经济环境中,一个国家的人均可支配收入和人口结构;在文化环境中,一个国家或一个地区的时尚和流行趋势;在政治环境中一个国家的政治体制、政局和法律体系。

　　第二步,确定重要的环境信息来源和选择恰当的预测工具,对宏观环境因素变化的趋势进行预测。比如,中国的人均可支配收入和人口结构在未来一段时间内会发生什么变化?某一地区在衣着上的流行趋势是什么?怎样形成的?会如何演变?一个国家的政局稳定吗?未来会怎样发展?

　　第三步,预测宏观环境因素的变化对有关关键环境因素变化趋势的影响。比如,中国的人均可支配收入和人口结构发生变化以后,关键消费者会随之发生什么变化?关键竞争者会随之发生什么变化?关键供应者会随之发生什么变化?等等。

　　第四步,预测对服装企业以及服装企业营销活动的影响。比如,中国的人均可支配收入和人口结构发生变化并使关键消费者、关键竞争者和关键供应者发生变化之后,会对服装企业及服装企业的营销活动产生什么影响?

第五步,将预测结果整合于服装企业的营销战略和营销战术决策中,用于指导服装企业的营销管理活动。比如,如果关键消费者、关键竞争者和关键供应者发生某种变化,服装企业需要采用什么样的营销战略和营销战术加以应对?为了实现服装企业的营销战略和营销战术,服装企业应该如何开展市场营销活动?如何监督和执行?

由此可见,服装企业的市场预测是企业制定营销战略和营销战术的重要前提。服装企业进入这个市场而不进入那个市场、选择这个细分市场而不选择那个细分市场、进行这种定位而不进行那种定位、使用这样的营销组合策略而不使用那样的营销组合策略,一个重要的前提就是企业对市场的预测。一旦这个前提变了,即服装企业对市场的预测发生了改变,服装企业的营销战略和营销战术,以及整个的营销管理工作可能都需要跟着发生转变。

从服装市场预测在营销决策中的作用可以看出,服装市场预测是纺织服装企业正确实施市场营销策略管理的基础,是纺织服装企业进行决策的前提和先决条件。正确地预测可以向纺织服装企业提出风险预警,为纺织服装企业制订应急方案提供依据,使纺织服装企业既可以避开市场风险,减少风险给纺织服装企业经营活动造成的不良影响。只有对需求的未来发展变化进行正确的预测,纺织服装企业按需调整产品结构,才能使产品适销对路、满足需求。

6.2 服装市场预测类型

服装市场预测,从目的、时间和精度这些不同的角度形成了不同的划分方法,但主要的服装市场预测一般有以下三种分类法。

6.2.1 按预测的产品层次划分

服装市场中的产品多种多样,需要分范围、分层次进行预测,按产品预测的范围进行划分,服装市场预测可分为:服装市场单项或单类产品预测、服装市场同类产品预测、服装市场分消费对象的产品预测和服装市场产品总量的预测。

(1)服装市场单项或单类产品预测。服装市场单项产品预测,即对某单项纺织服装产品(如床单、西服、皮衣、衬衫等)按品牌、规格、质量、档次等分别预测其市场需求量;或者说对具体品牌商品的市场前景进行分析与判断,如某企业对自己品牌的某种运动服装的市场预测等,这是服装市场预测的基础。

(2)服装市场同类产品预测。服装市场同类产品预测是指按产品类别(如按针织品类、纯毛类、纯棉类等)预测服装市场需求量。对服装市场同类产品的预测,还可以进一步按同类产品的不同特征,如产地、质量等分别进行分类。

(3)服装市场分消费对象的产品预测。服装市场分消费对象的产品预测,包括两种情况:一是按某一类消费对象(如老人、农民、知识分子等)需要的各种纺织服装产品进行预测;二是按不同消费对象所需求的某种纺织服装产品的花色、款式、规格进行的预测。例如,休闲服不仅可以按男装、女装、童装进行预测,还可以按老年、中年、青年以及胖、中、瘦体型分别进行预测。

(4)服装市场产品总量的预测。服装市场产品总量预测就是对纺织服装消费需求的各种纺织服装产品的总量进行的一种市场预测。

6.2.2　按预测的时间层次划分

服装市场预测从时间概念来讲,时间的层次决定了预测的目标性,根据时间跨度的长短,一般把服装市场预测划分为:近期预测、短期预测、中期预测、长期预测。

（1）服装市场近期预测。服装市场近期预测时间跨度相对较短,一般在一月到半年以下,此种注重量性分析,针对微观的服装企业为其日常经营提供决策服务,为纺织服装企业提供最新的、可靠的服装市场变化特征信息,有助于纺织服装企业在了解服装市场动态行情变化的前提下,把握有利时机并做出相应决策。

（2）服装市场短期预测。服装市场短期预测的时间界定一般为半年至 2 年,它的时间单位可以是月、旬、周、日,以定性分析为主,主要预测服装市场的年度需求量,不仅可在组织货源、安排市场、编制年度计划等方面为服装纺织企业提供依据,而且有助于服装企业短期生产活动的确定,以及各项措施、方案的实行,还有利于改进、提高纺织服装企业的管理水平。

（3）服装市场中期预测。服装市场中期预测时间范围为 2～5 年,一般以年为时间单位,它可采用以定量为主,定性与定量相结合的方法进行市场预测,主要预测服装市场的发展前景、修订纺织服装企业的长期计划及安排跨年度工作。服装市场中期预测的对象一般是长期影响该市场发展的因素,经过服装市场的调查、分析、预测,可为服装企业的中期规划提供参考依据。

（4）服装市场长期预测。纺织服装企业的长期预测时间一般为 5 年以上,预测时间跨度较长,涉及因素复杂,不确定因素也多,一般以定性预测方法为主,对数据准确性要求不高,关键在于勾画出方向性的目标。其主要为纺织服装企业的长期规划及营销策略的制定提供方便,预测的发展趋势注重服装企业的营销条件,主要是与纺织服装企业产品发展相关的经济技术的发展趋势,此外还有政治、社会方面的发展趋势。

6.2.3　按预测方法的性质划分

服装市场预测,按预测要求质与量的侧重点不同,即预测方法的性质不同,可分为服装市场定性预测法和定量预测法。

（1）服装市场定性预测法。服装市场定性预测法,又称经验判断分析预测法,该预测方法是推测预测对象未来的性质和发展方向,比较灵活,不需要经费,花费时间短,若运用得当,很有实用价值。但是存在比较主观、片面,预测精度差的缺点。

服装市场定性预测法主要有:销售人员意见法、经理人员意见法、顾客意见法、集合意见法、主观概率法、专家会议法、头脑风暴法、德尔菲法等,主要不在于推算未来的数量表现。例如,服装市场供求预测就是要预见未来服装市场是供大于求,还是供不应求。

（2）服装市场定量预测法。服装市场定量预测法,又称统计预测法,是指使用统计方法,对统计资料进行推算的预测,其主要目的是推算预测对象未来的数量表现。具体又可分为服装市场时间序列分析预测法和因果分析预测法。

服装市场时间序列分析预测法是指根据预测连续性原理,收集和整理待预测事物过去的资料,从中寻找该事物随时间变化的规律,用数学模型将其表示出来,并据以进行预测的方法。其中常用的有三种:指数平滑法、趋势外推法、季节指数法等。服装市场因果分析法是根据预测的相关性原则,从各种经济现象之间的相互因果关系中进行的预测方法。其中常用的有回归分析法、计量经济模型法、投入产出法等。

此外服装市场定量预测法还可以分为:点值预测和区间预测。点值预测是预测的变量值表现为单个数值,区间预测是预测变量值处于一定区间之内,表现为有一个下限数值和上限数值所确定的范围。例如,预测某市服装商品销售额为 150 万元,便是点值预测。预测某市明年 A 服装需求量为 30 万~40 万件,这是区间预测。

服装市场预测定性方法还是定量方法的选择流程,如图 6-1 所示。

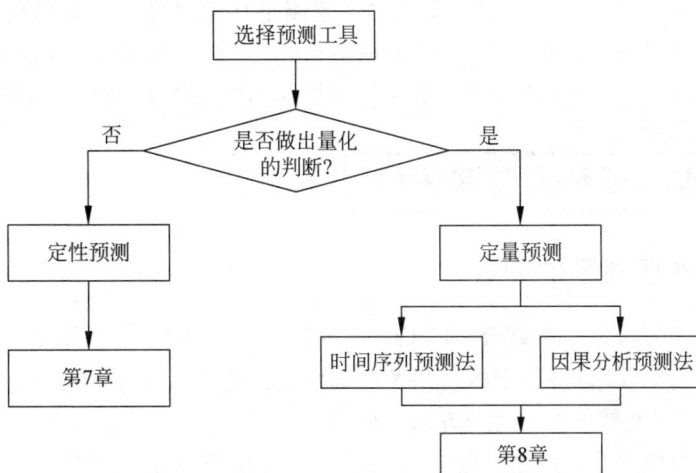

图 6-1 定量与定性方法选择

6.2.4 按预测空间的层次划分

服装市场预测,根据空间层次划分,可分为按照地理空间区域和经济活动的空间区域两种分类方法。

(1) 按照地理空间区域划分。服装市场预测按照地理空间区域可分为国际市场预测、国内市场预测和地区市场预测。

纺织服装国际市场预测是对世界服装市场发展的预测。对它还可以划分为不同的地区服装市场预测,如中东市场、拉美市场、西欧市场、美国市场及日本市场等。纺织服装国际市场预测主要是对纺织服装企业国际营销环境的发展趋势及营销渠道、营销方式、营销机会,以及纺织服装企业国际竞争等做出估计。由于设计因素较多,工作复杂,一般采用定性分析,做中长期预测。

纺织服装国内市场预测是一种对某种(类)纺织服装产品的国内需求和市场竞争态势的预测。纺织服装国内市场预测,也可以按地区划分来预测,如农村市场、城市市场;还可以按地理区域划分进行市场预测,如东北、华北等地区市场等。纺织服装国内市场预测一般是中长期预测,实际上纺织服装国内市场预测往往也是整个行业的市场预测。

纺织服装地区市场预测,是指纺织服装企业对纺织服装产品进入某一地区的目标市场的预测,如东北地区、华北地区、西北地区及华东、中南等地区市场;有时可更加明确具体地划分,如北京、上海、广州等地区市场。纺织服装地区市场预测一般着重于市场潜力、消费习惯、纺织服装企业的产品销售额或纺织服装企业市场占有率等预测。其主要目标是扩大纺织服装产品市场占有率,开拓新市场或巩固纺织服装企业原有市场。纺织服装地区市场预测,多数属于中、短、近期预测。

当然,在进行国内市场或某一地区市场预测时,进行纺织服装企业市场占有率的预测,对国家和纺织服装企业来说更为重要。这既有助于国家对经济的宏观调控,也有助于纺织服装企业保住眼前的一块"地盘"。

(2) 按照经济活动的空间区域划分。服装市场预测按照经济活动的空间区域划分可以分为宏观市场预测与微观市场预测。宏观市场预测是从国民经济的全局出发,对纺织服装产品的生产和流通总体的发展方向做出综合性经济预测和市场预测;微观市场预测则是从企业市场经营环境出发,对生产和经营的商品及市场占有率等方面进行的预测。

6.3 服装市场预测内容和程序

6.3.1 服装市场预测的内容

服装市场预测与服装市场调查,在内容上,同样广泛和复杂,由于服装市场主体的不同、服装市场预测的目的要求不同,服装市场预测的侧重点也有所不同。对纺织服装企业来说,进行服装市场预测,主要有以下六个方面的内容。

(1) 服装市场消费需求预测。服装市场消费需求预测指在一定时期、一定的市场范围内,预测消费者对某种纺织服装商品具有的购买能力的需求。服装市场消费需求是现实消费者和潜在消费者对某种纺织服装商品需求的总和。服装市场需求一般分为:季节性需求、周期性需求、趋向性需求和随机性需求。服装市场需求的这些特点在一定程度上决定了服装商品的销售特点。

① 季节性需求。季节性需求指产品的需求量随着季节的转换而发生较大的变化,季节性需求具有明显的季节特征,即由于气候、节假日、消费习惯等因素引起的需求量变化,如夏季泳装的销售量、儿童节童装的需求量等。在这种情况下,服装企业应根据预测数据及时调整本企业的经营方向和供货能力,迅速满足市场的需要。

② 周期性需求。周期性需求指产品的需求量随着时间的推移而呈现周期性的变化。由于时间间隔的周期一般较难确定,或因形成周期性需求的原因难以描述,从而使周期性需求相对较难预测。

③ 趋向性需求。趋向性需求指产品的需求量随着时间的推移而朝着某一个方向有规律地运动,没有出现较大的剧烈波动,它具有较为明确的发展方向和稳定的变化幅度,因而趋向性需求一般较易预测。

④ 随机性需求。随机性需求指产品需求量由于需求的偶然变动而呈现无规则的变化趋势,在随机性需求中,各销售季节的需求量差别较大。一般将总需求中的那些已知原因的需求因素剔除后,剩下无法解释的部分属于随机性需求。

服装市场需求受多种因素的影响,但主要因素是经济因素中的社会购买力,如消费者收入和支出、币值等因素,服装市场需求预测需在充分调查的基础上对服装市场质与量的需求进行预测,即纺织服装市场的需求量预测和需求纺织服装商品的品种、规格、花色、型号、款式、质量、包装、品牌、商标及需要时间的预测等。

纺织服装企业的销售受服装市场需求变化的影响,销售畅通与否,决定着生产规模的扩大和经营成果的实现。一般来说,当需求增大时,销路会增加,价格会上升,纺织服装企业的生产规模也就会随之扩大;反之,当需求减少时,销售受阻,价格大跌,生产规模也会随之受到制约。纺织服装企业经常预测服装市场需求变化,可以及时地调整企业的生产规模,防止纺织服装产品滞销,保持良性循环。

(2)纺织服装产品生命周期预测。纺织服装产品生命周期预测就是对销售量、获利能力的变化进行分析,在纺织服装产品生命周期的全过程中,对纺织服装产品需求量和利润量随时间变化的趋势所进行的预测。

纺织服装产品生命周期是指一种纺织服装新产品上市,在服装市场内由弱到强,又从盛转衰,直到被服装市场淘汰为止的全过程。它包括试销期、成长期、成熟期、衰退期四个阶段。纺织服装产品在其生命周期的不同阶段,由于服装市场需求和竞争状况的不同,其成本、销量、利润量等都是不同的,因此预测纺织服装的生命周期的转折时期就显得更重要。它便于纺织服装企业确定其纺织服装产品所处的阶段或将要进入的阶段,从而采取相应的经营决策,把握服装市场时机,增加纺织服装商品销量,提高利润收入。

(3)服装市场流行预测。服装的流行作为一种社会现象,不仅与政治、经济、军事、地理有关,而且更重要的是与社会文化,尤其是社会的伦理道德紧密相连。因此,服装的流行预测带有不确定的因素,服装流行理论对服装流行预测有很大影响。国际上有许多著名的流行预测机构,如美国的"第一视觉""色彩箱"和"这是哪里"等,国内外一些服装品牌集团每季都向这些机构购买流行预测的商业信息。中国也先后建立了一些流行预测机构,如中国服装研究设计中心、中国流行色协会等。另外,对于国内服装市场的预测,除及时收集国际流行信息、掌握国际市场发展趋势外,还要针对国情和企业自身的特点,进行系统、科学的调查分析和研究。

(4)服装市场占有率预测。服装市场占有率是指在一定市场范围内,服装企业提供的某种服装商品的销售量在同一市场服装商品总销售量中所占的比例,或指服装企业的服装商品销售量占当地市场服装商品销售量的比例。

随着商品经济的不断发展,人们的需求日益增加,单个服装企业由于所拥有资源的有限性,决定了人们的某种需求是由众多提供相同或类似服装产品的服装企业群组成的。在一定条件下,一定时期内,某种服装商品的社会总需求量是一定的,一个服装企业的市场占有率增大了,则另一个服装企业的市场占有率便会减少。

服装企业进行服装市场占有率预测分析,可以揭示服装企业所处的市场地位及变化机会,从而不为销售量的绝对数所迷惑,真正感受到服装市场竞争的压力,促进服装企业注重产品的更新换代,注重员工素质和服务质量的提高,促销艺术的改进,留住老顾客,吸引新顾客,使服装企业在服装市场竞争中立于不败之地。

(5)服装市场销售预测。服装市场销售预测是从服装企业的角度预测本企业未来服装商品销售的前景,包含了质与量的预测:质的预测是解决"适销对路"的问题,如同一种服装产品从几处进货,消费者喜欢外地产品还是本地产品,服装产品销售状态是畅销还是滞销等;量的预测解决"销售数量和销售额"的问题,如保本的销售预测、实现目前利润的销售预测、服装企业最大利润的销售量预测等。

在市场经济条件下,服装企业参与市场竞争的目的是争夺市场、扩大销路、获取利润。利润与销售量直接相关,在其他条件不变的情况下,销售量的扩大就意味着利润的增加。对服装企业的服装商品销售量进行预测,可以使服装企业进一步了解消费者的具体要求,找出服装商品销售在服装市场上存在的问题,为服装企业确定生产计划,特别是销售计划、销售措施提供依据。

(6)纺织服装商品资源预测。服装商品资源预测是指在一定时期内,投放服装市场的可供出售的服装商品资源总量及其构成和各种具体服装商品销售进行预测。可供出售的服装商品资源主要来自生产部门,其次是进口,此外还有国家储备、商业部门的存储及社会潜在的物资。

我国由于外贸进口主要受国家控制,因此服装商品的资源预测主要是预测生产部门可供销售的服装商品量及其构成。在预测时,往往与需求预测结合起来,用以预见未来服装市场需求矛盾的变化趋势。

服装市场预测内容除以上几种外,还有服装市场价格预测、服装新产品发展预测等。

6.3.2　服装市场预测的程序

服装市场上的产品多种多样,变化速度也快,使服装市场预测有了一定的难度,又表明了服装市场预测的必要性。服装市场预测基本程序的制定,有利于提高预测工作的效率,保障预测的精度与质量,以便更有效地为纺织服装企业经营决策工作服务。服装市场预测一般分为如下八个步骤。

1. 确定预测目标与对象

(1)确定预测目标。进行服装市场预测,首先要具体、准确、清楚地确定预测目标,服装市场预测目标的恰当与否,不但决定着服装市场预测的其他程序,而且会直接影响市场预测结果。明确预测的目标更容易决定收集和整理哪些方面的信息。例如,要预测消费者对纺织服装商品的需求情况,就要抽样调查了解消费者需要哪些纺织服装商品,数量多少,何时需要。预测目标的明确,可以确定采取何种预测方法,预测的重点该放在何处。故而,"明确目标,要求具体"是有效进行服装市场预测的前提和决定性步骤。

(2)确定预测对象。预测对象是指某事物需要预测的项目或指标。例如,要预测服装市场上某种商品的需求在一定时期内的变动趋势,预测对象就可以是这种商品在这一定时期内的总需求量,以及不同品种、规格、型号等的需求量等项目。确定预测对象是开展市场预测工作的第一步,有了明确而具体的预测对象,研究人员才能够设计合理的调查方法收集数据,也才能够选择合适的预测方法进行预测。

2. 拟订预测计划

预测对象确定以后,根据预测项目的难易程度,为了保证服装市场预测目标的顺利实现,要拟订具体周详、切实可行的预测计划。预测计划应包括:服装市场预测工作的负责单位;预测前的准备工作;收集和整理信息资料的方法和步骤;预测方法的选择;对预测准确度的要求;预测工作的期限;预测费用等。预测计划在实施后,对于存在问题的地方可对原计划进行修正,所以,预测计划是确保预测工作按时完成的重要依据。

预测方案的编制过程和具体内容与"市场调研方案策划"相似,不同在于:在制订预测方案时,研究者的关注点是用历史数据推断未来,因此更注重收集历史序列数据。相对来讲,收集历史序列数据更加困难。

3. 收集和整理信息资料

预测目标的建立,需要以有关的信息资料为依据。因此,要收集预测目标未来发展的有关信息资料。收集数据资料的过程是市场调查的过程。本书此前所讲的市场调研、问卷设计和样本设计的方法都可以应用在这里。不过,预测需要更多的历史序列数据,而收集这种数据则是预测收集数据资料的重点和难点所在。是否能够找到可靠而适用的历史序列数据,常是预测能否成功的关键。

收集预测目标未来发展的有关信息资料,一般包括内部资料和外部资料。内部资料:主要包括纺织服装企业内部积累的统计资料、市场调查报告、市场动态分析等。外部资料:主要包括政府部门公布的统计资料、高等院校和科研单位的研究报告、报刊发表的服装市场资料等。

对已有的原始资料要进行调整:凡是统计指标的口径、统计核算的方法、统计时间等前后不一致的要进行调整;凡是受某些非常态因素影响的数据,要加以剔除;凡是通过整理发现原始资料需要补缺的,要尽量收集补齐。

4. 选择预测方法,建立预测模型

预测方法的选择在收集数据资料之前就应该考虑,因为采用不同的预测方法和预测模型,要求的数据资料是不同的。比如,如果只是做一个定性预测,可能没有必要花很大的气力去收集量化的数据。相反,如果要做一个定量预测,尤其是做一个时间序列的定量预测,那么就要求研究者不但要收集量化数据,而且尽可能掌握完整的历史数据。当然,预测方法也可以事后选择,即根据掌握的数据资料,决定选择什么工具进行预测。

因此,服装市场预测方法的选择要服从预测目的,其核心是建立预测模型。在服装市场预测时,应根据预测目标和占有的信息资料,选择适当的预测方法和预测模型进行预测。预测方法和预测模型的选择,还要考虑预测费用的多少和对预测精度的要求。按照选定的预测方法所得预测结果,一定要尽量接近客观事物的实际情况。例如,威龙纺织公司1—3月的纺织服装销售额分别为165万元、250万元、350万元,若采用简单平均来估计4月的销售额,则4月的销售额为255万元。这个预测结果显然与销售额的发展趋势不同。为此,就必须了解所采用的预测方法的基本特征,认识其优缺点,以便在实践中正确使用,提高预测的准确度。有时还可以把几种预测方法结合起来使用,互相验证和综合分析预测结果。

一般来说,对定量预测,可以建立数学模型;对定性预测,可以建立逻辑思维模型,然后,选择适当预测方法进行预测模型计算和估计。

5. 预测组织实施

预测的组织实施,是进行预测的具体操作过程。对相同的预测对象,运用不同的预测方法,有可能取得大体一致的预测结果,也可能得到本质不同的预测结果。因此,在做些重要的市场预测时,可以多采用几种方法进行预测,一方面使预测结果之间相互印证,另一方面也可以明确不同预测结果成立的条件,以便决策者判断选择。

6. 分析评价预测模型

根据预测模型,输入有关的资料,经过运算,获得预测结果后,对预测效果进行评估,以便不断改进预测方法,积累预测经验,若估计预测误差在要求允许的范围之内,则预测效果好,可以采用;反之,则预测效果差,不能采用,应该修正和重新预测。

7．评估与修正预测模型

预测效果的评估就是要判定预测结果的可信程度以及是否切合实际。这需要根据统计检验的结果和相关人员的直观判断来进行。预测效果的评估结果一方面是研究者对预测活动的经验总结，会影响他们在未来进行市场预测时的组织活动和工具选择，另一方面也会对企业选择市场调查与预测机构有重要的影响。

当我们估计预测误差大时，应具体分析产生误差的原因，并及时修正，重新测算和预测。常用的修正方法有：增加样本容量；增加解释变量个数；改变方程结构形式；根据平均误差的大小，调整方程截距；改变预测方法等。

8．写出总结报告

预测报告是对整个预测结果的总结。具体地，应将预测的全过程及取得的预测结果进行概括说明，指出预测的精度、预测目标实现的前提条件和可能性、实现预测结果应采取的措施和计划。同时认真总结预测的经验和教训，进一步改进预测工作。

6.4　服装市场调研与市场预测的关系

6.4.1　服装市场调研的意义

服装市场调研，即服装市场调查，是用科学的方法，搜集、整理和分析有关市场信息资料，为纺织服装企业的市场预测、管理决策提供市场信息的过程。管理者进行纺织服装企业管理所得情报源于市场调查，服装市场调查的意义可归纳为以下四个方面。

1．服装市场调查是获取服装市场信息的必由途径

在现代市场经济条件下，信息对于任何企业来说都是一种资源，企业经营活动的起点就是收集信息。一个纺织服装企业要从事生产经营活动，首先就要知道自己生产何种纺织品、生产量多少等问题。在市场经济条件下，这些信息只能而且必须由企业进行市场调查去寻找有用的信息。

2．服装市场调查是认识服装市场的最佳途径

市场是一个大环境，纺织服装企业从事市场经营活动最基本的要求就是了解、认识适合自己生存和发展的客观环境，即市场。企业要想了解市场的基本情况，就要通过市场调查来实现。在纺织服装企业的经营实践中，了解消费者的需求只是认识市场的第一步，要全面深入地了解服装市场，企业还需要了解更多、更全面的信息，进行更多的市场调查。

3．服装市场调查是纺织服装企业发现市场机会和问题的重要手段

纺织服装企业经营管理的重要内容之一就是及时地发现市场机会或问题。不断寻求新的市场机会是企业在市场竞争中寻找发展、扩张的需要。清除企业实现经营目标的障碍，企业保持持续稳定经营的有力保障。机会和问题总是以各种形态的市场信息表现出来的，对于随机出现的机会和随时发生的问题，企业的经营管理者需要通过相关的信息来发现和识别市场机会和问题，市场调查就是全面获取这些市场信息最直接有效的手段。因此，服装市场调查是企业及时发现市场机会和问题的必要手段。

4．服装市场调查是纺织服装企业经营与管理决策的依据和基础

从现代企业经营管理的角度来看，服装市场调查的根本任务就是为企业的经营决策

和管理决策提供依据和支持。在市场经济条件下,企业自主经营、自主决策、自负盈亏。实际而科学的决策在一定程度上决定着企业的经济效益和前途,而科学正确的决策则依赖于对市场的准确分析和把握,即科学正确的经营决策须以科学准确的市场调查为基础。

总之,服装市场调查是现代纺织服装企业的重要组成部分,其市场调查活动贯穿于企业经营管理过程的每个环节,渗透到各个方面。从营销管理方面来说,在服装市场营销的分析、计划、组织、实施和控制的每个阶段,都需要市场信息的支持,需要通过服装市场调查提供必要的信息。而且,随着市场的不断扩展、市场营销环境的加速变化和市场竞争的日益激烈,纺织服装企业对市场信息的需求和依赖程度也越来越高,从而对服装市场调查的需求和依赖程度也越来越高。

6.4.2　服装市场预测的意义

如今的市场经济,决定了任何经济活动都离不开市场预测。服装市场预测,是综合服装市场在过去和现在呈现的各种状态,应用科学的方法对服装市场未来的变化进行预测,为纺织服装企业营销活动的科学决策提供依据的一系列活动。服装市场预测的意义存在以下四个方面。

1. 服装市场预测是纺织服装企业经营决策的基本前提

经营决策的正确与否及正确程度的高低,决定着企业的成败,正确的决策需以科学的市场预测为基础。首先,市场预测为经营决策提供未来的有关经济信息;其次,市场预测为经营决策提供决策目标和必要的备选方案;最后,市场预测为经营决策方案实施提供参照系,以利于调整经营措施,确保决策目标的实现。

2. 服装市场预测是纺织服装企业实现资源有效配置的基本依据

在市场经济条件下,经济发展中生产、流通、交换、分配的关系,产、供、销的关系,资源配置的关系都只能以市场为导向,才能求得合理的组织与良性的循环。市场竞争激烈,变化无常,没有科学的资源预测就不能实现资源有效配置,就达不到市场机制的正常运作。正确而科学的市场预测有助于企业通过市场变化信号,掌握商品供求变动与价格趋势,从而正确确定与调节自己的经营方向,制定相应的营销策略,合理安排人、财、物的比例和流向,使资源得到最充分的利用。

3. 服装市场预测是纺织服装企业提高管理水平的基本条件

一个企业的经营管理水平,不仅表现在决策水平上,而且还表现在经营计划的水平上。企业经营计划不但离不开企业历史的和现实的状况与轨迹,而且还需要把握企业环境的变化趋势、产品发展趋势及市场供需的变化趋势。只有通过科学的市场预测,才能使各项计划指标得以量化并避免主观性和盲目性。

4. 服装市场预测是纺织服装企业实现利益最大化的重要手段

在影响企业经济效益的众多因素中,市场调查与市场预测工作无疑是重要的影响因素,只有在市场调查的基础上,重视并做好市场预测的工作,才能制定正确的决策,使企业的行为符合市场需求,从而实现企业效益的最大化。

综上所述,服装市场预测是宏观经济管理和微观经济决策的重要职能,是科学组织社会化大生产,有效利用市场机制,合理配置资源,提高经济效益的重要手段,是企业按照市场经济发展规律,科学制定企业市场营销发展战略和营销计划的客观依据。服装市场预测在经济决策和计划管理中发挥越来越重要的作用。

6.4.3　服装市场调研与市场预测的联系与区别

服装市场调研与预测是纺织服装企业制定营销活动各项策略的基础,二者是两个相对独立的部分,既存在密切联系,又有独特的部分。

1. 服装市场调研与市场预测之间的联系

(1)服装市场预测的项目源于服装市场调研。服装市场调查是为了解决服装市场营销活动及企业管理过程中面临的诸多问题和矛盾,或者为市场预测提供研究方向。例如,企业发现商品销售下降、利润减少,一般就要进行市场调查,搜集材料,分析原因,采取对策。市场预测是为了了解未来市场发展趋势,制定营销策略,而没有市场调查的基础,这一市场预测目标就无法实现。

(2)服装市场预测所需资料源于服装市场调查。市场预测要想取得准确的结果,必须对市场信息进行分析,从中找出规律性,选择正确的预测方法。而市场调查获得的大量信息资料正是市场预测的资料来源。例如,市场调查成果除市场调查报告外,还有大量系统的市场信息资料。这些为市场预测数学模型的建立与求解提供了大量历史数据,有助于取得准确可靠的预测结果。

(3)服装市场预测技术的丰富和充实源于服装市场调查方法。市场调查方法很多具有简便实用、易懂好掌握的特点,市场预测的许多方法正是在市场调查基础上充实、提高而形成的,如用于预测的"专家意见法"。有些简单的市场调查方法,如小组座谈法等,若在调查内容中加入预测项目,同样可以得到简明的预测效果。

(4)服装市场预测的结论要依靠服装市场调查来验证和修订。服装市场预测尽管具有一定的科学性,但毕竟是事先的估计,不是客观事实,需要市场发展的实践来检验,因此需要市场调查分析、论证预测的成功或失误的原因,总结经验教训,不断提高市场预测水平。此外,在做出预测之后,也可以通过市场调查获得新的信息,发现新的问题,对预测结果进行修正。

综上,纺织服装调查是认识服装市场变化的起点,也是服装市场预测的出发点。离开市场调查,根本谈不上科学的市场预测。因此,市场调查实际已成为市场预测的有机组成部分。市场预测只有建立在市场调查的基础之上,才会结出丰硕的果实,才能发挥其应有的作用。

2. 服装市场调研与市场预测的区别

(1)服装市场调研与市场预测的侧重点不同。服装市场调研与市场预测,都是研究服装市场商品供求关系及其影响因素,虽然不免有交叉、重叠部分,但区别依然明显。

服装市场调研侧重对于服装市场现状和历史的研究是对客观事实的描述性研究,目的是了解服装市场客观实际情况,弄清事实真相并及时捕捉市场信息。服装市场预测侧重于服装市场未来的研究是一种预见性研究,着重探讨服装市场供求关系的发展趋势及各种影响趋势变化因素,目的是对未来的服装市场及时做出推断和估计。

(2)服装市场调研与市场预测的结果不同。服装市场调研所获得的结果是服装市场的各种依据、资料和调查报告,这些都是客观现实的真实反映,涉及的内容比服装市场预测要广泛得多。这些既可作为服装市场预测的依据和资料,也可直接为经济部门和服装企业的日常管理提供依据。服装市场预测所获得的结果是关于未来服装市场发展的预测报告是一种有一定科学依据的假定,主要为制订计划和管理决策服务。

(3)服装市场调研与市场预测的研究过程和研究方法也不完全相同。服装市场调研是在对服装市场缺乏全面了解时,进行初步的研究。一旦对服装市场有了认识,了解了服装市场现状,就可以规划未来的发展目标,就需要对服装市场进一步地预测。从研究方法看,市场调研的方法多属于了解情况、认识市场、捕捉信息的定性研究。服装市场预测方法多是建立在定性分析基础上的定量测算,许多方面需要运用数学方法和模型进行测算。

6.5 本章小结

(1)服装市场预测是在对服装市场进行市场调研的基础上,运用科学的预测手段与方法对影响服装市场诸因素的过去和现在的状况及发展变化进行分析研究,对服装市场的未来发展与不确定状态做出判断、预计和测算。例如,对纺织服装企业的产品需求状况的预测,利润变化情况的预测,纺织服装价格的预测,服装消费心理的预测,居民消费习惯和购买力情况的变化预测等。服装市场预测需要惯性原理、相关性原理、统计学原理、类比原理等基本原理作为指导。

(2)服装市场预测是纺织服装企业正确实施市场营销管理的基础,是纺织服装企业进行决策的前提和先决条件,正确的预测可以向纺织服装企业提出风险预警,为纺织服装企业制订应急方案提供依据,使纺织服装企业既可以避开市场风险,减少风险给纺织服装企业经营活动造成的不良影响。只有对需求的未来发展变化做出正确的预测,纺织服装企业按需调整产品结构,使产品适销对路、满足需求。服装市场预测按照产品、时间、性质、空间等层次可以分为不同的类型。

(3)服装市场预测与服装市场调查,在内容上,同样的广泛和复杂,由于服装市场主体的不同,和服装市场预测的目的要求不同,服装市场预测的侧重点也有所不同。从纺织服装企业来说,进行服装市场预测,主要有:服装市场需求预测、产品生命周期预测、市场占有率预测、市场销售预测、商品资源预测等。

(4)服装市场上的产品多种多样,变化速度也快,使服装市场预测有了一定的难度。这又表明了服装市场预测的必要性,服装市场预测基本程序的制定,有利于提高预测工作的效率,保障预测的精度与质量,以便更有效地为纺织服装企业经营决策工作服务。具体包括:确定预测目标、拟订预测计划、收集和整理信息资料、选择预测方法,建立预测模型、分析评价预测模型、修正预测模型、写出总结报告。

(5)服装市场调研与预测是纺织服装企业制定营销活动各项策略的基础,二者是两个相对独立的部分,既存在密切联系,又有独特的部分。联系在于:服装市场预测的项目源于服装市场调查、所需资料源于服装市场调查、技术的丰富和充实源于服装市场调查方法、结论要依靠服装市场调查来验证和修订。区别在于:侧重点不同、结果不同、研究过程和研究方法也不完全相同。

案例分析

"耐克"运动鞋大王的创业传奇

1985年春天,美国数以百万计的电视观众,看到了这样一段广告:一个篮球飞快地滚向球场一端,等候在那里的一位英俊小伙轻松地用穿着彩色运动鞋的脚将球勾入掌中,开始带球移动,与此同时,传来发动机引擎的刺耳噪音,引擎的咆哮声越来越响,小伙子随之一飞冲天。广告的最后10s是乔丹的"云中漫步",即使从未看过篮球比赛的观众,也会感叹于他精湛的技巧。这段广告不仅是证明乔丹拥有特殊的飞行能力,也暗示他脚下那双鞋与此也有必然的联系。而在这个广告中,那个神奇的小伙子就是著名的NBA运动球星迈克尔·乔丹,他脚下的那双运动鞋就是著名的品牌"耐克"。退役前,乔丹由衷地感叹:"菲尔·奈特和耐克把我变成了一个梦幻人物。"这里面的奈特就是"耐克"的创始人。他把一个小公司变成了大集团。

1. 不及格的运动员

1938年,一个普通的男孩出生在美国,和当时大多数的同龄人一样,他喜欢运动,打篮球、棒球、跑步,他的名字叫菲尔·奈特,作为一个普通平常的年轻人,他对阿迪达斯、彪马这类运动品牌十分熟悉,但是让人意想不到的是,就是这个平凡的小伙子,以后开创出一个新的品牌——耐克,它甚至超过了阿迪达斯在运动领域的支配地位。耐特一直很喜欢运动,他高中的论文几乎都是跟运动有关的,就连大学也选择的是美国田径运动的大本营——俄勒冈大学。虽然耐特喜欢运动,但只是一位成绩平庸的1英里跑运动员,他的最好成绩是4分13秒,差一点没有进入世界级运动员(成绩为4分)的行列,像他这样差一点的人实在太多了!但幸亏如此,否则今天的我们就见不到一个伟大的企业家。

在俄勒冈,耐特遇到了自己一生的良师益友,就是自己的教练比尔·鲍尔曼。鲍尔曼在20世纪50年代曾连续打破世界长跑纪录,俄勒冈州尤金市也因此而扬名。他是个事业心极强的人,一心要使自己的运动队超过其他队。训练比赛中,运动员的脚病是最常犯的,鲍尔曼便想设计出一种鞋,底轻而支撑又好,摩擦力小且稳定性强,这样可以减少运动员脚部的伤痛,跑出好成绩。

于是,鲍尔曼精心设计了几幅运动鞋的图样。他找了好几家制鞋公司,但却没有人理会他,倔强的鲍尔曼干脆自己请教补鞋匠,学会了做鞋,在一次运动会上,他的运动员穿上了由他亲手制作的、外表难看但轻巧舒适的鞋,结果跑出了比以往任何一次比赛都好的名次。毕业后,耐特继续到斯坦福大学攻读MBA学位,而鲍尔曼则继续在大学里当田径教练并设计运动鞋。

1960年,耐特毕业了。其间他在一个调查报告中提到,很多体育名将和普通运动员其实都有一个共同的目标:打败阿迪达斯,让越来越多的运动员穿上日本生产的高质量低价格的跑鞋——Tigers(虎牌)。毕业后的耐特决定到日本去寻找一个机会。

在日本的展览会上,耐特碰到了日本的虎牌运动鞋厂家,他自称是来自美国的"蓝丝带运动公司",刚好虎牌需要一个代理商打入美国市场,于是就把代理权给了这个初出茅庐的小伙子。

拿到代理权的耐特立即找到了鲍尔曼,他们两个人出资500美元,组成真正的蓝丝带运动公司,成为虎牌运动鞋在美国的独家经销商,开始了最初的创业。这个"蓝丝带"就是"耐克"的前身。

2. 耐克辉煌

刚起步时,没有仓房,耐特把存货放在岳父家的地下室里,他和鲍尔曼两个人一个管财务,一个管设计,配合得十分默契。事实证明,他对市场的预测是正确的,这种低价运动鞋销量很好,第一年便销售了价值 8000 美元的货品。

1968 年,经鲍尔曼改制过的 Cortez 鞋成为虎牌运动鞋的最畅销产品,耐特为公司的发展打下坚实的财务基础。公司的生意开始逐渐好转起来。不久,日本总公司察觉产品销路不错,便要求他们先汇款后发货。

这样一来,鲍尔曼他们的成本就大大地提高了,只好加倍努力推销。但日本方面还常常不按期交货,甚至把一等品偷偷地留在日本销售,把次品送往美国。一次,鲍尔曼他们收到一批鞋,顾客穿了两个星期,鞋底鞋帮就分家了。他们只好忍气吞声,为了维护信誉,及时给顾客退换了。更可气的是,虎牌又派代表来到尤金市,提出购买鲍尔曼公司 51% 的股份,并在 5 个董事中占两席,如果拒绝这个要求,立即停止供货。受尽日商刁难的鲍尔曼和耐特忍无可忍,断然拒绝了这一非分要求。

耐特和鲍尔曼决定开一家属于自己的公司,起名为耐克,这是根据希腊胜利之神的名字而取的。而 Nike 这个名字,在西方人的眼里很吉利,易读易记,很能叫得响。他们很快推出了以"耐克"命名的运动鞋,并且设计了精美的商标。耐克那个著名的"一勾"商标十分醒目,具有视觉上的吸引力,以及运动鞋和其他体育用品应具有的那种动感,象征力量和速度。

为了做宣传,耐特和他的妻子亲手印制了耐克 T 恤到奥运会的预赛场上分发,但看见的人都问:"谁是 Nike?",但在比赛中,耐特小小地出了一把风头,被说服使用这种新鞋的马拉松运动员获得第四~七名,而穿阿迪达斯鞋的运动员则在预选赛中获前三名。

在运动鞋行业,耐克面临着激烈的竞争。耐特和鲍尔曼意识到:如果不能开发出比现在产品更好的新产品,根本没希望提高市场占有率。而且,到目前为止,美国鞋商生产出来的还远比不上前联邦德国阿迪达斯公司生产的外国鞋。

1975 年,一个星期天的早晨,鲍尔曼在烘烤华夫饼干的铁模中摆弄出一种尿烷橡胶,用它制成一种新型鞋底,在这种华夫饼干式的鞋上装上小橡胶圆钉,使得这种鞋底的弹性比市场上流行的其他鞋的弹性都强。这种看上去很简单的产品改进,成为耐特和鲍尔曼事业的起点。

1976 年,耐克从前一年的 830 万美元猛增到 1400 万美元。它像野火一样发展起来,公司为开发新样式跑鞋而花费巨资。在这些改进中,耐克气垫给人留下了很深的印象。耐克气垫是用来嵌入鞋跟部的充气垫,它是公司制鞋技术上的一张王牌。它能比泡沫海绵或橡胶保持更长时间的弹性,穿着舒适、平稳。现在,几乎所有耐克公司出品的正宗的耐克运动鞋都嵌有这种气垫。

有趣的是,消费者并不清楚其中的奥秘,然而,这点却又正是耐克高质量、高性能、高品质之所在。怎么办呢?

于是销售策划人员在广告上动了一番脑筋。很快一幅十分有特色而又吸引人的广告画出现了。在一只耐克鞋的脚跟部开了两个"窗子",人们透过"窗子"可见到鞋底的耐克气垫。这幅广告画大大吸引了消费者,并且使他们一目了然地明白了耐克比其他运动鞋技高一筹之处。随后的两年里,"耐克"的销售额也紧跟着翻了两番。

到 20 世纪 70 年代末,耐克公司有将近 100 名研究人员,其中许多人有生物、化学、实验生物学、工程技术、工业设计学、化学和多种相关领域的学位。这雄厚的研究力量开发出

140 余种不同式样的产品,其中不少产品是市场最新颖和工艺最先进的。这些样式是根据不同脚型、体重、跑速、训练计划、性别和不同技术水平设计的。这些风格各异,价格不同和多种用途的产品,吸引了成千上万的跑步者,使他们感到耐克是提供品种最齐全的跑鞋制造商,数百万各式各样、各种能力的跑步者都有了这种观念。

靠着永不停息的企业理念,到了 1979 年,耐克通过策划新产品的上市及其强劲推销,市场占有率达到 33%,终于挤进原来由阿迪达斯、彪马和 Tiger 所建的“铁三角”,成为销售明星。到了 1981 年,其市场份额甚至达到 50%,遥遥领先于阿迪达斯,而耐特本人也“跑步”进入了《福布斯》杂志令人垂涎的美国最富有的 400 人之列。耐克文化“体育、表演、洒脱自由的运动员精神”是耐克追求的个性化的公司文化。这个具有鲜明特征的公司文化一反传统观念的企业形象,耐克是富有冒险精神的开拓型公司,就在他们青翠的俄勒冈州公司所在地,已经培育出一种精心设计的文化,耐克一位老资格的经理曾经回忆:“那就像是在一个充满手足情谊的环境中工作。同事们在一起痛快地喝酒,滔滔不绝地谈论体育,并自诩为活跃且反传统的人物。”每 6 个月,耐特的管理队伍要聚会讨论策略。这个大吵大闹的聚会以“针锋相对”著称。耐特总是鼓励对抗,甚至是怂恿对抗,而且他和其他人一样,接受别人的大声指责。耐克企业的所在地就像校园一样,有森林、慢跑小径、湖泊、足球场。耐特希望创造出一个祥和的工作环境,他认为世界已经够混乱的了,工作时间应像家一样自由。

在广告策略中,耐克也表现出不同于别人的活力。耐克寻找的运动员的类型有别于阿迪达斯,他们特立独行、个性强烈、脾气暴躁、富于进攻性。例如,网球明星麦肯罗,人们老是看到他在网球场上大发脾气,与权威们争吵。还有网球名将阿加西,他留胡子,长发蓬乱,将牛仔裤剪短当网球裤,而这种牛仔网球裤也成为耐克公司的特色产品。有了这些大牌体育明星做活广告,耐克运动鞋已不再仅仅是运动鞋,而成了偶像和社会地位的象征物。1984年,耐克开始以广告代言人的策略重新树立自己的形象。他与乔丹签订了一份 5 年合同,给乔丹的条件还包括赠与耐克的股票,以及以前所未有的礼遇,在耐克运动鞋上使用乔丹的名字。几乎所有的人都认为这是傻瓜才干的,只不过是一个代言人而已。但耐特坚持这样做,乔丹对耐克的影响是巨大的。乔丹身上凝聚了活力、声望、高超的竞技水平和令人振奋的体育精神,他的分量超过任何耐克理想中的标志。

耐克借助乔丹创造了新品牌“飞腾乔丹”(Air Jordon),生产五颜六色的篮球鞋和配套的服装。“飞腾乔丹”既是成功的广告战役,也是品牌战的胜利,在第一年销售量就高达 1 亿美元。乔丹第一次穿上这种运动鞋就遭到了 NBA 官员的禁止,他们认为这违反了联盟的着装条例。耐克敏锐地感到这是一次进行公共关系活动的大好时机,于是发起一场广告声援,宣称“飞腾乔丹”被禁是由于它“革命性的设计”。结果耐克和“飞腾乔丹”登上了无数报刊的封面头条,NBA 遭到围攻。这件事最后以有利于耐克的结局告终。

用运动员做广告是很多人都会想到的,但是做得最成功的只有耐特!还有那个无数人熟知的“Just do it”,第一个“Just do it”广告的主人公是坐在轮椅上的田径运动员克莱格·布朗修,广告口号是出现在黑色背景下的反白字。广告语没有念出声,但它却唤起了一代人的共鸣。它让人想起一个过于肥胖的人推迟了他的减肥计划,忙碌的职员们被其他事情打乱了健身活动,以及所有梦想参加体育活动却被种种事务打断的人。这仿佛是耐克在敦促人们去锻炼身体,马上去行动,去实现。

第7章 服装市场定性预测法

【知识目标】

1. 服装市场个人判断预测法。
2. 服装市场集体经验判断预测法。
3. 服装市场专家预测法。

【能力目标】

1. 掌握服装市场个人判断预测法各种类型的操作。
2. 掌握服装市场集体经验判断预测法各种类型的操作。
3. 掌握服装市场专家预测法各种类型的操作与应用。

服装市场定性预测是指拥有较好实践能力和理论能力的相关人员,通过对历史数据的分析与研究,结合个人经验与实际情况,运用个人的逻辑推理和判断能力,从性质和程度两个方面对事物未来的发展做出综合的分析及判断,形成综合的评估方案。在服装市场预测应用研究中,常用的有服装市场个人判断预测法、服装市场集体经验判断预测法及服装市场专家判断预测法三大类。

7.1 服装市场个人判断预测法

7.1.1 服装市场个人判断预测法类别

个人直观判断是在企业经营活动中,有关人员凭借个人的经验和知识对事物的未来发展趋势做出判断。个人判断的准确性很大程度上取决于预测者获取数据资料和进行逻辑推理的能力。个人直观判断可以划分为两大类:相关推断和对比类推。

1. 相关推断

相关推断法就是根据事物之间的相关关系,从已知经济现象及经济指标的发展趋势,推断预测对象的未来发展动向。在运用相关推断时,首先要依据理论分析或实践经验,找出与预测对象相关的各种因素,然后再根据事物之间内在的联系(如相关关系或因果关系)对预测对象进行推断。具体的推断方法有:从时间关系上进行推断、从相关变动方向上进行推断及多因素综合推断。

（1）从时间关系上进行推断。某些经济现象在另一种经济现象出现变动后，经过一段时间会随之发生相应的变化这种相关的变动关系，被称为时间上的先行后行关系。它反映着因果联系的时间顺序性，原因在先，结果在后，相隔的时间称为滞后时间。例如，当农产品提价、职工工资提高以后相隔一段时间，城乡购买力就会随之提高，市场上对于某些消费品的需求就会增加；婴儿出生人数增加，婴儿用品的市场需求量也会随之增加。

在市场预测中，可以根据这种先行后行关系，从已知的相关领先指标的变化情况来推断相对滞后的预测对象的变化情况。当然，从时间关系上进行推断，重要的是弄清楚滞后时间。这常常需要借助统计资料和统计分析进行计算。

（2）从相关变动方向上进行推断。在两个相关事物之间的变动关系中，不仅有时间上的先后，还有变动方向上的正向与负向关联性。当一个事物的数量增加会引起另一事物的数量也随之增加时，两者有正相关关系；当一个事物的数量增加会引起另一个事物的数量随之减少时，两者有负相关关系。可以利用事物之间这种正向或反向变化的关系与强度，判断预测对象的变动趋向。例如，劳动生产率的提高会使单位产品的成本下降；工业总产值增加，利税总额也会随之增加。

（3）多因素综合推断。多因素综合推断就是在综合分析影响预测对象的各个因素的基础上，对预测对象变化的趋势做出定性估计。运用这种方法推断，首先要找出对预测对象有影响的各种因素；其次，对每个因素进行分析，了解它们对于预测对象作用力的大小和方向；最后，对各个因素的作用做出综合性推断，用各因素的"合力"来推测预测对象的变化趋势。

2. 对比类推法

对比类推法就是把预测对象与其他相似的事物放在一起，通过相互对照来推断预测对象未来发展变化的趋势。常见的方法有两种：第一，不同国家或地区之间类似经济现象的推断；第二，不同产品之间类似情况的类推。

（1）不同国家或地区之间类似经济现象的推断。同一时期，不同国家的经济发展水平不同。一般而言，发达国家的经济发展状况和生活方式对落后国家有着很大的影响。一旦条件许可，发达国家以前的一些现象往往会在落后国家出现。不同国家之间类似经济现象的推断就是把所要预测的事物同国外同类事物的发展过程或变动趋势进行类比，找出其中共有的变动规律性，并以此推断预测对象的未来变化趋向。例如，发达国家某些产品的市场寿命周期，在很大程度上可以用来类比推断这些产品在欠发达国家的市场寿命周期。

相似的对比类推也可以用在同一个国家不同的地区之间。例如，城市居民的家庭用品，若干时间后，可能被农村居民所仿效而购买。当在城市推销某种产品不景气时，往往农村市场的开拓可能会给企业带来希望之光。又如，已知某种服装款式在沿海城市广为流行，此时可以类推，内地某些城市也可能流行，只不过会存在"时间差"。

（2）不同产品之间类似情况的类推。这种对比类推，以其他相近产品的发展变化情况推断某种新产品的发展变化趋势。例如，随着生活水平的提高，人们越发注重自身的美感，特别是形体美。针对这种情况某些厂家生产出减肥茶、减肥食品等。当这些产品被消费者接受，受到消费者欢迎以后，可以预见其他类似的以减肥为诉求的产品也会得到消费者的认可和欢迎。

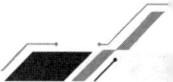

7.1.2　服装市场个人判断预测法方法

服装市场个人判断预测指预测者个人根据所掌握的服装市场信息资料,凭借自己的知识经验,对预测目标做出符合客观实际的估计与判断。在服装市场预测中,常用的个人判断预测法有:经理人员意见法、销售人员意见法和顾客意见法。

1. 经理人员意见法

经理人员意见法是根据厂长、经理等高级主管人员的意见,加以综合后得出预测结果的一种方法。由于厂长、经理等高级主管人员对纺织服装企业的产、供、销情况比较熟悉,掌握的资料也比较全面,而且对纺织服装企业的发展战略、宏观经济环境也了解较多,又具有实践经验,因而是一种常用的预测方法。

经理人员意见法的主要步骤如下。

(1) 经理根据经营管理的需要,向业务主管部门提出预测目标。

(2) 各业务主管部门根据自己所掌握的情况,提出自己的预测意见。

(3) 经理对各种意见综合、判断、分析,得出预测结果。

例 1　南大商业购物中心对来年春季四大类穿着商品销售情况进行预测。根据各销售部门预测的情况,购物中心经理汇总得出来年春季风衣销售将增长 3～4 倍;牛仔服增长 80%～90%;男女衬衫增长 70%～80%;而面料、针织、鞋帽销售增长分别为 40%、50% 和 30%。由此分析预测出,在来年春装市场,四大类穿着商品中牛仔服将上升最高。

经理人员意见法的优点:简单、经济和预测时间短;不需要大量资料;可以发挥集体智慧使预测结果更准确;如果服装市场发生了变化,可以立即修正。

经理人员意见法的局限性:预测的结果容易受主观因素的影响;对服装市场变化、顾客的期望等问题了解得不细,预测的精确度不高。所以这种方法一般用于近期或短期的服装预测,或结合其他使用方法。

2. 销售人员意见法

销售人员意见法就是在进行服装市场预测时,服装企业将本企业销售人员集中起来,让他们对自己负责的销售区域(或产品)未来的销售额做出估计,然后把他们每一个人的估计销售额汇总起来,对服装市场销售前景作出预测的方法。该方法一般适用于近期或短期预测。

销售人员意见法的一般步骤如下。

(1) 由服装公司或企业向销售人员提供背景材料。背景材料包括本服装公司或企业的营销策略、措施,产供销的统计资料和市场信息。它们供销售人员作为预测参考之用。

(2) 销售人员根据自己所经营的服装商品品种、种类、顾客消费情况及经营状况,预测次季、次年的销售量和销售额。

(3) 各销售区域、商场负责人,对销售人员的预测结果进行审定、修正,并进行汇总、上报。

(4) 服装公司或企业将销售区域、商场的预测数进行汇总、审核、修订后,得出预测总数。

例 2　鸿发纺织服装公司或企业有 3 名销售经理,他们对自己负责的销售区域下一年度皮衣销售额分别作了估计,如表 7-1 所示。

表 7-1 各销售人员估计销售额表

预测人员	估 计 值						
	最高销售额/万元	概率	最高销售额/万元	概率	最低销售额/万元	概率	期望值/万元
张经理	400	0.2	320	0.5	240	0.3	312
李经理	300	0.3	280	0.6	240	0.1	282
王经理	300	0.3	280	0.6	220	0.1	282

表 7-1 中期望值的计算公式为

期望值＝最高销售额×概率＋最可能销售额×概率＋最低销售额×概率

如果将这三个销售经理的期望值合计求平均,就可以得到鸿发纺织服装公司下一年度皮衣销售的预测值为 292 万元。

销售人员意见法的优点:销售人员最接近服装市场和客户,对用户的需求、销售动向和厂家的产品等比较了解,预测结果经多次审核、修正,较为接近实际。另外,预测目标由销售人员自己提出,有利于完成销售任务,也易于调动他们的积极性。

销售人员意见法的不足之处:销售人员受工作岗位限制,虽然对近期、局部情况了解较多,而对纺织服装公司或企业发展战略和宏观经济发展状况却了解较少,因此,预测的结果就难免出现一些偏差。

3. 顾客意见法

顾客意见法(又叫用户意见法)是指通过收集用户购买意向、需求数量和对纺织服装商品评价等方面的意见,推断纺织服装商品未来需求量的一种测试方法。

在收集用户意见时,可采用抽样调查等方式。收集用户意见可通过下列途径。

(1)有服装市场调查人员对用户进行个别访问、电话询问,征询用户意见。

(2)发调查表或邮寄调查表,征集用户意见。

(3)通过举办服装商品展销会、订货会,征询用户意见。

(4)通过服装商品零售柜台,直接征集用户意见。

服装市场预测人员将征询到的用户意见,进行综合分析,并根据以往的经验和现时的经济状况,就可以预测用户在一定时期内对服装商品的需求数量、质量、品种、规格和价格等资料。

例 3 江州市针织机械厂 2022 年 4 月召开了一次订货会,该厂在订货会上采用发调查表的方式,向与会者进行了产品需求调查,调查项目如表 7-2 所示。

表 7-2 针织机械需求情况调查表

用户名称		所在地区		省 市县
人数规模		主要生产品种		

请您回答下列问题。(在回答栏中写明或打"√",如不便回答,可写"?")

问 题	回 答
1. 贵单位现有多少针织设备?	台车____台;棉毛机____台;罗纹机____; 羊毛衫圆机____台;弹力网眼机____台;其他____。

问 题	回 答
2. 贵单位最近增添针织设备吗?	今年下半年:不增;增加____台;不清楚。 明年:不增;增加____台;不清楚。
3. 贵单位认为我厂针织产品在哪些方面有缺点?服务方面有什么问题?	质量;品种;规格;包装;按合同交货;技术服务;其他____。
4. 您估计您单位明年对我厂产品需要量方面会有变化吗?	不变;增加;减少;不清楚(这仅是征求您个人的看法,不作为订货依据)。
5. 如有变化的话,您估计百分比有多大?	1%～5%；6%～10%；11%～15%；16%～20%；21%～25%；26%～30%；31%以上。
6. 您估计您单位明年对我厂产品的需求,在规格和品种方面有变化吗?	不变;有改变;增加;减少;不清楚。
7. 其变化的情况能告诉我们吗?	可能增加的规格和品种是_____; 可能减少的规格和品种是_____。
8. 贵单位当前需要我厂帮助解决哪些问题?	品种选择;针织设备使用方法;针织机械配件;其他_____。
9. 贵单位对我厂有哪些意见和要求?	

请您将此表____月____日前填好送回,十分感谢您的支持和回答!

调查表中 1、2 问是为用户建立针织机械使用档案;3、8、9 问是为了改进产品质量,提高对用户的服务质量;4、5 问是本次调查的主要问题,是预测下一年度针织机械销量的依据;6、7 问是征询用户在下一年度对针织机械品种、规格方面的变化需求,这为调整产品提供参考。

该厂将调查表进行汇总后,根据 4、5 两个问题的答案,进行分析判断。该厂预测:2023 年的针织机械销量将比 2022 年有所增长,增长幅度为 16%～20%。

7.2 服装市场集体经验判断预测法

7.2.1 服装市场集体经验判断预测法内涵

服装市场集体经验判断预测法是指根据预测目标,通过会议的形式召集与预测目标有关联的各方面人员,进行集体分析判断,得出预测结果。集体经验判断法与个人判断法相比,克服了个人判断的局限性,能够做到集思广益,充分发挥集体的智慧和力量,在一定程度上可以克服这种局限性,提高预测的质量。

这种方法的一般程序是:首先,让每个与会者自由地发表见解;其次,通过讨论找出预测的依据;最后,由预测的组织者综合大家的意见,进行分析权衡,做出预测。

7.2.2 服装市场集体经验判断预测法类型

常用的服装市场集体经验判断预测法:综合意见法和主观概率法。

1. 综合意见法

综合意见法指以会议的形式,综合厂长、经理、经营管理人员、业务人员的意见,根据已掌握的信息资料,提出个人看法,对未来服装市场做出判断,最后用平均法进行数据处理,得出服装市场预测结果的方法。它是进行近期、短期服装市场预测的常用方法。

综合意见法的预测步骤如下。

(1)征询各类人员的预测意见。

(2)计算各人预测的期望值。

(3)计算各类人员的平均期望值。

(4)计算综合判断预测值。

例4 东方纺织服装厂由王厂长、主管经营的李副厂长、3名中层管理人员和3名销售员进行下一年的销售额预测。根据现有的服装市场信息资料,在综合分析判断的基础上,每个人从各自不同角度提出了自己销售额的期望值(期望值的计算参见主观概率法)。

计算各类人员的平均期望值。

(1)王厂长的销售期望值3200万元;李副厂长的销售期望值3400万元;2名厂级领导销售期望值的重要程度相同,权数相同,故平均期望值为

$$\frac{3200+3400}{2}=3300(万元)$$

(2)3名中层管理人员,根据他们对服装市场信息掌握的情况、服装市场销售预测的经验、分析判断问题的角度、能力等的不同,分别给予不同的权数,如表7-3所示。

表7-3 中层管理人员的销售期望值和权数

职 能 部 门	销售期望值/万元	权 数
销售部刘经理	3100	0.5
生产科赵科长	3500	0.2
财务科钱科长	3320	0.3

平均期望值为

$$\frac{3100\times0.5+3500\times0.2+3320\times0.3}{0.5+0.2+0.3}=3246(万元)$$

(3)3名销售人员的销售期望值分别为:2720万元、2900万元、3360万元,如果他们的业务水平、分析判断能力、预测经验大致相同,其预测值重要程度相同,权数相同,销售额平均期望值为

$$\frac{2720+2900+3360}{3}\approx2993.3(万元)$$

即采用综合意见法预测:东方纺织服装厂明年销售额为3222.5万元。

综合意见法的优点:参加人员较多,占有较大的信息量,能集思广益,相互启发,取长补短;发挥了纺织服装企业内不同层次人员的聪明才智,较全面地集中了各方面意见;快速、及时,节省经费,计算简便等。

不足之处主要有:易受心理因素的影响。例如,参加会议的人员可能由上级、权威人士、前辈、同事等,碍于"面子"和自尊心,而不能畅所欲言。易受个性因素影响。例如,各人

不同的性格,可能影响与会者充分发表意见,难以形成统一认识等。

2. 主观概率法

主观概率法是指预测小组以主观概率为权数,对定性预测中的各种定量估计进行加权平均,得出综合性预测结果的方法。主观概率是个人对某一件事在未来发生可能性大小的主观估计值,反映个人对事件在未来发生可能性的主观判断的信任程度。主观概率也必须符合概率论的基本公理:每一事件发生的概率大于或等于 0,小于或等于 1;必然发生的事件概率等于 1,必然不发生的概率等于 0;在同一总体中各事件概率之和等于 1。

主观概率法的预测步骤如下。

(1) 每个预测者对未来销售做出最高、最可能和最低三种估计,确定各种估计的主观概率,加权平均计算每个人的预测期望值。

(2) 根据过去预测的准确程度,确定参加预测者个人的主观概率,对各人的预测期望值进行加权平均,计算综合预测值。

例 5 鸿发纺织服装公司的 3 名销售员对下一年销售额的预测,如表 7-4 所示。

表 7-4 销售人员预测期望值计算表

销售人员	估 计	销售额/万元	主观概率	销售额×概率/万元
赵某	最高销售额	3600	0.3	1080
	最可能销售额	3200	0.5	1600
	最低销售额	2800	0.2	560
	期望值	—	1/3	3240
钱某	最高销售额	3400	0.2	680
	最可能销售额	3000	0.6	1800
	最低销售额	2600	0.2	520
	期望值	—	1/3	3000
陈某	最高销售额	3200	0.2	640
	最可能销售额	800	0.5	400
	最低销售额	2400	0.3	720
	期望值	—	1/3	1760

销售员赵某的期望值为

$$3600 \times 0.3 + 3200 \times 0.5 + 2800 \times 0.2 = 3240(万元)$$

而销售员钱某、陈某的预测期望值可类推。

如果 3 位销售员的判断能力不相上下,其主观概率各为 1/3,则 3 人平均预测销售额为

$$\frac{3240 + 3000 + 1760}{3} = 2667(万元)$$

如果根据 3 位销售员的经验、能力等,确定他们预测值的权数分别为 1、2、1,则综合预测值为

$$\frac{3240 \times 1 + 3000 \times 2 + 1760 \times 1}{1 + 2 + 1} = 2750(万元)$$

每个人期望值权数的确定,一般是根据过去个人判断预测的准确程度来确定的。

为了校正预测结果,还要计算平均偏差程度作为校正的依据。根据过去若干年的实际数和预测数对比,计算比例、平均比例和平均偏差程度,如表 7-5 所示。

表 7-5 平均比例计算数

年　　份	2016	2017	2018	2019	2020	2021	2022	2023	平均比率
实际值/预测值	0.94	1.02	0.92	0.95	1.00	1.03	0.96	1.04	0.98

平均比例是各年比例的简单算术平均数,即

$$\frac{0.94+1.02+0.92+0.95+1.00+1.03+0.96+1.04}{8}=0.98$$

各年实际值比预测值有高有低,各年实际值与预测值的平均比例为 98%。

$$平均偏差程度=平均比例-1=98\%-1=-2\%$$

表明实际值比预测值平均低 2%,也就是预测值比实际值平均偏高 2%。因此,应将预测值扣除 2% 加以校正。经校正后,则该公司明年销售额预测值为 2750×98%=2695(万元)。

主观概率法常和前面介绍的经理意见法、销售人员意见法、顾客意见法综合运用。

7.3 服装市场专家判断预测法

专家判断预测法(又称专家征询法)是以专家为索取信息的对象,根据专家自己的知识、经验和分析判断能力,在历史和现实有关资料综合分析基础上,对未来服装市场变动趋势做出预见和判断的方法。它包括:专家会议法、头脑风暴法和德尔菲法。

7.3.1 专家会议法

1. 专家会议法涵义

专家会议法(又称会议调查法)是根据服装市场预测的目的和要求,向一组经过挑选的有关专家提供一定的背景资料,以开调研会的方式,对预测对象及其前景进行评价,向与会专家获取有关预测对象的信息,经归纳、分析、判断和推算,预测服装市场未来趋势的一种预测方法。

2. 专家会议法的特点

专家会议法属于集体经验判断法的范畴,与意见交换法的区别在于参加预测的均为与预测问题有关的专家。它的优点是由专家做出的判断和估计具有更高的准确性,同时,这种方法本身可以使与会专家能畅所欲言,自由辩论,充分讨论,集思广益,从而提高预测的准确性。但是,应该注意这种方法也同样存在受专家个性和心理因素或其他专家的意见的影响,同时受参加人数和讨论时间的限制,会影响预测的科学性和准确性,为此要注意专家的选择和操作技巧。

3. 专家选择的途径及要求

(1)专家选择途径:有本领域和相关领域的权威人士和熟悉业务的高层领导推荐;从有关刊物上选择;通过专家之间相互推荐;通过学术团体、学术机构等组织推荐等。

（2）专家选择要求：在采用专家会议法进行服装市场预测时，邀请的专家应具有较广的代表面，较强的代表性；要根据预测对象范围的大小和难易程度确定会议规模，一般来说，会议规模不宜过大，以不超过 10 人为好；为确保讨论质量，预测者要根据预测目标的要求事先准备调查提纲，并且要精心选择会议主持人。

专家会议法与个人判断预测法相比，其提供的预测方案丰富具体、准确可靠；特别是当专家对预测对象发表个人意见时，更便于相互交流信息，相互启发，弥补个人判断的不足。

专家会议法由于是面对面的讨论，与会者的个性、心理状态，在组织中职位的高低及说服能力等都会影响预测效果。特别是一些"权威"往往会左右他人的意见，使专家会议法的效果打折扣。因此，会场上平等自由的气氛是采用专家会议法进行预测的一个基本要求。

比如，一家企业即将向市场投放某种服装新产品，生产部门和营销部门对这种服装新产品的看法发生分歧。生产部门认为销售前景看好，可以进行批量生产；而营销部门则认为这种新产品过去没有销售过，没有历史销售资料可以借鉴，对销售前景看不准，是否进行批量生产最好不要太早下结论。为了使大家统一认识，这家企业邀请了有关方面的专家开会讨论，包括产品设计和生产方面的专家、推销专家、经营管理专家及市场调研机构的专家等。为了使会议开得富有成效，企业准备了一些背景资料，如产品的质量、成本、价格和同类产品销售情况等。在会议上，企业采用了各种方法以保证与会者畅所欲言，自由争辩。最后，预测组织者在广泛听取各方面意见的基础上，综合每位专家的意见，整理出有关新产品的竞争能力与市场需求的材料，并对该产品市场未来的销售状况做出判断和推测。

7.3.2 头脑风暴法

头脑风暴法是指根据服装市场预测目标的要求，组织各类专家相互交流意见，在头脑中进行智力碰撞，使之产生新的思维和观点，并使这些论点进一步深化、集中，进而得出最佳预测结果。它是专家会议法的进一步发展，是运用专家们创造性思维进行预测的一种方法。头脑风暴法可分为直接头脑风暴法和质疑头脑风暴法。

1. 直接头脑风暴法

直接头脑风暴法，就是采用对所要预测的问题共同进行探讨直接鼓励专家进行创造性的思维活动，促进专家小组得出预测结果的一种方法，具体做法如下。

（1）确定与会专家的名单、人数和会议时间。为了提供一个创造性的思维环境，与会人员尽量互不相识；如果相互认识，一般不选择领导参加；会议人员一般以 10 人为宜；会议时间以 60min 为宜，时间不宜过长。

（2）会议主持人要创造一种自由、活跃、民主的讨论气氛，支持和鼓励不同意见，激发参加者参与讨论的积极性。会议主持人只出题目，不谈个人看法，严格限制讨论范围，讨论要求具体明确、主题突出，对各种意见和方案不持否定和批评态度，只讨论设想而不分析这种设想是否正确和可行。自己谈自己的，不对别人的设想进行讨论，提出的预测设想多多益善。因为讨论问题愈广愈深，产生有设想的概率就愈大。

（3）会议发言不允许宣读事先准备好的发言稿，提倡即席发言，发言要精练，切忌长篇大论、详细论述。

（4）会议主持人按如下程序将各种设想进行归类、比较和评价：对所有提出的设想编制名称一览表；用专业术语表述每一种设想的内容和特点；找出重复或互为补充的设想进行比较分析,以此为基础形成一种较为完整的综合设想;分组编制不同设想的一览表,并对每一种设想提出评价意见。

2. 质疑头脑风暴法

质疑头脑风暴法是指对直接头脑风暴提出的已系统化的预测方案,进行质疑的预测方法。这种方法一般是同时召开由两组专家参加的两个会议进行集体试论,其中一个专家组会议按直接头脑法提出设想,另一个专家组会议则是对第一个专家会议的各种设想质疑,通过质疑进行全面评估,直到没有问题可以质疑为止,使设想完善。

质疑头脑风暴法的做法与直接头脑风暴法基本相同,只是对一种预测方案实现的可行性进行全面质疑和评价,在对已提出的设想能否实现进行论证时分析存在的制约因素及排除限制因素的建议。在质疑过程中,鼓励提出可行性设想,从而进一步完善预测方案,形成一个更科学、更可行的预测结果。

7.3.3 德尔菲法

德尔菲(Delphi)法是在专家会议法的基础上发展起来的一种直观预测方法,它是采用函询调查,向参与预测课题有关的专家分别提出问题,然后将他们回答的意见综合、整理、归纳,匿名反馈给各个专家,再次征求意见,然后再加入综合、整理、反馈,这样经过反复循环最终得出预测结果的一种经验判断法。德尔菲是阿波罗神殿所在地的希腊古城之名,德尔菲法是由美国兰德公司在 20 世纪 40 年代末首创,在国外的各种预测领域被广泛采用,并收到良好的预测效果。

1. 德尔菲法的特点

(1) 匿名。在整个预测过程中,专家之间互不见面,不发生横向联系,主持者与专家之间的联系采用书信方式,背靠背地分头征求意见。专家的预测意见也是以匿名的形式发表。这样做可以使个人的意见得以充分发表,有利于提高整个预测的质量,还能避免专家会议法存在的不足。这种匿名形式可以创造一个平等、自由的气氛,鼓励专家独立思考,消除顾虑和心理干扰,同时各位专家还可以根据情况的变化随时修正自己的意见,无须担心情面,这大大减少了固执己见和无谓的争执。

(2) 反馈性。专家征询不是一次性作业,而是采取多次逐轮征求意见,每一次征询之后,预测主持者都要将该轮情况进行汇总、整理,并将其作为反馈材料发给每一位专家。通过反馈信息,专家们在背靠背的情况下,了解到所有其他专家的意见,以及持不同意见者的理由。这有利于相互启发,集思广益,开拓思路,充分发挥专家们的智慧,提高预测的准确性和可靠性。

(3) 量化性。德尔菲法在经过多轮的专家意见征询后,对最后一轮的专家意见运用适当的数学方法进行数量化处理。一般采用平均法和中位数法求其平均数,并以平均数作为预测的结果。这种定性判断和一定的定量分析相结合,有利于提高预测的科学性和准确性。

2. 德尔菲法的预测程序

为了确保预测工作的科学性,运用德尔菲法进行预测,要遵循一定的程序。

1) 准备阶段

(1) 成立预测工作小组。由于德尔菲法采用书信方式,以函询为主,工作量大,故必须成立工作小组。工作小组是预测的领导、组织者,也是预测的主持者,具体负责确定预测目标,准备背景资料,选定专家,设计征询表,对征询结果进行分析处理等。工作小组一般由企业的领导人员、调研与预测部门的负责人和工作人员及有关业务部门的负责人参加。预测工作小组的具体工作是提出预测的总目标和需要实现这一目标的具体问题,请专家们进行回答。同时准备与预测目标有关的国内外信息资料,及时发给专家,供他们研究参考。

(2)选择和邀请专家。选好专家是德尔菲法成败的关键性一步。所选专家应当是对预测对象和预测问题有比较深入的了解和研究,具有专业知识和丰富经验,思想活跃,富有创造性和判断能力的人员。选择专家要注意以下三点。

一是自愿性。所有应邀参加专家小组的专家都应当是自愿的,不能用行政命令或其他有违专家意愿的方式强迫参加。因为只有自愿参加,才能保证专家自始至终充分发挥其积极性、创造性和聪明才智。

二是广泛性。参加专家应具有广泛的代表性,因为判断预测本身需要多方面的代表及多样化的知识面。为了保证专家的广泛的代表性,要注意开拓专家的来源。可根据预测的要求,发动企业内部或外部进行自荐或推荐。

三是控制预测人数。选定的专家人数要适度,人数过少,缺乏代表性;人数过多会给组织工作带来很多麻烦。专家人数选择多少,没有一定规定,要视问题本身的复杂程度而定,还要考虑到征询表的回收问题,所以专家小组人数可比实际需要的人数稍多一些。在市场预测时,一般以 10～30 人为宜。有的预测内容比较复杂,涉及面广,需要专家人数多的,则要对专家进行分组。征询表是专家回答问题的主要依据。向专家征询意见的调查表,除了按一般调查表要求外,特别注意提出的问题要十分明确,一般只要求专家回答某个数据或实现的日期,并附有文字说明和应答者注意事项。

(3)制定征询表。征询表是专家回答问题的主要依据。向专家征询意见的调查表,除了按一般调查表要求外,特别注意提出的问题要十分明确,一般只要求专家回答某个数据或实现的日期,并附有文字说明和应答者注意事项。

2)征询阶段

准备工作完成后,即可进入逐轮征询意见阶段。征询意见要进行多轮。

(1)第一轮征询。把征询调查表和背景资料发给专家小组的各位成员,请他们就所预测的问题做出明确回答并提出自己的见解,在规定时间内反馈给预测工作小组。

(2)第二轮征询。预测工作小组对第一轮征询所得的专家意见进行汇总和整理,做出定量化的归纳。然后把第一轮征询的结果,以及预测工作小组对第二轮预测的要求,邮寄给各位专家请他们回答,进行第二次征求专家意见。这一轮主要让专家了解其他专家的看法,进一步考虑和修正自己原来的意见,也可根据预测工作小组的要求,针对某些分歧比较大的问题进行深入讨论,说明自己的意见和看法或者附和其他人意见的理由,在规定时间内反馈给预测工作小组。

(3)第三轮征询。工作小组收到专家的第二轮意见后,再次进行汇总和整理,并将第二轮汇总意见和进一步预测的要求反馈给各位专家,要求他们再次思考。一般情况下,经过前两次征询与反馈,预测的问题趋于明朗,意见有可能协调一致,即可总结处理。如有必要,还可以用同样的方法继续反复征询,直到专家们的意见不再变化为止。

3)预测结果的最终处理阶段

预测工作小组对最后一轮专家意见进行整理分析,做出最终判断。专家意见的整理分析,应该注意应用科学的数据资料分析法。在实践中,一般采用平均数作为预测结果;用中位数表示专家们意见的集中程度,也是专家们最有代表性的意见;用极差数(即最大与最小之间的差)反映专家意见的集散程度。极差小,表示专家意见比较集中;极差大,表明专家意见比较分散,由于经过多次征询,专家意见一般会基本趋向一致,所以,最后轮产生的中位数和极差数将作为最终预测数字。常用的平均数和中位数计算法如下。

(1)平均数计算,它包括算术平均法及加权平均法。

① 算术平均法,即

$$y = \frac{\sum x}{n}$$

式中　y——预测值;

　　　n——专家人数;

　　　$\sum x$——专家意见判断数据的总数。

② 加权平均法,即

$$y = \frac{\sum x}{\sum f}$$

式中　f——权数或概率;

　　　$\sum f$——权数之和或概率之和。

(2)中位数计算,即

$$中位数 = \frac{n+1}{2}$$

式中　n——专家人数。

在最后一轮数据处理时对专家意见判断数据要按数值的大小由小到大加以排列,确定中位数。中位数可以反映专家意见的集中程度。

德尔菲法具有匿名性、反馈性、多向性和收敛性等特点,主要适用于宏观的、长期的服装市场预测。

德尔菲法的优点在于:以专家的丰富知识和实践经验为判断基础,充分发挥专家的专业特长,在缺乏资料的情况下,预测结果可靠;征询意见广泛,不受地区、部门限制,方法简便、易行、实用。

德尔菲法的不足在于:预测时间较长,因多种原因,如回收率不高、专家中途退出、意见受心理因素等影响而不全面,往往对预测结果的精确性产生不利影响。

7.4　本章小结

(1)服装市场定性预测法是对未来服装市场发展的性质进行预测分析,它是服装市场预测中最基本的市场预测方法之一。

(2)服装市场个人判断预测法、集体经验判断预测法和专家预测法均属于服装市场经验判断分析预测法,它是指在服装市场预测过程中,预测者根据服装市场信息资料,运用经验和主观分析判断,或者综合集体智慧,进行综合分析,对未来服装市场发展做出判断预测的一种方法。这是一种传统的预测方法,属于定性预测法。

（3）服装市场个人判断预测法指预测者个人根据所掌握的服装市场信息资料,凭借自己的知识经验,对预测目标做出符合客观实际的估计与判断。在服装市场预测中,常用的个人判断预测法有:经理人员意见法、销售人员意见法和顾客意见法。

（4）服装市场集体经验判断预测法（又称集体意见法）是指根据预测目标,通过会议的形式,召集与预测目标有关联的各方面人员,进行集体分析判断,得出预测结果。集体经验判断法与个人判断法相比,克服了个人判断的局限性,能够集思广益,充分发挥集体的智慧和力量。常用的服装市场集体经验判断预测法有:综合意见法和主观概率法。

（5）专家预测法（又叫专家征询法）是以专家为索取信息的对象,根据专家自己的知识、经验和分析判断能力,在历史和现实有关资料综合分析基础上,对未来服装市场变动趋势做出预见和判断的方法。它包括:专家会议法、头脑风暴法和德尔菲法。其中德尔菲法是以匿名的方式,逐轮征求一组专家各自的预测意见,最后由主持者进行综合分析,确定市场预测值的方法。它是一种特殊的专家意见集合法,具有匿名、反馈性、量化性和定性与定量分析相结合的特点,有着较高的科学性和准确性,被广泛地应用。其程序包括:准备阶段,具体工作是成立预测工作小组、选择和邀请专家、制定征询表;征询阶段,进行多轮征询;预测结果的最终处理阶段。

案例分析

德尔菲预测法的运用

某建材有限公司是一个集高科技和绿色环保于一体的新型建材企业,从奥地利引进全套先进的干粉砂浆生产线,2015 年正式投产,年生产能力 20 万 t,是目前国内生产规模最大的专业干粉砂浆生产企业。进入 2016 年以后,企业遇到了危机,全年销售干粉仅 3000t,财务账面亏损近 500 万元。究其原因,主要是产品品种少。为改变现状,市场研发部召集了企业内部技术人员、研发人员、市场营销人员和内部专家,讨论并制定了新产品研发项目方案,准备研发 12 个新的产品项目（其中改进 5 个老产品项目,开发 7 个全新产品项目）。为了保证产品研发项目方案的正确性,保障企业的根本利益,决定采用德尔菲法来广泛征求企业外部各类专家的意见,对干粉产品项目今后的发展趋势做出判断。具体步骤如下。

1. 设计意见征询函

对于国内建筑行业来说,一个有发展前景的新产品研发项目应该满足以下特征:①低成本;②适合国内市场;③实用性强;④有利于提高品牌形象;⑤发展空间广阔。同时,预测小组将每一项指标的重要程度划分为很重要、重要、比较重要、一般、不重要 5 个档次,分别赋以分值 1、2、3、4、5,其中分值越小表示此指标越重要,由专家根据对指标重要程度的认识对每项指标赋分值。以初始指标集和赋值规则作为主体,再加上对咨询目的、意义和要求等的阐述、专家基本信息等内容,就拟订出了专家意见征询函。

2. 确定征询对象

考虑到实际操作过程中研究资源的情况,预测小组研究选择的专家主要有以下三种类型:一是地方政府建筑职能部门相关领导（简称"政府代表"）;二是有关建筑方面的高校及科研部门,以及高校相关专业部分研究生（简称"研究人员"）;三是工厂技术干部和科研人员(简称"工厂人员")。作为政府部门的在职人员,"政府代表"对预测未来产品发展趋势有充分的经验;作为高校及科研部门和高校的研究生,"研究人员"具备了相关产品的理论知识;作为工厂的技术干部和科研人员,"工厂人员"具备关于研发过程和结果的相当的熟悉程度与经验。参与此次整个德尔菲法研究的专家总数约为 45 人,各类型专家的比例为1∶1∶1。

3. 给专家发送意见征询函

按照德尔菲法的实施程序,将以研发项目评估为主体内容的意见征询函,通过信函、电子邮件的方式分别向 45 位选定的专家进行调查。

4. 汇总征询意见

从第一轮专家咨询的统计结果看出,各位咨询专家普遍认为准备改进的老产品和准备研发的新产品都有一定的可发展性和可行性。但专家反馈意见的离散程度普遍较高,这反映出专家们对重点选择和研发哪些产品项目的意见分歧较大,协调性差,需继续进行征询。

5. 反复征询

根据对第一轮专家咨询的统计结果,从 12 个待研发的产品项目中选出了大部分专家都认可的 10 个产品项目进入意见征询函,参加下一轮专家咨询。并把全部专家对产品项目的意见和建议都反馈给每个专家,让每个专家都可以充分地了解其他人的意见并有机会改变自己的决定。经过三次反复征询后,专家的意见已基本确定。将征询意见汇总整理归纳后,得出以下意见:从 12 个产品中最终选择出了 5 个产品项目构成了企业五年计划中需要研发的产品项目。其中包括待提高的老产品两种,淘汰 1 种;待研发的新产品 3 种,淘汰 1种。公司在获得上述资料以后,并没有马上进行决策。市场研发部组织了专门的调查小组,进行了更深层次的调查。在 2017 年夏末,调查结束。公司获得了如下重要信息:专家们所肯定的两种待改进的老产品和 3 种准备开发的新产品,经过小规模生产、销售试验发现,市场需求量和市场潜力都很可观。这说明运用德尔菲法进行预测的预测结果是比较准确的,起到了定性预测的作用。

第8章 服装市场定量预测法

【知识目标】
1. 服装市场时间序列分析预测法各类型内涵。
2. 服装市场因果分析预测法各类型内涵。

【能力目标】
1. 掌握服装市场时间序列分析预测法各类方法的操作。
2. 掌握服装市场因果分析预测法各类方法的操作。

服装市场定量销售预测是指将历史销售数据和影响因素作为输入变量，根据输入变量与未来销量之间的相关关系用逻辑算法建立数学模型，通过数学运算，计算出未来的销量或需求。其优点是客观性强，计算过程直观，易操作，预测结果不会因人而异；缺点是需要一定的数据，计算量大，运算时间长。在服装市场预测研究中，常用的有服装市场时间序列分析预测法与服装市场因果分析预测法两大类。

8.1 服装市场时间序列分析预测法

服装市场时间序列分析预测法，简称为时序预测法，是以连续性原理为依据，以假设事物过去和现在的发展趋势会延续到未来为前提，从预测对象的历史资料所组成的时间序列中，找出事物发展趋势，并将其趋势延伸，推断未来状况的一种预测方法。目前，它已成为世界各国经济预测基本方法之一，不仅在微观范围，而且在宏观范围同样得到广泛应用。

本节内容主要讲述服装市场平均法、指数平滑法、线性趋势外推法、季节指数法等预测方法。

8.1.1 服装市场平均法

服装市场平均法是通过对历史数据的分析，消除时间序列的随机波动和季节波动，寻找时间序列的基本趋势所进行的预测方法，主要包括简单平均法和移动平均法两种。简单平均法又可分为简单算术平均法和加权算术平均法两种；移动平均法又可分算术移动平均法和加权移动平均法两种。

1. 简单平均法

(1) 简单算术平均法。简单算术平均法是以观察期预测变量的简单算术平均数作为下期预测值的预测法。它适用于趋势比较稳定的时间序列的短期预测。计算公式如下：

$$\overline{X}_{n+1} = \overline{X} = \frac{X_1 + X_2 + X_3 + \cdots + X_n}{N} = \frac{\sum\limits_{i=1}^{n} X_i}{N}, \quad i = 1, 2, 3, \cdots, n \qquad (8\text{-}1)$$

式中　$\overline{X}$——简单算术平均数；

　　　$\overline{X}_{n+1}$——第 $n+1$ 期的预测值；

　　　$X_1, X_2, \cdots, X_n$——观测值，即各期（年、季或月）的销售量；

　　　N——期数，即数据个数；

　　　i——观测值的顺序号。

例 1　某服装厂 2022 年 1 月、2 月、3 月份服装销售额分别为 12 万元、14 万元、11 万元，预测 4 月份的销售额。

解：按式(8-1)计算得

$$\overline{X}_4 = \frac{12 + 14 + 11}{3} \approx 12.33 (万元)$$

由例 1 可知，此预测方法简便易行。但由于将近期销售额和远期销售额同等看待，而未能充分反映服装市场需求变化的最新趋势。因此，当服装市场变化较大、数据变动明显时，预测的准确度就低。当然，这里的预测数据可以是销售额，也可以是价格、供应量、销售量或其他市场变量。

(2) 加权算术平均法。简单算术平均法将各期预测值等同看待，但实际上近期观测值含有很多的时间序列变化趋势的信息，而远期的则较少，这样，简单算术平均法就很难做到准确预测，所以就需要引进加权算术平均法。加权算术平均法，是以预测变量预测期的加权算术平均数作为下期预测值的预测方法。给近期观测值以较大的权数，给远期观测值以较小的权数，其计算公式为

$$\overline{X}_{n+1} = \overline{X} = \frac{X_1 W_1 + X_2 W_2 + X_3 W_3 + \cdots + X_n W_n}{W_1 + W_2 + W_3 + \cdots + W_n}$$

$$= \frac{\sum\limits_{i=1}^{n} X_i W_i}{\sum\limits_{i=1}^{n} W_1}, \quad i = 1, 2, 3, \cdots, n \qquad (8\text{-}2)$$

式中　$\overline{X}$——加权算术平均数；

　　　$\overline{X}_{n+1}$——第 $n+1$ 期的预测值；

　　　X_i——该期内的时间序列中的各值；

　　　W_i——与 X_i 相应的权数；

　　　i——顺序号。

例 2　根据例 1 资料，用加权算术平均法预测。

解：首先以 1—3 月份的加权算术平均数作为 4 月份的预测值，当权数依次取 1、2、3时，4 月份的销售额预测值由式(8-2)得出

$$\frac{12 \times 1 + 14 \times 2 + 11 \times 3}{1 + 2 + 3} = 12.17(万元)$$

运用加权算术平均法准确预测的关键是权数的确定,但是,权数的确定却没有规则可循。通常要凭借预测者的经验来确定主观判断。一般来说,若历史资料变动较大,则应进一步加大近期观测值的权数,以抵消历史资料大幅度变动对预测结果的影响。例如,可由远至近采用等比数列(如 1,2,4,8,16,…)为权数。当历史资料变动幅度较小时,权数不必相差太大。例如,可由远至近采用等差数列(1,2,3,…,n)为权数。当历史资料呈现的倾向变化时,采用加权算术平均法仍会出现滞后偏差,造成较大的误差。

2. 移动平均法

(1) 算术移动平均法。算术移动平均法是把过去若干时期(如 n 期)对预测值影响显著的实际销售额相加,求得平均值,作为第 $t+1$ 期的预测值;在预测下一期时,去掉最前一期的数据,补上最近一期的实际量,向前移动一期求得平均值,作为下一期的预测值。其计算公式为

$$\hat{X}_{t+1} = \overline{X_t^{(1)}} = \frac{x_t + x_{t-1} + \cdots + x_{t-n+1}}{n} = \frac{1}{n}\sum_{i=t-n+1}^{t} x_t, \quad t = n, n+1, \cdots, N \quad (8-3)$$

式中 $\overline{X_t^{(1)}}$——第 t 期的移动平均数;

$\hat{X}_{t+1}$——第 $t+1$ 期预测值;

$x_t + x_{t-1} + \cdots + x_{t-n+1}$——第 $t, t-1, \cdots, t-n+1$ 期预测值;

n——移动期数;

N——序列中的数据个数(样本容量)。

例 3 根据例 1 资料,用前 3 个月预测 4 月份的销售额为 12.33 万元,4 月份实际销售额为 12.35 万元,移动期数 $n=3$,试预测 5 月份的销售额。

解:按式(8-3)计算得

$$\frac{12.35 + 11 + 14}{3} = 12.45(万元)$$

如果要预测 6 月份的销售额,则用 5 月、4 月、3 月份的数据。

移动平均法中的移动期数(在本例中是 3)可根据历史资料的具体情况而定,既要包括足够的期数以抵消随机波动的影响,但又不能太多,否则会产生与算术平均法同样的问题。

(2) 加权移动平均法。简单移动平均法虽然有利于消除干扰,揭示长期趋势,但它将各期观测值等同看待不够合理,这就类似于上面介绍的算术平均法,所以有必要引进加权移动平均法。

加权移动平均法,就是对各组数据加权求移动平均数进行预测的方法。其计算公式为

$$\hat{X}_{t+1}^{(1)} = \frac{X_t W_t + X_{t-1} W_{t-1} + \cdots + X_{t-n+1} W_{t-n+1}}{W_t + W_{t-1} + \cdots + W_{t-n+1}} = \frac{\sum_{i=t-n+1}^{t} X_i W_i}{\sum_{i=t-n+1}^{t} W_i}, \quad i = 1, 2, 3, \cdots, n$$

$$(8-4)$$

式中 W_i——权数。它是根据时间序列的具体情况,凭经验,按近期大、远期小原则而设计。例如,当 $n=3$ 时,可如此设计权数,即

t	3/6	0.5	0.4	0.6
$t-1$	2/6	0.3	0.3	0.3
$t-2$	1/6	0.2	0.3	0.1

无论怎样设计权数,都要使其尽量符合实际影响力大的数据具有大的权数,并保证权数之和为1。

在应用平均法时,需要先取得历史数据,然后用式(8-1)、式(8-2)、式(8-3)或式(8-4)计算未来时期的预测值;在应用移动平均法时,则还需要确定移动期数;当应用加权移动平均法时,则需进一步确定权数。

8.1.2 服装市场指数平滑法

服装市场指数平滑法也称指数移动平均法,它是移动平均法的发展。指数平滑法分为一次指数平滑法和多次指数平滑法。多次指数平滑法是二次及二次以上的指数平滑法,其基本原理与二次指数平滑法相同。这里只介绍一次指数平滑法和二次指数平滑法。

1. 一次指数平滑法

一次指数平滑法是以预测变量的本期实际值和本期的预测值为基数,分别给两者以不同的权数,计算出指数平滑值,并将其作为下期预测值的一种预测方法。其预测公式为

$$S_t^{(1)} = \alpha X_t + (1-\alpha)S_{t-1}^{(1)} \tag{8-5}$$

式中　$S_t^{(1)}$——第 t 期一次指数平滑值;

　　　X_t——第 t 期实际值;

　　　$S_{t-1}^{(1)}$——第 $t-1$ 期一次指数平滑值;

　　　α——平滑系数,也称修正系数,其取值范围为 $0 \leqslant \alpha \leqslant 1$。

例4 豪威服装公司2023年第一季度的销售额为2600万元,预测值为2800万元,试用一次指数平滑法预测2023年第二季度的销售额。

解：按式(8-5)得,第二季度的销售额为

当 $\alpha = 0.1$ 时,$0.1 \times 2600 + (1-0.1) \times 2800 = 2780$(万元)

当 $\alpha = 0.3$ 时,$0.3 \times 2600 + (1-0.3) \times 2800 = 2740$(万元)

当 $\alpha = 0.5$ 时,$0.5 \times 2600 + (1-0.5) \times 2800 = 2700$(万元)

当 $\alpha = 0.9$ 时,$0.9 \times 2600 + (1-0.9) \times 2800 = 2620$(万元)

由此可见,由于平滑系数取值不同,所得预测值也有所不同。一次指数平滑法一般适用于受不规则变动影响,而没有稳定的发展趋势的时间序列。用于有明显的上升或下降趋势的时间序列预测就不够准确,需要采用二次指数平滑法,把趋势的影响考虑进去。因此,一般不直接采用一次指数平滑法进行预测,而是在此基础上,再进行一次指数平滑,求得平滑系数,建立起预测模型,再进行预测。

2. 二次指数平滑法

二次指数平滑法,是对一次指数平滑系列再进行一次指数平滑,以求得二次指数平滑值,然后利用它们之间的滞后偏差规律,建立线性模型,对有明显上升或下降趋势的时间序列进行预测的方法。

二次指数平滑值的计算公式为

$$S_t^{(2)} = \alpha S_t^{(1)} + (1-\alpha) S_{t-1}^{(2)} \qquad (8\text{-}6)$$

式中 $S_t^{(2)}$ 和 $S_{t-1}^{(2)}$ 分别为第 t 期和第 $t-1$ 期的二次指数平滑值。

其他符号的含义与式(8-5)同。

由于时间序列数据具有线性趋势,故设线性预测方程为

$$\hat{Y}_{t+T} = a_t + b_t T \qquad (8\text{-}7)$$

式中 $\hat{Y}_{t+T}$——第 $t+T$ 期的预测值;

a_t, b_t——参数;

T——所需预测的超前期数。

参数 a_t, b_t 的计算公式为

$$a_t = 2S_t^{(1)} - S_t^{(2)}$$

$$(8\text{-}8)$$

$$b_t = \frac{\alpha}{1-\alpha}\left[S_t^{(1)} - S_t^{(2)}\right]$$

$$(8\text{-}9)$$

例 5 豪森服装公司服装产品库存量变化如表 8-1 所示,令 $a=0.2$,按上述公式计算各有关数据。试预测第 25 期的库存余量。

表 8-1 用二次指数平滑法预测库存量

1	2	3	4	5	6	7
时期 N/期	库存余量 /万件	一次指数平滑值 $S_t^{(1)}$ /万件	一次指数平滑值 $S_t^{(2)}$ /万件	a 值	b 值	预测值 = $a + bT$($T=1$) /万件
1	143	143.000	143.000			
2	152	144.800	143.360	146.240	0.36000	
3	161	148.040	144.296	151.784	0.93600	147
4	139	146.232	144.683	147.781	0.38720	153
5	137	144.386	144.624	144.147	0.00595	148
6	174	150.308	145.761	154.856	1.13696	144
7	142	148.647	146.338	159.956	0.57724	156
8	141	147.177	146.494	147.741	0.15592	151
9	162	150.694	147.214	152.974	0.72004	148
10	180	156.075	148.986	163.164	1.77228	154
11	164	157.660	150.721	164.599	1.73482	165
12	171	160.328	152.642	168.014	1.92145	166
13	206	169.462	156.006	182.919	3.36404	170
14	193	174.170	159.639	188.701	3.63274	186
15	207	180.736	163.858	197.613	4.21938	193
16	218	188.189	168.724	207.653	4.86607	202
17	229	196.351	174.250	218.452	5.52531	212

续表

1	2	3	4	5	6	7
时期 N/期	库存余量 /万件	一次指数平滑值 $S_t^{(1)}$ /万件	一次指数平滑值 $S_t^{(2)}$ /万件	a 值	b 值	预测值 $= a + bT(T=1)$ /万件
18	225	202.081	179.816	224.346	5.56621	214
19	204	202.465	184.346	220.584	4.52973	230
20	227	207.372	188.951	225.792	4.60519	225
21	223	210.497	193.260	227.735	4.30930	231
22	242	216.798	197.968	235.628	4.70754	232
23	239	221.238	202.622	239.855	4.65411	241
24	266	230.191	208.136	252.246	5.51377	245
25						258

解：先计算参数 a_{24}、a_{25}，按式(8-8)和式(8-9)得

$$a_{24} = 2 \times 230.191 - 208.136 = 252.246$$

$$b_{24} = \frac{0.2}{1-0.2} \times (230.191 - 208.136) \approx 5.5138$$

所以，按式(8-7)得，第 25 期的预测值为

$$\hat{Y}_{25} = 252.246 + 5.5138 \times 1 = 258(万件)$$

如果预测第 30 期的库存余量，则

$$\hat{Y}_{30} = 252.246 + 5.5138 \times 6 = 285(万件)$$

一般来说，二次指数平滑法比一次指数平滑法效果更好，而且二次指数平滑法不仅像一次指数平滑法那样能处理短期模式，而且能处理长期线性趋势模式的时间序列。

8.1.3 服装市场线性趋势外推法

服装市场线性趋势外推法是指对具有线性变化趋势的时间序列拟合出直线方程，并进行预测的方法。

在应用这种方法时，首先要判断时间序列是否具有线性变化趋势，然后建立直线方程，即

$$\hat{Y}_t = a + bt \tag{8-10}$$

式中 $\hat{Y}_t$——第 t 期的面测值或拟合值；

a，b——方程的参数(a 是截距，b 是斜率)；

t——时序数。

关键是估计出 a 和 b，估计的方法有二次指数平滑法、半平均值法和最小二乘法。

1. 半平均指数

半平均指数，就是把时间序列分成两部分，分别代入方程 $\hat{Y}_t = a + bt$，然后两组方程分别相加，得到两个方程，解方程组可算出参数 a、b 的值。

例 6 南云服装厂历年来男衬衣销售资料如表 8-2 所示。试用线性趋势外推测法预测 2022 年、2023 年的销售量。

表 8-2 南云服装厂历年男衬衣销售量 单位：万件

年份	销售量 Y	t	tY	备注
2016	12108	−5	−60540	
2017	13779	−3	−41337	
2018	14593	−1	−14593	
2019	19800	+1	19800	
2020	21430	+3	64290	
2021	24535	+5	122675	

解：先用半平均值法求出直线方程的参数，以 2016—2018 年为一组，2019—2021 年为另一组，得到如下两组方程

第一组：$12108 = a + b \times (-5)$

$\qquad 13779 = a + b \times (-3)$

$\qquad 14593 = a + b \times (-1)$

第二组：$19800 = a + b \times 1$

$\qquad 21430 = a + b \times 3$

$\qquad 24535 = a + b \times 5$

把第一组和第一组三个方程分别相加得

$$\begin{cases} 40480 = 3a + (-9)b \\ 65765 = 3a + 9b \end{cases}$$

解方程组得

$$\begin{cases} a = 17707.5 \\ b = 1404.8 \end{cases}$$

故得线性函数：$\hat{Y}_t = 17707.5 + 1404.8t$

所以，2022 年、2023 年的预测销售量为

$$\hat{Y}_{2022} = 17707.5 + 1404.8 \times 7 = 27541（件）$$

$$\hat{Y}_{2023} = 17707.5 + 1404.8 \times 9 = 30351（件）$$

2. 最小二乘法

用半平均值法建立的直线不一定是最精确的。因为在时间序列分组时，没有明确如何对半分，故可以有各种分法，求出不同的参数值。要判定哪一个最精确，需要进行繁杂的计算。但最小二乘法可确保得出的直线方程是最佳的。

最小二乘法是寻找参数 a、b 值，使一次函数 $\hat{Y}_t = a + bt$ 的拟合值 $\hat{Y}_t$ 与其实际观察值 Y_t 的偏差最小的方法。

对时间序列参数，只要适当选取 t 的值，a、b 的计算公式为

$$a = \frac{\sum Y_T}{n} = \bar{Y} \tag{8-11}$$

$$b = \frac{\sum t_i Y_i}{\sum t_i^2} \tag{8-12}$$

选取 t 值要分两种情况：当观察值个数 n 是奇数时，令中间这个观察值的 $t=0$，两边分别取 $\pm1,\pm2,\cdots$ 即可；如果 n 是偶数，则上下对半分，各观察值的 t 值分别取 $\pm1,\pm3,\pm5,\cdots$ 即可（表 8-2）。

例 7 以表 8-2 数据为例，用最小二乘法重新预测例 6 中南云服装厂 2022 年的销售量。

解：

$$a = \frac{12108 + 13779 + \cdots + 24535}{6} = 17707.5$$

$$b = \frac{(-60540) + (-41337) + \cdots + 122675}{(25+9+1) \times 2} = 1290$$

所以，拟合函数为：$\hat{Y}_t = 17707.5 + 1290t$

故 2022 年的预测销售量为

$$\hat{Y}_{2022} = 17707.5 + 1290 \times 7 = 26738（件）$$

8.1.4 服装市场季节指数法

服装商品的生产和销售活动呈现出有规律的周期性变动，这是在一年中常见的现象。这种变动叫作季节变动，通常以 12 个月或 4 个季度为一周期。服装市场季节指数法是以服装市场的循环周期（一年或一季）为跨越期求得移动平均值，并在移动平均值的基础上求得季节指数，然后以最后一个移动平均值、趋势增长值和季节指数为依据，对服装市场未来的发展趋势做出量的预测的方法。

服装市场季节指数法，通常用于具有季节性波动的预测。服装产品的市场需求呈明显的季节性波动，有明显的淡季、旺季之分。而且，这种波动是有规律地变化的。表示季节变化对销售量影响的一种比较方便的方法就是计算各个季节的不同销售指数。

例 8 滨江市涤棉府绸的销售量三年内各个季节的销售资料如表 8-3 所示。试计算各年各季的季节指数。

表 8-3　2019—2021 年滨江市涤棉府绸各季销售量情况　　　　　　单位：万 m

年　　份	2019 年	2020 年	2021 年	合计
春季（1—3 月份）	228	224	258	710
夏季（4—6 月份）	348	344	400	1092
秋季（7—9 月份）	428	468	472	1368
冬季（10—12 月份）	260	292	262	814
年总需要量	1264	1328	1392	3984

解： 从表 8-3 中可以看出，涤棉府绸的销售量淡季和旺季相差一倍左右，若用移动平均法预测某个季节的服装市场需要量，那么结果就不可能符合实际情况。因此，可以用季节指数法进行预测。计算公式为

$$某年各季平均需要量 = \frac{当年市场销售量}{4} \tag{8-13}$$

$$某季市场需要量的季节指数 = \frac{当季的市场销售量}{当年各季平均销售量} \times 100\% \tag{8-14}$$

$$某季预测需要量 = \frac{年需要量}{4} \times 平均季节指数 \qquad (8-15)$$

所以,由式(8-13)和式(8-14)得,2019年春季的季节指数为

$$228 \div \frac{1264}{4} \times 100\% = 72.15\%$$

依此类推,分别计算出各年各季的指数,填入表8-4中。

表 8-4　2019—2021 年各季的季节指数　　　　　　单位: %

年　份	2019 年	2020 年	2021 年	平均季节指数
春季(1—3 月份)	72.15	67.47	74.14	71
夏季(4—6 月份)	110.13	103.61	114.94	110
秋季(7—9 月份)	135.44	140.96	135.63	137
冬季(10—12 月份)	82.28	87.95	75.29	82

例 9　根据例 8 的资料,现预计 2022 年全年市场对涤棉府绸需要量是 1456 万 m,各季节的市场需要量是多少?

解:根据表 8-4 平均季节指数,可得 2022 年各季节的需要量为

$$春季需要量:\frac{1456}{4} \times 71\% = 258(万\ m)$$

$$夏季需要量:\frac{1456}{4} \times 110\% = 400(万\ m)$$

$$秋季需要量:\frac{1456}{4} \times 137\% = 499(万\ m)$$

$$冬季需要量:\frac{1456}{4} \times 82\% = 299(万\ m)$$

8.2　服装市场因果分析预测法

在服装市场预测的定量方法中,服装市场因果分析预测法是与服装市场时间序列预测法不同的另一类预测方法。时间序列预测法侧重从时间轴考虑预测对象的变化和发展,时间序列发展数学模型一般都是时间的函数。而因果分析预测法是一类从分析事物变化的因果联系入手,通过统计分析和建立数学模型提示,预测目标与其他有关的经济变量之间的数量变化关系,据此进行预测的方法,即把其他相关因素的变化看成"因",把预测对象的变化看成"果",建立因果之间的数学模型,并根据相关因素的变化,推断预测对象的变动趋势的方法。

服装市场因果分析预测法在预测时也需要历史数据。但是,它与时间序列预测法是有根本性区别的。区别主要是时间序列预测法只用预测变量的历史数据,不做因果分析,并假定现在的趋势会延续到未来。而因果分析预测法需要预测变量和影响变量的历史数据,并在预测时首先通过其他途径获得影响变量的未来值,然后再求得预测值。

常用的服装市场因果分析预测方法有:服装市场回归分析法、投入产出法、经济计量模型等,此外还有市场因子推演法、比例系数法。这里仅对回归分析法和市场因子推演法进

行介绍。

8.2.1 服装市场回归分析预测法

服装市场同归分析预测法是把事物之间存在的因果关系加以模型化,建立同归预测模型进行预测的一种方法。例如,居民货币收入增加,就要影响到消费品需求增加;服装产品量增加,就能降低单位的成本等。这种因果关系往往无法用精确的数学关系来描述,只有通过对大量的历史数据进行统计处理,才能找出它们之间的关系和规律。

实际资料的分析可以粗略了解它们之间的影响关系,回归分析则明确地把这种关系表达出来。如果预测变量的影响因素只有一个,这样的回归称为一元回归;如果影响因素有两个或多个,则称为多元回归。根据预测变量与影响变量的关系,可分为线性回归和非线性回归。非线性回归一般转化为线性形式后再进行回归分析。

1. 线性回归预测法

(1) 一元线性回归预测法。一元线性回归预测法是指两个具有线性关系的变量,配合线性回归模型,根据自变量的变动来预测因变量平均发展趋势的方法。它所反映的是一个自变量对因变量的线性影响关系,因而称为一元线性回归,亦称简单回归,它是回归预测中最基本、最简单的预测方法,也是掌握其他回归预测方法的基础。一元线性回归预测法的原理和步骤如下。

① 分析影响预测对象的有关因素,选定自变量。预测对象确定后,首先要根据经济理论和实践经验,找出影响预测对象的各种因素及其影响方向和程度,这要靠调查来完成。在分析时,要弄清哪些因素是基本的,起决定作用的;哪些因素虽不是主要的,但对预测对象确有影响;哪些因素则影响很小,可以忽略不计等。如果某些因素的影响程度难以把握,可以暂时保留,因为回归分析法本身有判别变量影响大小的方法。当然,利用一元线性回归预测时,必须在许多因素中找出一个决定性的因素,并将其作为自变量。如果回归效果不显著,则可以增加变量。如果一开始就发现有多个变量对预测对象的影响程度同等重要,则应选择多元同归方法。

② 选择合适的回归模型,建立回归方程。自变量确定后,可以根据自变量与因变量的统计数据资料,分析两者的关系。假定只有一个自变量的情况,其分析方法是:把自变量 x 与因变量 y 的统计数据画在直角坐标系中,观察这些点 (x,y) 的分布情况,该图通常称为散布图。如果这些点近似地成一直线,就可以做线性回归。

另一种方法是分析变量 x 和 y 的线性相关性,通过计算相关系数:

$$r = \frac{\sum\limits_{i=1}^{n}(x_i - \bar{x}) \cdot (y_i - \bar{y})}{\sqrt{\sum\limits_{i=1}^{n}(x_i - \bar{x})^2}\sqrt{\sum\limits_{i=1}^{n}(y_i - \bar{y})^2}} \tag{8-16}$$

$$\bar{x} = \frac{\sum x_i}{n}$$

$$\bar{y} = \frac{\sum y_i}{n}$$

式中 r——线性相关系数。

相关系数 r 的绝对值 $|r| \leqslant 1$，当 r 接近于 1 时，说明 x 与 y 的线性相关性强，采用线性方程回归预测的结果好；如果绝对值 $|r|$ 接近于 0，则说明 x 与 y 的线性相关性弱，不宜用线性回归做预测。所以，根据相关系数的绝对值 $|r|$ 的大小，可判断能否采用线性回归预测法。

其次，建立回归方程并求出模型的参数。直线回归方程的一般形式为

$$\hat{y} = a + bx \tag{8-17}$$

回归分析法，参数 a、b 用最小二乘法求得，即 a、b 必须满足使偏差平方和最小。根据微积分中的极值原理，可解得 a 和 b 的计算公式为

$$a = \hat{y} - bx \tag{8-18}$$

$$b = \frac{\sum x_i y_i - \frac{1}{n} \sum y_i \cdot \sum x_i}{\sum x_i^2 - \frac{1}{n} \left(\sum x_i \right)^2} \tag{8-19}$$

式中各变量的含义与计算 r 值的公式相同。得到了回归方程的参数，即意味着预测的数学模型建立起来了。

③ 检验回归方程的有效性。一是回归方程的准确性；二是方程参数的显著性。回归方程的准确性是指利用回归模型 $y = a + bx$，能在多大程度上解释以往观察值的变化情况。回归方程参数的显著性是指回归系数 a 和 b 是否显著地不等于零，通常用 T 检验来判定。

对方程总体效果，即准确性的判断，一般可用相关系数的平方来检验。r^2 称为方程有效性的判定系数。

$$r^2 = \frac{\left[\sum_{i=1}^{n} (x_i - \bar{x})(y_i - \bar{y}) \right]^2}{\sum_{i=1}^{n} (x_i - \bar{x})^2 \sum_{i=1}^{n} (y_i - \hat{y})^2} \tag{8-20}$$

式(8-20)通过一定的变换可转化为

$$r^2 = \frac{\sum_{i=1}^{n} (\hat{y}_i - \bar{y})^2}{\sum_{i=1}^{n} (y_i - \bar{y})^2} \tag{8-21}$$

式中 $\hat{y}_i$ ——利用回归方程 $\hat{y} = a + bx$ 得到的第 i 个值。

式(8-21)用文字表达就是：判定系数等于用回归方程解释的离差占总离差的比例。这个比例越高，说明回归效果越好。不过，对回归总效果更加科学和精确的判定方法是用 F 统计量，这里不做介绍了。

也可以直接用 $|r|$ 来判别。为了保证回归方程具有最低程度的线性关系，要求 r 的计算值大于相应的最低临界值 r_a，这个临界值 r_a，就是相关检验的标准，可直接从"相关系数 r 检验表"查出，表中给出了对不同 n（注意表中第 n 列的数字是 $n-2$），在两种显著性水平 a（0.05 及 0.01）相关系数达到显著的最小值。例如，当取 $n = 11$，即 $n - 2 = 9$，若 $|r| \geqslant 0.602$，我们就说 r 在 $= 0.05$ 的水平上显著，线性关系明显。若 $|r| < 0.602$，则不显著，x 与 y 之间的线性关系不明显，此时称 x 与 y 无线性相关，在此情形下回归直线没有什么意义。这时要重新选择自变量或增加自变量，建立新的回归模型。

④ 根据模型进行预测。如果通过检验认为回归方程效果显著,则说明模型有效。然后,根据自变量取值,代入模型即可得到预测值。

例 10 通过对表 8-5 的分析看出,某西服百户拥有量(普及率)与人均月收入之间,存在着相关关系,且呈线性相关。由于西服普及率的变化只与居民月收入这个因素有关,所以它们两个事物之间的关系属于一元线性回归。

表 8-5 某西服普及率与人均月收入表 单位:元

序 号	1	2	3	4	5	6	7	8	9	10
西服普及率 y_i	4.8	5.7	7.0	8.3	10.4	12.4	13.1	13.6	15.3	…
人均月收入 x	150	180	240	300	350	390	440	480	500	…

解:a. 设反映它们之间关系的线性方程为

$$\hat{y} = a + bx$$

其中,$\hat{y}$ 为西服的普及率及预测值;a、b 为方程系数;x 为居民月收入。

b. 现列表计算,如表 8-6 所示。

表 8-6 西服普及率预测计算表 单位:元

数据号 n	人均月收入 x	西服普及率 y	x^2	y^2	xy
1	150	4.8	22500	23.04	720
2	180	5.7	32400	32.49	1026
3	240	7	57600	49	1680
4	300	8.3	90000	68.89	2490
5	350	10.4	122500	108.16	3640
6	390	12.4	152100	153.76	4836
7	440	13.1	193600	171.61	5764
8	480	13.6	230400	184.96	6528
9	500	15.3	250000	234.09	7650
汇总	3030	90.6	1151100	1026	34334

由式(8-18)和式(8-19)得

$$b = \frac{n\sum xy - \sum y \cdot \sum x}{n\sum x^2 - (\sum x)^2} = \frac{9 \times 34334 - 3030 \times 90.6}{9 \times 1151100 - 3030^2} = 0.029$$

$$a = \bar{y} - b\bar{x} = \frac{\sum y - b\sum x}{n} = \frac{90.6 - 0.029 \times 3030}{9} = 0.303$$

于是有一元线性回归方程 $\hat{y} = 0.303 + 0.029x$,从该回归方程可以看到,居民人均月收入每增加 1 元,则西服的普及率可增加 0.029 件。

c. 判断与计算线性函数 $\hat{y} = 0.303 + 0.029x$ 的相关性,由式(8-20)得

$$r = \frac{n\sum xy - \sum x \sum y}{\sqrt{\left[n\sum x^2 - (\sum x)^2\right]\left[n\sum y^2 - (\sum y)^2\right]}}$$

$$= \frac{9 \times 34334 - 3030 \times 90.6}{\sqrt{(9 \times 1151100 - 3030^2)(9 \times 1036 - 90.6^2)}}$$

$$= 0.95$$

通过查克拉桑相关系数等级表(表 8-7),可见每百户拥有西服件数与居民月收入之间有着最高级别的强相关关系,所以,可用上述公式进行预测。

表 8-7 克拉桑相关系数等级表

相关强度等级	最低级	低级	中级	高级	最高级
r	0~0.25	0.26~0.40	0.41~0.55	0.56~0.70	0.71~1.00

d. 预测当人均月收入达到 1300 元、2000 元时,西服的普及率有多少?

当 $x=1300$ 元时,$\hat{y}=a+bx=0.303+0.029\times1300=38.0$(件/百户)

当 $x=2000$ 元时,$\hat{y}=a+bx=0.303+0.029\times2000=58.3$(件/百户)

(2)多元线性回归预测法。在实际的服装市场预测中,服装产品销售变化是受多种因素影响的结果,即是受多个自变量作用的结果。如果各个影响因素与因变量之间的相关关系可以同时用近似的线性表示,则可以建立多元线性回归模型来进行分析和预测。多元是指两个以上自变量对因变量的影响。多元线性回归方程是用来表示一个因变量与多个自变量之间相关关系及其变动规律性的一种数学模型。

多元线性回归的基本方程式是

$$\hat{y}=a+b_1x_1+b_2x_2+\cdots+b_nx_n$$

式中　$\hat{y}$——因变量,预测值;

　　a——多元线性方程在 y 轴上的截距;

　　$b_1,b_2,\cdots,b_n$——自变数;

　　$x_1,x_2,\cdots,x_n$——自变量。

多元线性回归预测法与一元线性回归预测法的原理基本相同。由于多元线性回归预测法繁杂,必须借助计算机计算,这里从略。

2. 非线性回归预测法

(1)一元非线性回归预测法。在服装市场预测中,预测变量与某个相关因素之间的数量关系也可能是非线性的,这就需要建立合适的一元非线性回归方程进行预测。建立一元非线性回归方程的步骤和方法与一元线性回归预测法基本相同。唯一的区别是必须把非线性的转化为线性的,然后再求出各参数。常用的一元非线性模型如下:

① 双曲线型

$$\frac{1}{y}=a+\frac{b}{x}$$

令 $y'=\dfrac{1}{y}$,$x'=\dfrac{1}{x}$,则有 $y'=a+bx'$

② 幂函数型

$$y=ax^b$$

令 $y'=\lg y$,$x'=\lg x$,$a'=\lg a$,则有 $y'=a+bx'$

③ 指数函数型

a. $y=a\mathrm{e}^{bx}$

令 $y'=\ln y$,$a'=\ln a$,则有 $y'=a'+bx$

b. $y = a\mathrm{e}^{\frac{b}{x}}$

令 $y' = \ln y$，$x' = \dfrac{1}{x}$，$a' = \ln a$，则有 $y' = a' + bx'$

④ 对数曲线型

$$y = a + b\lg x$$

$x' = \lg x$，则有 $y' = a + bx'$

⑤ S 曲线型

$$y = \frac{1}{a + b\mathrm{e}^{-x}}$$

令 $y' = \dfrac{1}{y}$，$x' = \mathrm{e}^{-x}$，则有 $y' = a + bx'$

（2）多元非线性回归预测法。对于一些多元非线性关系的预测，可以建立多元非线性模型。一些多元非线性模型可转化为多元线性回归问题，如典型的柯布-道格拉斯生产函数：

$$G = A \cdot L^{\alpha} \cdot I^{\beta}$$

式中　A, α, β——系数；

　　　　G——国民收入；

　　　　L——劳动力数量；

　　　　I——投资。

通过对上式两边取对数，即可转化为线性形式，这里不做详细讨论。

8.2.2　服装市场因子推演预测法

服装市场因子推演预测法是通过分析服装市场因子来推算服装市场潜量的一种方法。所谓服装市场潜量，它是指在某种市场营销环境下，服装企业尽最大努力进行营销之后，服装市场需求所达到的最大数额。服装企业销售只是服装市场需求量中某服装企业所实现的部分。这就是说，某服装企业的销售决定于服装市场潜量实现的比例和服装企业的市场占有率。

市场因子是服装市场中存在的能引起对某种服装产品需要的实际事物。例如，一定时期适龄青年结婚数量是婚纱的市场因子；学龄儿童增加是校服的一个市场因子等。市场因子通常取决于产品使用者的人口数量和支付能力及购买欲望，这就要求对用户的情况做深入的分析。在分析时，要把产品的使用者与产品的购买者区别开。在购买活动中，家庭各成员或有关人员对购买决策的影响力是个非常微妙的问题。有时候，购买一件商品的决定者似乎是男人，但有时也许是他的妻子或孩子。在家庭成员中，某件商品的实际购买者，可能是该商品的使用者，也可能是其他成员。例如，购买男衬衫，虽然购买者往往是妇女，但男衬衫的市场潜量则取决于男性的数量。此外，还要了解可能引起用户实际购买数量变化的原因，如结婚率会影响购买服装、家具、电器的数量，人口出生率影响购买婴儿服装及用品的数量等。

例 11　云海市小燕子童装公司通过对历年的统计资料分析，出生 10000 名婴儿，能卖出婴儿套装 5100 套。本年度全市人口 580 万人，人口出生率为 1.2%，预测下年度婴儿套装的需要量（假如该市仅有一家婴儿童装生产企业，若有多家，则应测算企业的市场占有率）。

解：下年度婴儿套装市场需求潜量 = 下年度婴儿出生数目 × 婴儿套装购买率

$$= 5800000 \times 1.2\% \times \frac{5100}{10000}$$

$$= 35496（套）$$

所以,下年度该市对婴儿套装的需求潜量为 35496 套。

服装市场因子推演法适用于在服装市场因子变化无常的情况下进行预测。其优点是简易明了,省时省费用。

8.3 本章小结

（1）服装市场时间序列分析预测法是以连续性原理为依据,以假设事物过去和现在的发展趋势会延续到未来为前提,从预测对象的历史资料所组成的时间序列中,找出事物发展趋势,并用其趋势延伸推断未来状况的一种预测方法。

（2）服装市场平均法是通过对历史数据的分析,消除时间序列的随机波动和季节波动,寻找时间序列的基本趋势所进行的预测方法,主要包括简单平均法和移动平均法两种。简单平均法又可分为简单算术平均法和加权算术平均法两种;移动平均法又可分算术移动平均法和加权移动平均法两种。

（3）服装市场指数平滑法是移动平均法的发展。指数平滑法分为一次指数平滑法和多次指数平滑法。多次指数平滑法是二次及二次以上的指数平滑法,其基本原理与二次指数平滑法相同。

（4）服装市场线性趋势外推法是指对具有线性变化趋势的时间序列拟合出直线方程,并进行预测的方法。

（5）服装市场季节指数法是以服装市场的循环周期(一年或一季)为跨越期求得移动平均值,并在移动平均值的基础上求得季节指数,然后以最后一个移动平均值、趋势增长值和季节指数为依据,对服装市场未来的发展趋势做出量的预测的方法。服装市场季节指数法,通常用于具有季节性波动的预测。

（6）服装市场因果分析预测法是一类从分析事物变化的因果联系入手,通过统计分析和建立数学模型提示,预测目标与其他有关的经济变量之间的数量变化关系,据此进行预测的方法,即把其他相关因素的变化看成“因”,把预测对象的变化看成“果”,建立因果之间的数学模型,并根据相关因素的变化,推断预测对象的变动趋势的方法。

（7）服装市场回归分析预测法是把事物之间存在的因果关系加以模型化,建立同归预测模型进行预测的一种方法。例如,随着居民货币收入增加,会影响到消费品需求增加;服装产品量增加,就能降低单位的成本等。这种因果关系往往无法用精确的数学关系来描述,只有通过对大量的历史数据进行统计处理,才能找出它们之间的关系和规律。

（8）服装市场因子推演预测法是通过分析服装市场因子来推算服装市场潜量的一种方法。服装市场潜量是指在某种市场营销环境下,服装企业尽最大努力进行营销之后,服装市场需求所达到的最大数额。服装企业销售只是服装市场需求量中某服装企业所实现的部分,即某服装企业的销售决定于服装市场潜量实现的比例和服装企业的市场占有率。

第9章　服装市场调研与预测报告撰写、沟通和应用

【知识目标】

1. 服装市场调研与预测报告的类型与特点。
2. 服装市场调研与预测报告的结构。
3. 服装市场调研与预测口头调查报告。

【能力目标】

1. 掌握服装市场调研与预测报告的特点与类型。
2. 掌握服装市场调研与预测报告的结构与撰写。
3. 理解服装市场调研与预测报告的沟通与指导。
4. 理解服装市场调研与预测报告的评价与反馈。

服装市场调研与预测报告也叫市场调查报告或市场研究报告,它是服装市场调查与预测的最终研究成果。它根据调查的事实材料和数据,对所研究的问题做出系统性的分析说明,得出结论性意见。它的重要性在于:第一,对许多决策者或决策执行者来说,市场调研与预测报告是他们与项目沟通的唯一途径,他们对于项目所研究问题的估价在很大程度上取决于他们所能看到或听到的报告内容;第二,研究报告是市场调查与预测工作的结果,市场调研与预测被重视的程度取决于研究报告能够帮助企业进行正确决策的程度。大部分决策者对于整个调查、预测过程的细节并不关心,他们所关心的是研究结果所提供的信息满足决策需要的程度。

9.1　服装市场调研与预测报告概述

市场调研人员必须在调研与预测报告中向客户展现价值。调研与预测报告是调研团队工作的结晶,它可能是客户唯一能看到的项目部分。如果报告写作欠佳、语言晦涩、用词贫乏或者表现方式不当,客户可能认为该项调研的质量(包括其分析和信息)差,可信度低。如果调研结果结构混乱,展示充满错误,客户可能永远不会得到期望的结论。如果不能就调研报告与客户有效沟通,则整个调研过程所付出的时间和精力就会劳而无功。

反之,一份高质量的调研报告不仅能向客户正确地传递信息,而且会建立调研公司的信

誉。调研的客户及调研的供应商一致认为展示调研结果是调研过程中很重要的方面之一。许多管理者不参与任何调研过程，但他们会以报告为依据制定商业决策。有效的汇报是非常必要的，而结构合理、格式规范、写作流畅、语法正确等都是撰写高质量报告必须遵守的原则。

9.1.1 服装市场调研与预测报告含义与意义

1. 服装市场调研与预测报告的含义

服装市场调研与预测报告是以一定类型的载体，载体反映服装市场状况的有关信息并包括某些调研与预测结论和建议的形式。服装市场调研与预测报告是一项市场调研与预测项目最终成果的主要表现形式。市场调研与预测报告的形式有多种，可以是书面形式或口头形式，也可以同时使用书面和口头形式，还可以是其他形式，如计算机 ppt 形式。

服装市场调研与预测报告是市场调研与预测活动过程的直接结果。在服装市场调研与预测活动过程中，通过服装调研与预测策划收集服装市场信息，并经过对所收集到的市场信息进行加处理，最终都要形成某种形式的报告，提交给服装市场调研与预测项目或活动的提出者或委托者。作为一项正式的服装市场调研与预测项目，提交的市场调研与预测报告更是项目委托合同或协议的重要内容。

一般来说，服装市场调研与预测的主体对一个市场调研与预测项目最为关心的就是调研与预测报告。服装市场调研与预测作为一种市场信息工作，其主要目的是为服装企业的经营管理，特别是服装市场营销提供各种信息资料。它们是作为决策和行为的依据。服装市场调研与预测项目主体提出项目的直接目的，在某种程度上讲，就是为了获得满意的市场调研与预测报告。

服装市场调研与预测报告也是衡量和反映一项市场调研与预测项目质量高低的重要标志。尽管服装市场调研与预测策划，所采用的方法、技术、组织过程、资料处理等也是衡量市场调研与预测质量的重要方面，但服装市场调研与预测报告无疑是最重要的方面。

服装市场调研与预测报告是调研预测活动的有形产品。当一项市场调研与预测项目完成以后，调研与预测报告就成为该项目的少数历史记录和证据之一。作为历史资料，它还有可能被重复使用，从而实现其使用效果的扩增。

综上所述，服装市场调研与预测报告在市场调研与预测中占有十分重要的地位，必须给予足够的重视。

2. 服装市场调研与预测报告撰写的意义

服装市场调研与预测报告是市场调研的最后一个步骤是对整个调研项目完成情况的总结及评价。市场调研与预测报告的撰写出色与否，直接关系到能否将前面所获得的劳动成果表现得淋漓尽致，客户对于调研过程中各方面的细节是不了解、不关心的，他们最重视的是调研结果能否带来大量信息，以及信息的真实性和准确性。因此，如果不高度重视市场调研与预测报告的撰写，前面所做的工作和努力，可能将前功尽弃，出现事倍功半的效果。出色的市场调研与预测报告不仅能表述调研与预测结果，还能在客户心中留下美好的印象，为客户了解市场情况、分析问题提供参考依据，指导和调整服装消费市场制定正确的决策，透过现象看本质，采取适当措施、谋求更大的利益。此外，服装市场调研与预测报告更真实完整地反映了整个调研工作，通过报告的描述表明调研结论的可信度和可靠度，给委托者接受调研结论与否提供自由判断的空间。

（1）服装市场调研与预测报告能将市场信息传递给决策者。这是调研报告最主要的功能。决策者需要的不是市场调查采集的大量信息资料的堆砌，而是这些市场信息资料所蕴含的市场特征、规律和趋势。服装市场调研与预测报告能在对信息资料分析的基础上形成决策者需要的结论和建议。

（2）服装市场调研与预测报告可以完整地表述调研结果。服装市场调研与预测报告应对已完成的市场调研做出完整而准确的表述，并能够详细地、完整地表达出市场调研中有关市场调研的目标、调研报告背景信息、调研方法及评价，以文字表格和形象化的方式展示调研结果、调研结论和建议等内容。

（3）服装市场调研与预测报告是衡量和反映市场调研活动质量高低的重要标志。尽管市场调研活动的质量体现在调研活动的策划、方法、技术和资料处理过程中，但调研活动的结论和论断及总结性的调研报告无疑也是重要的方面。

（4）服装市场调研与预测报告能够发挥参考文献的作用。服装市场调研与预测报告的使命是作为决策者和领导者做出重大决策时的参考文献。报告包含了一系列意义重大的市场信息，决策者在研究问题时，往往要以调研报告作为参考。

（5）服装市场调研与预测报告可被作为历史资料反复使用。当一项市场营销调研活动完成之后，市场营销调研报告就成为该项目的历史记录和证据。作为历史资料，它有可能被重复使用，从而实现其使用效果的扩大。

9.1.2　服装市场调研与预测报告内容与特点

1. 服装市场调研与预测报告的内容

服装市场调研与预测报告是对已完成的调研与预测项目的完整表述，目的是让客户了解整个市场调研与预测项目对认识及解决问题有什么意义，调研小组是如何展开研究的，取得了哪些成果，未来发展趋势如何等。所以通常情况下，服装市场调研与预测报告包含以下内容。

（1）市场调研/预测目的、方法、对象、时间、地点的说明。

（2）市场调研/预测对象基本情况描述。

（3）市场调研/预测问题所获材料、数据分析说明。

（4）得出市场调研/预测结论。

（5）提出建设性的意见和建议。

2. 服装市场调研与预测报告的特点

服装市场调研与预测报告是对某项工作、某个对象、某个问题进行深入研究后，根据调研所搜集的材料和数据，经整理、分析、预测后，以书面形式反映客观事实、总结经验教训，为服装市场研究提供科学指导的一种报告。报告必须在叙述客观事实的基础上，提出鲜明的观点、明确的结论并进行准确的市场预测。服装市场调研与预测报告有以下六个特点。

（1）真实性。服装市场调研与预测报告是为行业内企业经营决策提供依据、解决实际问题撰写的。因此，调研与预测报告的撰写必须反映客观事实，从确定调研对象、方法，到展开调研活动、分析调研结果、提出解决问题的途径，都必须拥有大量的确凿依据。市场调研

与预测报告的内容绝对真实才能经得起实践的检验,对服装行业发挥指导作用。

(2)针对性。服装市场调研与预测报告要根据调研目的明确报告内容和阅读者,相关调研工作都是有针对性地围绕某一问题展开研究的。因此,报告的内容在反映客观事实的基础上,要有针对性的表达本报告的立场观点。由于不同的读者对象想要得到的信息不同,报告必须明确读者的关注点,采用正确的表达方式、语言技巧。

(3)逻辑性。服装市场调研与预测报告不能是对调研获得材料的机械堆砌,必须具有严密的逻辑性,探测事物发生变化的原因,预测事物发生变化的趋势,得出本质性、规律性、科学性的结论。

(4)时效性。服装市场调研与预测报告是为服装企业或机构进行决策提供服务的,由于受到调研人力、财力资源的限制,调研工作不可能无限制的进行,这就使得搜集到的材料只能集中在某一时间段,因此必须及时反馈,以最短的时间完成每个阶段的工作,从而获得最能反映当前问题的材料,否则,"时过境迁"就失去了指导意义。

(5)新颖性。服装作为一种快时尚产品,服装市场调研与预测报告应紧紧抓住市场动向,发现新的市场发展潜力及问题,提出新观点,形成新结论。只有问题、观点、结论新颖的报告才能被企业或机构使用,发挥其应用的指导价值。

(6)可行性。服装市场调研与预测报告最终是为服装企业或机构服务的。因此,提出的观点、结论、对策建议必须切实可行才能被采纳,切忌笼统抽象,要既能反映客观事实,又能为企业或机构下一步营销活动提供切实可行的参考。

9.1.3 服装市场调研与预测报告类型

服装市场调研与预测报告的类型可按多种标准进行分类。

1. 按报告内容分类

(1)情况调研报告。即比较系统地反映某地区消费者、某服装产品基本情况的一种调研报告。这种报告是一种探索性报告,目的是弄清楚情况,为决策者所使用。

(2)典型经验调研报告。即通过分析服装品牌等的成功案例,总结工作中的经验教训,从而指导、推动某方面工作的一种调研报告。例如,典型成分品牌"莱卡"的成功经验,为成分产品企业实施成分品牌战略提供了借鉴。

(3)问题调研报告。即针对服装品牌或产品发生变化的某一问题进行专题调研,找出产生问题的本质原因,并提出解决问题的对策建议,为服装企业或机构有效地解决问题提供依据。

2. 按报告形式分类

(1)口头报告。在很多情况下,调研小组需要向委托方口头汇报调研结果,口头报告有助于委托方理解书面报告的内容,接纳书面报告,同时可以现场解答委托方提出的问题及质疑,为今后更好地合作打下基础。

(2)书面报告。书面报告具有一定的规范格式及结构内容。

服装市场调研/预测报告还可以按调研对象分为服装市场需求者调研报告(消费者调研报告)和服装供应商调研报告(生产中调研报告);按调研频率分为临时性调研报告、长期性调研报告、阶段性调研报告等。

9.2 服装市场调研与预测报告撰写

9.2.1 服装市场调研与预测报告结构

服装市场调研与预测报告会因为调研目的、阅读者的不同而不同,在报告的具体内容、格式等方面没有固定的模式,但其形式大致相同。一份完整的服装市场调研与预测报告一般包括:调研与预测报告的扉页、调研与预测报告的目录、调研与预测报告的正文、调研与预测报告的附件。

1. 调研与预测报告的扉页

调研与预测报告的扉页包括调研与预测报告的标题、委托方、调研方,以及调研与预测报告的提交日期等内容。其中,标题是整个报告的点睛之笔,必须用简明扼要的文字表明调研对象及主要内容,标题可以由一个标题构成,也可以包括正标题和副标题,如《关于××地区大学生服装消费习惯的调研》或者《高校大学生服装消费情况如何——××高校大学生服装消费习惯调研》。标题必须新颖独特,一目了然地出现在调研报告的扉页上。

一般来讲,标题是由市场调研与预测的目的、内容与范围决定的,不同类型的报告标题,所强调的内容和重点不同。

(1)产品调查与预测。服装产品调查与预测的目的是了解服装产品供需情况,制定服装企业的产品策略。服装调查与预测内容包括该项产品的供需总量,消费者对产品质量、性能、价格、交货期及技术服务的意见,该产品处于寿命周期的阶段,现有产品扩展市场的可能性,以及市场对创新产品的需求情况。报告标题应突出产品名称,并对产品某个方面的侧重点有所反映,如《三枪内衣国内市场的调查与预测》《2024年中国女装市场消费潜力预测分析》。

(2)消费者需求调查与预测。消费者需求调查与预测的内容主要是某类或某项产品的消费者需求总量、消费构成以及消费者的购买动机与购买行为等。例如,某一类产品的消费者属于哪种消费层次?年龄特点、收入水平、地区分布、购买动机等情况如何?消费量有多大?有哪些消费习惯?等等。拟订这类调查与预测报告的标题,通常采用直接叙述的方式,如《上海市居民消费结构的调查与预测》《三枪内衣产品顾客满意度研究》《上海奢侈品服装市场规模的调查与预测》。

(3)营销活动调查与预测。营销活动调查与预测的目的在于为服装企业制定营销策略提供依据。营销活动调查与预测的内容,包括服装企业产品的营销实绩与趋势分析,营销渠道、销售价格的分析预测,营销活动的费用和效率的分析预测,广告等促销活动的经济效果分析,售后服务的方式及其效果分析,以及消费者对营销活动的意见调查等。拟订这类调查与预测报告的标题要突出重点,如《出口商品包装不容忽视》《某公司广告促销活动的效果分析》《市场导向对企业营销绩效的影响研究》。

(4)市场环境调查与预测。服装市场环境调查与预测的内容,包括对市场有重大影响的政治环境、经济环境、科技环境和竞争环境的调查与预测,涉及国家的经济政策、投资政策、能源政策、经济发展速度,以及能源、交通发展状况,新技术、新工艺、新材料的发展趋势及应用状况,竞争企业的生产能力、产品质量、生产成本、市场占有率及推销策略等。拟订这类调查与预测报告的标题要突出环境因素,如《国家的双碳政策对服装企业发展的影响》等。

2. 调研与预测报告的目录

目录应写明服装市场调研与预测各个部分的内容标题及其所在的页码，当调研与预测报告量过大时，目录能够帮助读者有效地查找到想获知的信息位置，方便有效地进行阅读。通过目录，可以对调研与预测报告的结构有个清晰的了解。如有必要，还应包括图表目录，在服装市场调研与预测报告中详细列明所有图表及其页码；附件目录，在服装市场调研与预测报告中详细列明所有附件材料及其页码；证明材料目录，在服装市场调研与预测报告中详细列明所有证明材料及其页码。

案例：保暖内衣消费者市场调研与预测报告

目　录

1. 摘要 ……………………………………………………………………………… 1
2. 保暖内衣消费市场调研背景 …………………………………………………… 3
3. 保暖内衣消费市场调研目的与意义 …………………………………………… 5
   3.1 保暖内衣消费市场调研目的 ……………………………………………… 5
   3.2 保暖内衣消费市场调研意义 ……………………………………………… 6
4. 保暖内衣消费市场调研与预测方案设计 ……………………………………… 7
   4.1 保暖内衣消费市场调研地点、时间、工具和方法 ……………………… 7
   4.2 保暖内衣消费市场调研对象 ……………………………………………… 8
   4.3 保暖内衣消费市场调研内容 ……………………………………………… 9
5. 保暖内衣消费市场调研与预测数据处理分析 ………………………………… 11
   5.1 保暖内衣消费者基本信息 ………………………………………………… 11
   5.2 保暖内衣消费者需求分析 ………………………………………………… 14
   5.3 保暖内衣消费者偏好分析 ………………………………………………… 16
6. 完善保暖内衣消费市场改进对策建议 ………………………………………… 18
7. 附件 ……………………………………………………………………………… 20

图表目录案例：××大学城大学生夏季服装性能需求调查

图目录

图 1　大学生购物场所分析图 ………………………………………………… 11
图 2　大学生服装面料选择情况分析图 ……………………………………… 12
图 3　服装色牢度满意度情况分析图 ………………………………………… 14
图 4　服装吸湿透湿性能满意度情况分析图 ………………………………… 14
图 5　服装面料强度满意度情况分析图 ……………………………………… 14
图 6　服装防皱性能满意度情况分析图 ……………………………………… 14
图 7　服装特殊气味情况分析图 ……………………………………………… 15
图 8　大学生对服装性能了解状况分析图 …………………………………… 16
图 9　大学生对服装性能需求状况分析图 …………………………………… 16

表目录

表 1　大学生购物场所统计表 ………………………………………………… 11
表 2　服装性能了解现状统计表 ……………………………………………… 16
表 3　服装性能需求现状统计表 ……………………………………………… 16

3. 调研与预测报告的正文

正文是服装市场调研与预测的核心部分,是指充分完整地按照调研内容展开叙述,包括提出问题、论证问题、得出结论、提出对策建议等全部内容,运用科学合理的调研方法,用文字、图表、数据等分析表述调研结果,并进行逻辑性的服装市场发展趋势预测。服装市场调研与预测正文包括以下部分。

(1)摘要。摘要是整个研究报告的一个概括性的介绍,目的是让相关人员快速了解研究报告的主要内容、主要的研究结论与建议。有时,为了给那些不愿意阅读全部细节的决策人员提供信息,报告撰写人需要写一个相对比较长的摘要,内容包括:研究问题和目的,研究所使用的方法,主要的研究结论和行动建议。

(2)前言。前言又称引言,是对调查背景和目的所做的解释,主要说明研究问题(即调查与预测要回答的核心问题)和研究意义(即为什么要进行这项调查与预测),即明确为何开展此项调查和它旨在发现什么。它的作用是使读者能够大致了解进行该市场调查的原因、要解决的问题及必要性和重要性。如果是学术研究,这里需要简要介绍研究的背景,并说明研究的理论意义和实际应用价值;如果是应用研究,这里则要扼要介绍调查与预测的缘由、主旨,调查的时间、地点、范围及预测的对象。

前言这一段话虽然不长,但是却很难写。如果是应用型研究,这就相当于基于决策问题界定调查与预测问题;如果是学术研究,这里就需要根据前人研究中存在的问题,界定自己的研究问题。若研究问题界定不清,后面的内容就失去了落脚点。因此,这段话虽然放在报告的前面,但往往是在研究完成以后,经过反复推敲才能写出来的。

(3)调研方案设计。首先,在展开服装市场调研之前要做好充分准备,对整个调研项目有个整体策划,调研方案设计是指对服装市场调研与预测调研工作进行详细叙述。识别研究问题及确定调研目的是服装市场调研过程的第一步。服装市场调研是为了探索企业在运营过程中的瓶颈问题,定位问题及存在的优劣势问题,管理问题。只有确定要研究的问题,才能进一步展开市场调研,找出问题存在的根本原因,从而对症下药。否则,盲目进行生产销售,市场就会一步步被竞争对手所取代。纺织服装作为快销商品,及时获取市场信息,有针对性地开发新产品,完善基础产品是每个企业的必经之路,然而不同企业,调研目的也不尽一样,有服装消费市场调研,消费者服装满意度调研,服装消费习惯调研,服装流行趋势调研等。

其次,服装市场调研与预测对象确定。它包括调研对象,调研样本量的结构与大小,如何抽样设计,确定调研地点和调研时间,需要的调研工具,采用的调研方法,调研问卷设计,调研资料整理与数据处理方法,调研进度安排,调研费用预算等。

(4)调研数据处理分析及结果。调研数据处理分析及结果是正文的主要部分,也是服装市场调研与预测报告篇幅最长的部分。调研数据处理分析方法有很多,如描述性统计分析,线性回归分析、方差分析、主成分分析和典型相关分析、判别分析、聚类分析、Bayes 统计分析等,常用的工具有 Excel,SPSS 社会科学统计软件,Amos 软件和结构方程模型(SEM),Origin 等。调研与预测结果表现可以是文字叙述,表格和图像等。但这部分内容应按照某种逻辑顺序提出紧扣调查目的的一系列发现。在一份调查报告中,常常要用若干个统计表和统计图来呈现数据资料,但仅用图表还不够,研究人员必须对图表中数据资料所隐含的趋势、关系或规律加以客观描述和系统分析,也就是对其调查结果进行挖掘和做出解释。

调研与预测结果具体内容应视调查与预测的目的而定,一般分为如下五类。

① 若进行的是服装市场一般供需状况的调查与预测,分析的内容可能是:某种服装产品的市场总需求量和饱和点;有无替换产品存在或可资开拓;市场的销售发展趋势;产品市场地区划分和地区分布;本企业产品在同行业中的市场占有率;本企业产品在各地区市场上的占有情况;未被开发和占领的市场;不同地区可期望的销售量,以及广告费用与销售力量的合理分配等。

② 若进行的是服装产品的调查与预测,分析的可能就是下面这些内容:现有产品线的扩充或收缩;产品设计;产品的功能与用途;产品使用与操作安全;产品品牌和商标设计;产品外观与包装;产品系列与产品组合;产品生命周期;产品新用途及产品售前售后服务等。

③ 若进行的是服装产品价格的调查与预测,分析的内容如下:影响价格变动的因素分析;产品需求弹性计算;不同价格政策对产品销售量的影响分析;产品合理价格及新产品的定价策略;产品生命周期不同阶段的定价原则;类似产品的合理比价等。

④ 若进行的是服装广告效果的调查与预测,分析内容如下:产品寿命周期不同阶段的广告目标;合理的广告计划与预算;最能激发消费者购买动机的广告媒体和策略;广告效果的测定等。

⑤ 若进行的是服装营销渠道的调查与预测,分析的内容如下:各类中间商的选择与评价;各地区市场销售网点分析;销售成本分析;销售渠道的拓宽等。

(5) 调研与预测结论及对策建议。完整的服装市场调研与预测报告必须包含结论与对策建议部分。结论和对策建议是不同的,结论是对调研所获成果的总结,是在调研结果基础上得到的结论和做出的决策。对策建议是针对调研结果提出切实可行的问题解决方法,是在结论的基础上对后续工作提出的建议。与结论不同,对策建议可能需要调研人员拥有超出调研结果范围之外的知识,如公司内部信息、产业信息等。因此,调研人员应谨慎地提出建议。如果需要建议,或者调研报告的目的是为下一步行动提供依据,建议形成一个重要步骤的路线图。以项目清单的方式撰写建议,每个行动以动词开头将有助于读者根据逻辑理解每个步骤。

(6) 局限性。在服装市场调研与预测报告中不要试图隐藏调研问题或弄虚作假,没有哪项调研是无可挑剔的。对调研各个方面都要坚持公开透明,实事求是。要指出调研的局限性是什么或可能是什么,以及其是如何影响调研结果的。在该部分也可以建议以调研的局限性为基础进一步展开研究。调研报告的局限性往往体现在时间、费用、样本的大小和人员等方面。考虑下面的例子:"研究者应该注意到本次调研是以在上海松江大学城的毕业生为基础。由于预算限制,调研样本限于大学城区域及其大学。将这个调研结果推广到总体时务必谨慎。"

例 1 服装市场调研进度安排表(表 9-1)。

表 9-1 服装市场调研进度安排表

服装市场调研进程	时间分配/%	备 注
确定调研背景、调研目的	5	
调研方案设计	10	

服装市场调研进程	时间分配/%	备　注
二手资料收集	5	
一手资料调研	30	
数据整理、录入与分析	37	
调研报告撰写与修改	8	
调研结果汇报	5	

例 2　服装市场调研费用预算表（表 9-2）。

表 9-2　服装市场调研费用预算表

项目名称：　　　　　　委托单位：　　　　　　委托时间：

支 出 项 目	单价/元	数　量	总额/元	备　注
课题负责人劳务费				
调查人员劳务费				
高级研究人员劳务费/专家指导费				
设备购置费				
会议费				
调研差旅费				
图书资料/文献/知识产权事务费				
管理费				
受访者小礼品费				
其他杂项				
合 计				

最后，介绍调查与预测方法，内容包括数据收集方法、抽样方法等。这是读者判断一项研究结果是否可靠、可信的主要依据，因此要写得尽量详细。当然，如果报告的对象（如那些只想知道研究结果的决策人员）对于研究方法没有兴趣，这一部分要写得简单一点。

例 3

品牌原产地困惑的影响作用研究：研究方法

1. 样本

本研究的调查对象是松江大学城的大学在校学生。调查采用人员访问的方式进行。接受过短期培训的每名调查人员，分别在松江大学城校区连续五个晚上走访学生宿舍，各负责向 100 名学生发放并收回问卷。根据便利原则而不是被访者的特性（如性别或年龄）选择样本，被选中的学生当着调查人员的面填写问卷。为了鼓励学生认真填写问卷，我们为每一份合格问卷的填写者提供一个学生很喜欢的仿皮手机袋作为奖励。所有发出的 400 份问卷全部收回。

2. 产品种类和品牌的选择

为了选择合适的产品检验研究假设，在正式调查之前，我们先进行了一个小样本前期调查。让一组年轻人发表他们对于一些产品品牌的看法。这些品牌覆盖了六个产品类别：牙

膏、洗发水、瓶装水、休闲服、运动鞋和手机。之所以选择这些产品，是因为作为调查对象的大学生经常使用和购买这些产品。另外，在本调查进行之时，这些产品的每个类别中都有许多本土和境外品牌在中国市场上参与竞争。

按照此前一些相关研究的经验，调查中所用的品牌都经过下面步骤选出：首先，走访一些超市和百货店，记录这些超市和百货店所经营的以上六种产品的所有品牌名称；然后，把写有每种品牌名称的清单交给商场经理，让他们帮助挑选出其中知名度相对较高的品牌。这是为了保证调查对象最低限度要知道被选中的品牌，否则，他们无法回答问卷中的问题。六种产品一共选择了 57 个品牌，每一类产品中都有 5～14 个品牌。

3. 问卷和量表

问卷有 10 页，包含多种不同的量表和问题。在问卷中，首先，我们根据产品种类列出了前面确定好的 57 个品牌；其次，请被访者针对其中的每一个品牌分别从知名度、性价比和喜好程度等方面用等级量表（1＝非常低，7＝非常高）进行评价；再次，请他们依次判断各品牌是否是本土品牌（1＝本土品牌，2＝境外品牌）；最后，在每一类产品的品牌名单后面，请他们回忆并填写在过去六个月里，他们购买过以上品牌中的哪些品牌。

在数据分析之前，我们先综合 400 个独立的观察值计算出每一个品牌在每一个指标或变量上的平均值（知名度、性价比和喜好）、百分比（对于某一本土品牌或境外品牌的误判）与总和（在过去六个月里购买了某一个品牌）。结果对应于这 57 个品牌，我们得到了 57 组数据。后面的分析就建立在这 57 组数据上。

4. 调研与预测报告的附件

附件是指正文中不包含的指导性文件，是附在正文后面，对正文的补充和必要的说明。附件主要有调研问卷、数据统计汇总表、图表、参考文献等。附件的目的是证实调研过程及调研结果的真实性。

9.2.2 服装市场调研与预测报告撰写注意问题

服装市场调研与预测报告撰写要注意以下三个方面的问题。

1. 报告的对象

因为研究报告的主要目的是呈现调研和分析预测的结果，为决策提供可参考的信息，所以它必须满足决策者对于信息的要求。大多数决策者喜欢清晰而简短的研究报告。他们感兴趣的是研究结果能否帮助他们，以及在多大的程度上能够帮助他们进行决策。因此，在编写研究报告时，编写者必须始终围绕着研究目的，明确说明研究结果与决策者所需要的信息有怎样的关联。要尽量避免让读者或听者自己寻找信息与决策问题之间的联系，这就要求编写者不但知道研究的结果是什么，而且要理解研究结果的实际应用价值。因此，报告撰写者要明确了解研究的目的和意义，根据研究问题和决策问题来组织材料。

2. 报告的简明性和全面性

报告的简明性指报告的内容简单明了，言之有物；报告的全面性指报告的内容包含了整个研究项目的主要内容。一份好的研究报告，要写得既简明又全面，语言简练，重点突出。这是很困难的，在很大程度上取决于报告撰写者的写作水平。全面性并不意味着研究报告必须包括研究项目所发现的每一个细节，它只意味着研究报告应该包括那些重要的部分。一个部分是否重要，要看它与研究目的的关系。

当然,语言简练、言之有物、重点突出、繁简适当,是写好报告的共同要求。一般而言,在写研究报告时应该做到以下三点。

(1) 紧扣主题,围绕着调研主题选择和使用材料。

(2) 善于选材,与主题关系不大的材料,能简则简。

(3) 善于运用统计数据和事实说话,少讲空话、大话和套话。

3. 报告的客观性和有效性

研究报告必须客观地呈现研究结果,任何歪曲或欺骗的行为都是不道德的,并且可能对企业的营销决策和营销管理产生恶劣的影响。不过,这并不意味着研究报告会写得枯燥乏味,研究报告中的内容也应该有效地组织在一起,用人们乐于接受的方式报道,使研究结果让人感觉有趣、有用。为了使报道客观有效,研究报告应尽量使用客观描述性的语句和短句子,避免使用生僻的专业术语和过分夸张的词汇。

有时,研究人员会遇到研究结果不易被接受的情况。比如,当研究结果与决策者的经验和判断相矛盾时,或者研究结果暗指决策者以前的决策欠明智时,不能为了迎合决策者而破坏报告的客观性,研究者有责任客观地报道研究结果,并使决策者相信这个研究结果是真实的。当然,这并不意味着研究者不能使用一些沟通技巧以决策者可以接受的方式报道研究结果,也不意味着决策者必须接受研究结果,彻底否定他们自己的经验判断。

9.3 服装市场调研与预测口头调查报告

9.3.1 口头调查报告作用

多数调查报告仅以书面形式提交给调查委托方或者主要决策者,然而,单纯用书面形式进行交流,效果可能不是很好,原因如下:①尽管书面报告进行了精心的准备,可能还是无法引起相关人员的兴趣,他们可能仅仅对报告略加浏览。②书面报告无法回答相关人员提出的新问题。

较为理想的方法是以书面报告为主,以口头报告进行补充。与书面报告相比,口头报告的补充作用有以下四点:①能用较短的时间说明所需要研究的问题。②生动、具有感染力,容易给对方留下深刻的印象。③能与听众直接交流,便于增强双方的沟通。④具有一定的灵活性,一般可以根据具体情况对报告内容、时间做出必要的调整。可以将多个相关人士召集在一起,通过提问,相互启发,得到一些意外的发现。

9.3.2 口头调查报告需要准备的材料

为了使口头报告更容易达到汇报者要达到的目标,需要进行下面三个方面的准备。

(1) 汇报提要。应该为每位听众提供一份关于汇报流程和主要结论的提要。提要可以不包含数字或图表,但要预留出足够的空白部分,以利于听众做临时记录或评述。

(2) 视觉辅助工具。为了使报告更生动灵活,富有吸引力,提高报告效果,在条件许可的情况下,应尽量调动现代技术作为辅助手段,包括胶片和投影仪、录像带或光盘和电视机及计算机 ppt 等。它可以保持与会者的注意力,有利于增强记忆,也可以促使讲解者以一种规则方式去组织思维,易于得出结论。

（3）最终报告。调查者在口头汇报中省略了报告中的较多细节,作为补充,在口头报告结束时,可以准备一些最终报告的复印件,以备需要者索取。在有些情况下,需要将最终书面报告在做口头报告之前呈递给听众。

9.3.3　口头调查报告需要注意的问题

口头调查报告是否能够达到目的取决于许多因素,主要有以下六点。

（1）按照书面报告的格式准备好详细的演讲提纲。采用口头报告方式并不意味着可以随心所欲、信口开河。它同样需要有一份经过精心准备的提纲,包括报告的基本框架和内容。其内容和风格要与听众相吻合。这就要求报告者首先要了解听众的情况,包括他们的专业技术水平如何,他们理解该项目的困难是什么,兴趣是什么。

（2）采用通俗易懂的语言。口头报告要求语言明了、通俗易懂,要有趣味性和说服力。如果汇报的问题较为复杂,可先做一个简要、概括的介绍,并运用声音、眼神和手势等变化来加深听众的印象。

（3）采用清晰的图形表达。用计算机生成的图形可以加强口头陈述的效果,但要保证图形清晰易懂,一张图形上不要有太多的内容,以便听众有一个清晰的认识。

（4）做报告时要充满自信。有些人在演讲时过多使用道歉用语,这是不明智的。这既说明演讲者的准备不足,又浪费了听众的宝贵时间。另外,演讲时要尽量面对听众,不要低头或者背对听众。与听众保持目光接触,在表现报告者自信的同时也有助于把握听众的喜爱与理解程度。

（5）把握回答问题的选择与时机。在报告进行时最好不要回答问题,以免出现讲话的思路被打断、时间不够用等现象。报告结束后,对需要的问题进行回答,以更清楚地表达报告者的思想。

（6）把握好报告的时间。根据报告的内容和报告的对象来确定报告的时间。时间过短,往往不能表达清楚报告者的思想;时间过长,容易引起听众的不耐烦,造成对报告的抵制心理。

9.4　服装市场调研与预测报告沟通、反馈与应用

9.4.1　服装市场调研与预测报告沟通与反馈

1. 服装市场调研与预测报告的沟通

服装市场调研与预测结果的沟通是服装市场调研与预测者用口语、肢体语言、物质、文字等形式向委托者或报告使用者传递市场调研与预测结果的活动,沟通的本质在于分享意图和彼此理解。服装市场调查与预测结果的沟通能够使报告使用者更好地理解报告内容、使用报告信息,并且通过沟通,报告使用者可以向服装市场调研与预测者提出改进意见,提升他们调研与预测能力、水平。

服装市场调研与预测结果沟通包含书面沟通和口头陈述演示两种形式。

（1）书面沟通。书面沟通一方面体现在服装市场调研与预测的书面报告;另一方面体现在报告定稿前,服装市场调研与预测者及委托方通过电子邮件、手机短信等方式,针对调

研与预测各个环节的有关问题进行沟通交流。书面沟通要注意文字表述通俗易懂,简洁明了,突出重点。

(2)口头陈述和演示。口头陈述和演示更能直接明了为委托方呈现调研结果。在口头陈述和演示前,陈述人应先做好充分准备,根据不同委托方的文化背景、兴趣爱好、对项目的关心程度确定陈述、演示内容。演示前应熟悉调研报告,列出调研结果提纲,反复练习,并熟练运用操作多媒体演示工具。在陈述过程中要口齿伶俐、图文并茂,生动形象。语言表达要清晰、富有逻辑性,并在陈述演示的过程中及时与听众沟通交流,当场解决委托方的疑惑。

2. 服装市场调研与预测报告的反馈

任何服装市场调研与预测都不可能做到完美无缺,调研结果都会存在一定的局限性。比如,在调研过程中选样会存在一定误差,调研时会加入个人情感因素等,在完成整个调研与预测项目的最后,需通过讨论,正确评价调研结果,以便使用者能够清晰明了,有针对性地筛选所需内容。在对调研与预测结果进行评价时,必须实事求是,并正确地反馈给委托人,任何夸大其词都可能会对调研结果的有效性产生负面影响。

9.4.2 服装市场调研与预测报告使用者指导

服装市场调研与预测报告对使用者的指导应用价值主要体现在以下三个方面:

(1)为服装企业经营决策提供依据。服装作为快时尚产品,必须紧跟时尚潮流,对于服装企业来讲,行之有效的市场调研是企业掌握服装流行信息,消费需求信息,做好市场预测的基础。科学、真实的市场预测是企业制定经营决策的前提。正确的经营决策直接决定了企业的经营方向和目标,这是企业占领市场并获得预期效果的前提。

(2)有助于服装企业开拓市场,开发新产品。服装属于个性化产品,不同消费者就有不同需求,且属于阶段性产品,每个季节、每个阶段都会有不同的流行元素,任何款式都不会在现有的市场上永远保持销售旺势。服装市场调研与预测可以让企业了解并预测下一阶段的流行趋势,以及不同文化层次、不同消费水平、不同性别、不同年龄、不同地区的消费者对服装产品的需求,从而按需供应,开发新产品,最大限度地满足市场需求,并实现盈利。

(3)有利于服装企业在竞争中占据有利地位。服装款式、面料、色彩的千变万化使得服装企业之间的竞争日益激烈,如何在激烈的竞争中立于不败之地是每个服装企业目前首要解决的难题。知己知彼,百战不殆,服装市场调研与预测有助于企业摸清一个乃至多个竞争对手的经营现状,不论是竞争对手的产品优势,有效的经营手段、促销方式,未来发展意向,还是竞争对手的失败教训,都能为服装企业制定自己的经营决策提供借鉴。通过市场调研与预测,服装企业在制定经营决策时可以避开竞争,另辟新天地,亦可以在原有产品基础上寻求进一步改进方案,扬长避短,突出自身优势,或针对竞争对手的弱势,吸引消费者选择本企业服装。因此,服装市场调研与预测对服装企业在竞争中占据市场具有重大意义。

9.5 本章小结

(1)服装市场调研与预测报告是对某项工作、某个对象、某个问题进行深入研究后,根据调研所搜集的材料和数据,经整理、分析、预测后,以书面形式反映客观事实、总结经验教训,为服装市场研究提供科学指导的一种报告。报告必须在叙述客观事实的基础上,提出鲜

明的观点、明确的结论并进行准确的市场预测。服装市场调研与预测报告具有真实性、针对性、逻辑性、时效性、新颖性和可行性等特点。

（2）服装市场调研与预测报告对客户了解市场现状，分析市场发展趋势，开拓市场、开发新产品，制定正确的经营决策具有重大的意义。报告一般包括：①调研/预测目的、方法、对象、时间、地点的说明；②调研/预测对象基本情况描述；③调研/预测问题所获材料、数据分析说明；④得出调研/预测结论；⑤提出建设性的意见或建议等。服装市场调研与预测报告的类型可按多种标准进行分类。

（3）服装市场调研与预测报告内容一般包括扉页、目录、正文和附件几部分，正文主要是对调研项目的方案进行设计，调研结果进行处理分析，以及提出改进问题的对策建议。编写调研与预测报告要注意多方面的问题，概括而言，主要有三个方面的问题：报告的对象、报告的简明性和全局性、报告的客观性和有效性等。因为报告的主要目的是报道调研和分析预测的结果，为决策提供可靠的信息，所以它必须满足决策者对于信息的要求。在编写研究报告时，编写者要围绕研究目的展开，明确说明研究结果与决策者所需要的信息有怎样的关联。

（4）服装市场调研与预测结果的沟通是服装市场调研与预测者用口语、肢体语言、物质、文字等形式向委托者或报告使用者传递市场调研与预测结果的活动，并对市场调研与预测结果进行正确的评价、反馈和完善。服装市场调研与预测结果的沟通能够使报告使用者更好地理解报告内容、使用报告信息，并且通过沟通，报告使用者可以向服装市场调研与预测者提出改进意见，提升他们调研与预测能力、水平。

案例分析

关于大学生职业设计的调查报告

1. 导言

随着毕业生就业制度的改革和就业形势的变化，大学生就业难的问题日益突出。导致毕业生就业难的因素很多，除经济发展状况、就业环境、就业体制、人事制度等外在的客观因素外，大学生个体的择业观念、职业设计、就业准备等因素也是导致就业难的重要原因。大学生的职业设计问题既包括对择业的偏好、意向、期望等观念研究，也必然涉及就业准备、对就业有影响的因素等操作分析。为了实证性地研究大学生职业设计的问题，笔者××××年6月在某大学对××届已经确定工作单位的260位本科毕业生做了关于大学生职业设计的正式调查。

2. 研究方案

1）研究假设

首先，随着社会的进步，传统的"官本位"观念在大学生择业的过程中逐渐淡化。

其次，新一代大学生的个体意识逐渐加强，更加关注经济待遇和注重自我价值的实现，并且个体价值出现了多元化，并非一定要由经济待遇来体现。

最后，就业准备充分的大学生择业相对容易。性格、竞争的适应程度、大学期间的社会实践、职业设计理论的运用等因素对就业的准备都有较大的影响。

2）调查方法

本次调查以某大学××届已经确定工作单位的本科毕业生为调查对象，采用多段随机抽样方法选取样本。具体做法为：以各院系名单为抽样框，随机抽取 14 个院系，院系中若有多个专业，则随机各抽取 1 个专业；最后以抽中的各班已确定工作单位的毕业生为抽样框，再各随机抽取 10～30 名毕业生。这样共抽取了 14 个院系、××届已确定工作单位的本科毕业生 260 名构成了本次调查的样本。实际发放问卷 260 份，回收有效问卷 205 份，有效回收率为 78.84%；取置信度为 95%；忽略前几个阶段的抽样误差，最后阶段的实际抽样误差为 6.84%；统计分析使用 SPSS12.0 For Windows 软件。

3. 调查结果

1) 关于大学生职业设计的观念研究

(1) 传统的"官本位"观念的影响及其根源分析。我国具有几千年的封建历史，"学而优则仕"的"官本位"观念在大学生中仍有一定的影响。从本次调查中对"您联系工作的第一选择"问题项的回答可窥豹一斑：51 人首选政府机关，占 24.9%；48 人首选事业机关，占 23.4%；46 人首选外企，占 22.4%；32 人首选国有企业，占 15.6%，12 人首选民营企业，占 5.9%。性别差异对择业第一选择的影响并不大。为了进一步研究"官本位"观念的存在根源，本次调查运用了"官本位"倾向指数(利克特量表)，包括"政府机关是就业首选""寒窗十多年，就为一朝能当官"等问题，如表 9-3 所示。

表 9-3　"官本位"观念的存在根源"官本位"倾向指数

问　　题	艾塔系数(Eta)	联合假设检验(F-test)	泊松检验(Person'sr)	显著性(Sig)
家人在农村生活过的人数			0.144[①]	0.040
父母的愿望	0.708	通过		
对政府人员社会地位的评价	0.670	通过		

① 相关性在 0.05 水平上显著(双尾)。

本次调查表明：家人(仅指父母、兄弟和姐妹)曾在农村生活过的人数与大学生的"官本位"倾向指数呈正相关；父母希望子女去政府机关工作的愿望与大学生的"官本位"倾向指数的相关系数高达 0.708，高度相关，量化后做皮尔逊相关分析显示为正相关，并且都通过了 0.05 的显著性检验。这说明在 95% 的置信水平上，家人曾在农村生活过的人数，尤其是父母的愿望成为"官本位"观念得以存在、传承的重要外在影响，从大学生的个人内部寻找原因，表 9-3 显示：大学生对政府人员社会地位的评价与其"官本位"倾向指数的相关系数高达 0.67，量化后作皮尔逊相关分析显示为正向中度相关，也通过了 0.05 的显著性检验。因此，在 95% 的置信水平上，政府机关人员特殊的社会地位成为大学生"官本位"倾向的重要内在根源。

(2) 大学生对经济待遇的看法及分析。新一代大学生一方面在受传统的"官本位"观念的辐射；另一方面有其对经济待遇全新的看法。在对于问题项"我首先选择经济发达、生活水平高地区的单位"的回答中，不同意的仅 25 人，占 12.3%；中立的 39 人，占 19.1%；而同意的多达 140 人，占 68.6%。在对于问题项"如果单位待遇好，专业不对口并不重要"的回答中，不同意的 46 人，占 22.8%；中立的 65 人，占 32.2%；而同意的多达 91 人，占 45.1%。

为了进一步分析影响大学生对经济待遇看法的因素，本次调查运用了大学生经济待遇偏好指数(利克特量表)，包括"我首先选择经济发达、生活水平高地区的单位""个人能力高低只能用收入来衡量""收入高低最重要"等问题,如表 9-4 所示。

表 9-4　影响大学生经济待遇观念的因素(经济待遇偏好指数)

问　　题	艾塔系数(Eta)	联合假设检验(F-test)	泊松检验(Person'sr)	显著性(Sig)
平均每月的总支出额			0.162[①]	0.022
专业适合从事经济工作	0.362	通过		

① 相关性在 0.05 水平上显著(双尾)。

本次调查表明:在 95% 的置信水平上,大学生平均每月的总支出额越高,择业时对经济待遇的要求也越高;大学生的专业越适合从事经济工作,择业时对经济待遇的期望也就越高。

(3) 学生对自我价值和发展前途的理解及分析。为了统计分析大学生对自我价值、发展前途的看法,本次调查运用了大学生个人发展偏好指数(利克特量表),包括"发展前途最重要""个人价值不一定要通过收入体现""如果在单位不能发挥我的才能,待遇再好也留不住我"等问题,如表 9-5 所示。

表 9-5　与实现自我价值和发展前途相关的四素(个人发展偏好数)

问题	艾塔系数(Eta)	联合假设检验(F-test)	泊松检验(Person'sr)	显著性(Sig)
所去工作单位的制度建设、职业设置情况	0.269	通过		
对所去单位的了解程度	0.353	通过		
对竞争的适应程度	0.663	通过		
就业准备程度			0.289[①]	0.000
待遇偏好指数			−0.196[①]	0.005

① 相关性在 0.05 水平上显著(双尾)。

本次调查表明:

① 表 9-5 中待遇偏好指数与个人发展偏好指数呈负弱关系,通过了 0.05 的显著性检验,这说明在 95% 的置信水平上,大学生已具有了自我价值并非一定要由经济待遇体现的观念萌芽。本次调查中"您对用人单位最关注的因素"调查项更能说明这一点,在对限定单选的选择题"您对用人单位最关注的因素"的回答中,选其他一项 8 人,占 3.9%;选住房一项 9 人,占 4.4%;选培训计划一项的 10 人,占 4.9%;选工资奖金一项的 24 人,占 11.8%;选个人能力发挥项的 27 人,占 13.2%;而选个人发展前途一项的多达 126 人,占 61.8%。这一数据与中国青少年研究中心课题组 1998 年的大型调查结果非常吻合:对于"充分发挥自己的才能"这一问题项,6796 位调查对象回答"非常重要"的占 62%。这说明随着社会的进步,新一代大学生看重经济待遇,关注生存条件,并越来越注重自我价值的实现和个人前途的发展,而且出现了价值的多元化,形成了个人价值并非一定要由经济待遇来实现的观念。

② 注重实现自我价值和发展前途的大学生普遍具有以下特征。

- 竞争的适应能力强,喜欢具有竞争性、挑战性的工作。在表 9-5 中,个人发展偏好指数与对竞争适应程度的相关系数高达 0.663,量化后做皮尔逊相关分析显示正向中度相关,且通过了 0.05 的显著性检验,这说明在 95% 的置信水平上,大学生要实现自我价值、注重发展前途必须增强对竞争、挑战的适应能力。

- 对所去工作单位比较了解,并且倾向于选择制度建设、职位设置和工作量安排情况比较完善的单位,从而更好地实现其价值和追求发展前途。

- 就业准备更充分。为了统计分析大学生的就业准备情况,本次调查运用了大学生就业准备程度这一变量(利克特量表),主要针对大学生就业的心理承受和发展规划等方面提问,包括"从学生到职业工作者的突变使我难以适应""我对将来自己如何一步步晋升、发展有明确的设计""自己的升迁掌握在别人手中,职业设计毫无意义"等问题,在计算总和时对负向维度的问题得分进行了转换。表 9-5 显示:个人发展偏好指数与就业准备成正比,皮尔逊相关系数为 0.289,通过了 0.05 的显著性检验,因此,在 95% 的置信水平上,注重实现自我价值和发展前途的大学生对于就业问题在心理承受、发展规划等方面有更充分的准备。

2) 关于大学生职业设计的就业准备

(1) 对就业影响较大的因素经验谈。在回答选择题"您认为对就业影响较大的因素"时,260 位已确定工作单位的 ×× 届本科毕业生每人限选 5 项。11 个备选项按选择人数的多少依次排列为:专业方向、面试时第一印象、表达能力、社会实践经验(如证明证书)、性别、指标(如留京指标)、所获奖励、文笔(如发表文章)、在用人单位有关系、政治面貌、实习鉴定。

根据 ×× 届毕业生的经验,建议大学生在就业准备时掌握必要的面试技巧,平时多锻炼人际交往能力和表达力,多参加社会实践、多积累社会经验,这些准备对于择业、就业有较大的帮助。

(2) 性格对职业设计的影响。本次调查将性格由内向至外向设置为 1 至 5,用以统计分析性格对职业设计的影响,具体如表 9-6 所示。

表 9-6 性格对职业设计的影响(维度由内向至外向)

问题	艾塔系数(Eta)	联合假设检验(F-test)	泊松检验(Person's r)	显著性(Sig)
竞争的适应程度			0.277①	0.003
对所去单位的了解程度			0.250①	0.001
就业准备程度	0.44	通过		

① 相关性在 0.05 水平上显著(双尾)。

表 9-6 中 3 个统计值都通过了 0.05 的显著性检验;将性格、对竞争的适应程度和对所去单位的了解量化后做皮尔逊相关分析,显示为正相关,且都通过了 0.05 的显著性检验。因此,本次调查表明:在 95% 的置信水平上,性格越外向的大学生对竞争的适应程度越好,对所去单位了解程度越多,就业准备也越充分。因此,建议性格内向的大学生更要注重增强对竞争、挑战的适应程度,更加重视职业设计问题,增加就业准备的充分程度。

（3）影响就业准备的因素分析。本次调查与就业准备有关的因素从六个方面进行分析，如表 9-7 所示。

表 9-7　与就业准备相关的因素

问题	艾塔系数（Eta）	联合假设检验（F-test）	泊松检验（Person'sr）	显著性（Sig）
对现有工作的满意度	0.436	通过		
职业设计理论的运用程度	0.449	通过		
发展规划明确程度	0.674	通过		
大学期间从事社会实践的时间			0.205[①]	0.003
性格	0.440	通过		
对竞争的适应程度	0.495	通过		

① 相关性在 0.05 水平上显著（双尾）。

本次调查表明：

① 职业设计对择业、就业确有意义。本次调查进行了工作满意度调查，具体为"与您同学的工作相比，您对现有工作的满意度"，将答案由极不满意到很满意设置为 1～8。表 9-7 显示：就业准备程度与对现有工作的满意度相关系数为 0.436，中度相关，量化后做皮尔逊相关分析，显示为正相关，通过了 0.05 的显著性检验，这说明在 95％的置信水平上，大学生就业准备程度越好，在同等条件下，找到的工作越满意。

职业设计不仅存在重要性，还有迫切的必要性。在对于问题项"从学生到职业工作者的突变能否适应"的回答中，完全能适应的 20 人，占 9.8％；基本能适应的 98 人，占 48％；中立的 63 人，占 30.9％；而基本不能适应的 22 人，占 10.8％；完全不能适应的 1 人，占 0.5％。同时，在对于问题项"对将来如何一步一步晋升、发展是否有明确的设计"的回答中，完全不明确的 6 人，占 2.9％；基本不明确的 53 人，占 26％；中立的 68 人，占 33.3％；而基本明确的 67 人，占 32.9％；完全明确的仅 10 人，占 4.9％。

② 性格对就业准备有较大的影响。表 9-7 显示：性格与就业准备程度的相关系数为 0.4，中度相关，量化后做皮尔逊相关分析，显示为正相关，通过了 0.05 的显著性检验。因此，在 95％的置信水平上，大学生性格越外向，就业准备就越充分。关于性格的具体分析请参见上部分"（2）性格对职业设计的影响"。

③ 大学期间从事社会实践（如从事院系、校学生会工作）对就业准备有影响。表 9-7 显示：大学期间从事社会实践的时间与就业准备程度的皮尔逊相关系数为 0.205，通过了 0.05 的显著性检验，因此在 95％的置信水平上，大学生在大学期间适度增加社会实践的时间，能使就业准备更充分。

④ 对竞争的适应程度对于就业准备有较大的影响。在影响就业准备的因素，对竞争的适应程度与就业准备程度的相关系数居第二，即 0.495，量化后做皮尔逊相关分析，显示为正相关，且通过了 0.05 的显著性检验。这说明，在 95％的置信水平上，大学生在职业设计

的就业准备过程中如何增加对竞争、挑战的勇气、信心和能力是很重要的部分内容。

⑤ 职业设计理论的运用程度对就业准备有较大的影响。在影响就业准备的因素中,职业设计理论的运用程度与就业准备的相关系数居第三,量化后做皮尔逊相关分析,显示为正相关,通过了 0.05 的显著性检验,具有推断大学生总体状况的意义。因此,运用职业设计理论进行职业生涯设计与开发对于个人的择业乃至一生的发展都有重要的意义,有利于明确人生奋斗目标,制订培训计划,从而能够自己掌握自己的命运。例如,美国工程技术委员会的一项调查表明,在 65 岁以下的在职工程师中,从事管理工作的占 68%;在对工程技术人员进行职业目标的咨询中,约有 80% 的人表示希望在 5 年内成为主管人员或经理;他们为实现此种职业生涯的目标,往往在大学学习了工程技术专业,工作几年后又进入研究生院就读管理硕士,最后进入管理领域工作。运用职业设计理论规划发展方向、工作计划,从而取得辉煌成就的事例举不胜举。本次调查也说明,在 95% 的置信水平上,大学生运用职业设计理论对就业准备确有较大影响。但是本次调查同时显示:205 位大学生中,不知道、不了解职业设计理论的大学生有 125 位,占 61.3%,了解并能初步运用职业设计理论的有 66位,占 32.3%,掌握并熟练运用职业设计理论的仅 3 位,占 6.4%;这与职业设计理论在实践中的重要性形成鲜明对比。因此,在大学职业设计教育中,应加强职业设计理论的学习,使大学生了解、掌握并熟练运用职业生涯的设计和开发。

⑥ 本次调查表明:发展规划的明确程度对就业准备影响最大。在影响就业准备的因素中,发展规划的明确程度与就业准备的相关系数最高,即 0.674,量化后做皮尔逊相关分析,显示为正相关,通过了 0.05 的显著性检验,具有推断大学生总体状况的意义。但本次调查同时显示:204 位大学生对将来自己如何一步一步晋升、发展没有设计的 127人,占 62.3%;有设计的 67 人,占 32.8%;有明确设计的仅 10 人,占 4.9%,这显然与发展规划的重要性又形成了鲜明的对比。因此,在大学期间的就业教育中,如何结合职业设计理论提高大学生发展规划的明确程度,使大学生普遍能够熟练运用职业设计理论,比较明确地规划工作与人生发展方向,这不仅是职业设计与择业就业的问题,更有利于大学生一生的发展。

4. 主要结论

(1) 传统的"官本位"观念在大学生的择业过程中仍有一定的影响,这与研究假设不符。调查表明:父母的期望和政府工作人员特殊的社会地位成为大学生择业时倾向于政府机关的外来和内在的影响根源,这一调查结果还可能与该校是一所以人文、社会、经济和管理科学为主的综合性大学这一性质有关,因此该调查报告的结论也可能更适合该院校。

(2) 新一代大学生更加关注经济待遇,注重实现自我价值和发展前途,并逐步形成人生价值并非一定要由经济待遇来体现的观念,出现了价值的多元化局面。

(3) 职业设计对大学生就业确有影响,就业准备程度越充分,在同等条件下,找到的工作越好。同时,因为多数毕业生难以适应由学校到职业工作者的变化和缺乏职业生涯设计,大学生职业设计的教育在现阶段尤其重要和迫切。

(4) 性格、大学期间从事社会实践对就业准备有影响。对竞争程度的适应和职业设计理论的运用程度对就业准备影响较大;发展规划的明确程度在本次调查中对于就业准备的影响最大。

(5) 在以上详细地分析影响就业准备的各因素的基础上,列出关于大学生职业设计的

路径分析。经过回归假设和回归检验,初步建立了由发展规划明确程度、职业设计理论运用程度和竞争适应程度共同作用于就业准备的理论模型。这一理论模型的提出,从实证的角度分析了发展规划明确程度、职业设计理论运用程度和竞争适应程度对于就业准备的影响,以及 3 个因素各自对于就业准备的贡献;发展规划明确程度占 55%,职业设计理论的运用程度占 23.5%,竞争适应程度占 21.5%。该模型对于大学生有针对性地提高规划明确程度,学校运用职业设计理论,增加对竞争的适应程度,从而提高就业准备的充分程度提供了理论依据。

第 10 章　大数据引发的思维变革

【知识目标】
1. 大数据的概念、特点及应用特征。
2. 大数据与服装市场调研与预测。

【能力目标】
1. 掌握大数据在服装市场调研与预测中应用。
2. 理解大数据对服装市场调研与预测引发的思维变革。

大数据正在改变我们的生产、生活、教育、思维等诸多领域，以及认识、理解世界的方式，大数据颠覆了我们传统"市场调研与预测"的思维惯例。"大数据时代"的预言家维克托·迈尔·舍恩伯格曾直言："这是一场生活、工作与思维的大变革。"那么，什么是大数据？大数据时代到底给我们带来了哪些冲击和变革呢？

10.1　大数据基本概念、特征及应用

早在 20 世纪 80 年代，美国就有人提出了"大数据"的概念。40 多年来，由于信息技术的进步，各个领域的数据量都在迅猛增长，现在全世界各行各业以及学术界也不断对这个现象的应用价值进行探讨。

10.1.1　大数据概念

根据维基百科的定义，"大数据"（big data）是指无法在一定时间内用通常的软件工具进行捕获、管理的数据集合。基于此，大数据业务可被定义为：以新数据处理技术为手段，在海量、结构复杂、内容多样的数据集中，以较快速度解析出规律性的预见、趋势或判断。

所以，大数据通常指的就是一种非结构化或半结构化的数据。由于大数据所涉及的数据量十分庞大，目前主流数据工具都无法在合理时间内完成获取、管理、处理并整理帮助企业经营决策。从各种类型数据中快速获得有价值信息，并将有价值的信息转化为商业行为，大数据的商业价值显而易见。

10.1.2 大数据的基本特点

2015 年,麦肯锡在关于大数据的报告中指出,大数据已经渗透到每一个行业和业务职能领域,逐渐成为重要的生产因素,而人们对海量数据的运用将预示着一波新的生产率和消费者盈余增长的到来。

大数据的特点可以用四个"V"来形容。

第一个是数据量(volume)。现今大数据的数据量级别已经从 TB 级别跃升到 PB 级别,而且增长趋势还不断加快,其中非结构化数据的超大规模和增长占到总数据量的 80%～90%,是传统数据库的 10～50 倍。

第二个是数据类型繁多(variety)。从网络日志、视频、图像乃至地理位置、购买记录,数据模式不明显或无模式的数据都属于其范畴。

第三个是价值密度(value)。以视频为例,连续不间断监控过程中可能有用的数据仅仅有一两秒,其中充斥着大量不相关信息。商业价值高,对于未来趋势与模式的可预测分析能为商业界提供使用价值很高的咨询与报告。

第四个是速度(velocity)。处理速度快。大数据的处理都需要实时分析,数据输入、处理及丢弃是在短期的一连串步骤中完成。总体来说,大数据就是指那些大小已经超过传统意义上的一般软件工具难以捕捉、储存、管理和分析的数据。

10.1.3 大数据的应用特征

长久以来,人们对商业数据的分析依赖于科学的取样和调查,利用各种调查手段和技术对数据样本进行处理,并且尝试利用各种方法试图增加抽样调查的精确性,有的调查甚至精确到 95% 以上。但是这种取样本身就有着非常多的固有局限性,如数据样本存在误差、数据样本的以偏概全、调查数据存在时间的滞后性等。而如今,数据处理技术发展迅猛,样本数据已经逐渐走向末路,当人们可以通过感应器、手机、网站点击掌握海量数据时,那么数据取样的意义瞬间瓦解。当人们开始通过网络掌握全体消费者网络行为时,局部的数据调查还有什么存在意义?

(1) 从数据精准到数据混杂。小数据时代由于搜集的数据信息较少,因此为了保证数据样本的有效性人们必须尽可能抽取精准的数据,因为细微的误差就会使全体数据分析谬以千里。所以,需要运用各种方法,耗时耗力以确保数据样本尽量接近精准,而这种思维方式将在大数据时代被逐渐抛弃,这是划时代的转变。大数据时代为了获得快速的信息和掌握事情的发展趋势,人们无法确认每一个数据都是有效的,在数据的取样中难免会出现垃圾数据,数据噪声。大数据更强调数据的完整性和混杂性,以使数据调查更接近真相。

(2) 从因果关系到相关关系大数据时代。人们可以更有效、更快捷地分析事情,并能预测未来。人们不需要知道飞机票的购买价格是如何变化的,但却可以通过 Farecast 大数据公司的相关关系分析出何时购买机票是最划算的。人们不需要知道甲型流感为什么会传播,但是可以通过对互联网大数据的分析得知病毒在何时何地传播,从而预防控制一场突如其来的流行病。

大数据时代的分析工具和思路帮助人们扩展新视野并且做有用的预测,通过探求"是什么"而不是"为什么",探索事物的相关关系而不局限于因果关系,在未来可能会改变人类探索世界的方法。

10.2 "样本"到"总体"分析

从"样本"到"总体",从分析少量的随机数据样本到分析与某事物、某件事相关的所有数据,这是大数据时代的一次思维变革。

大数据时代开始来临,互联网时代的"数字化生存"开始变成了"数据化生存"。

大数据的产生不是偶然事件。早期由于记录方式的局限性,人类对事物的探索不能进行全面统计,通过抽样方式只能获取一种统计意义上的精确数据。然而,随着计算技术的不断进步,尤其是互联网技术的出现,原本只能靠抽样获得的数据,现在却能够完全精确获取;大数据颠覆了传统"调研与预测"的思维惯例。

从"样本"到"总体":为了对某个地区的水质进行检测,检测人员会从该地河流、湖泊、地下水中采集少量水样,最终根据对这些水样的观察、分析结果估计和推算。例如,某公司为了了解某款新产品在消费者群体中的影响力,让其中一部分消费者现场填写了提前设计好的调查问卷;通过分析这些调查问卷,推断出了该款产品在消费者心目中的整体印象和在市场上的总体影响力。

从"样本"分析与"总体"分析:某学校想了解高三学生在近几次模拟考试中的整体进步情况,对所有学生的各科成绩进行了横向与纵向的分析与比较,最终得知了每个学生的进步情况和所有学生的整体进步情况。例如,某知名搜索引擎通过收集各地用户一段时间内的所有搜索数据,并结合各地环境指数、气温变化等因素进行全面分析,就能得出某种流行病的发病概率和发病指数,从而帮助人们进行提前预防。

10.2.1 样本分析

在科学技术不发达的时代,人们对信息、数据的处理能力有限,因此会通过获取一定的样本来对事物的规律、事件的发展进行分析、预测。其中,人们要着重考虑的问题是:取多少样本才能最大限度接近真实答案,以及获得最大的可信度?

虽然随机采样在人类过去的生产、生活中扮演着重要角色,但它在实际运用过程中也存在一些不可避免的缺陷,如图 10-1 所示。

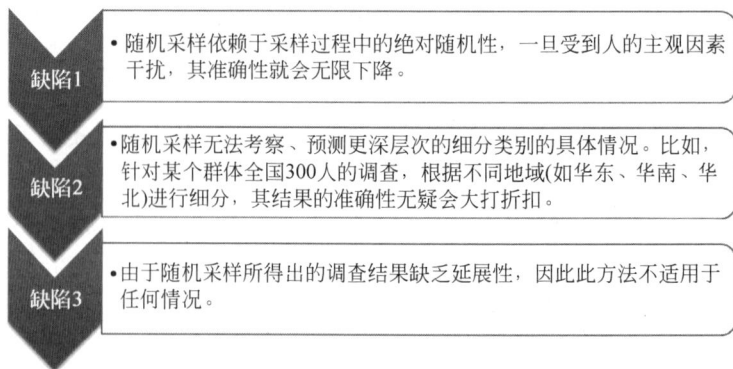

缺陷1	• 随机采样依赖于采样过程中的绝对随机性,一旦受到人的主观因素干扰,其准确性就会无限下降。
缺陷2	• 随机采样无法考察、预测更深层次的细分类别的具体情况。比如,针对某个群体全国300人的调查,根据不同地域(如华东、华南、华北)进行细分,其结果的准确性无疑会大打折扣。
缺陷3	• 由于随机采样所得出的调查结果缺乏延展性,因此此方法不适用于任何情况。

图 10-1 "样本"分析不可避免的缺陷

10.2.2 总体分析

现如今,数据处理技术已然发生了翻天覆地的变化。在大数据时代,人们可以获得不计其数甚至所有的数据,即之前随机采样中的"样本"就是现在的"总体"。当"总体"取代"样本"之后,随机采样便失去了原有的意义。

从"样本"(随机取样中的数据)到"总体"(大数据),"总体"分析与"样本"分析相比具有以下几点优势,如表 10-1 所示。

表 10-1 "样本"分析与"总体"分析相比较

"样本"分析	"总体"分析
分析样本数据有可能会错过一些重要的甚至是关键性信息	分析总体数据,可以对某种现象进行全面分析,发现样本数据所遗漏的规律或某些相关性
对样本数据进行分析往往往往无法捕捉到一些细节之处,而许多决定性因素常常隐藏在细节之中,这样得出的分析结果其准确性会大打折扣	通过分析总体数据,可以从不同角度、不同层面深挖隐藏起来的细节
分析样本数据有可能使人的视野、思维局限在小范围之内,较难发现隐藏的联系	通过分析总体数据,可以发现分析样本数据所无法获得的全新的相关性、新观点,从而发现一个未知的新世界

10.3 大数据引发思维变革

随着计算技术的不断进步,尤其是互联网云计算技术的出现,原本市场调研与预测中只能靠抽样获得的数据,现在却能够完全精确获取,甚至包括一些用传统方式统计的非结构化数据。

10.3.1 "大数据"与"云计算"

目前,对云计算的定义各有表述,但对云计算的主流理解大多建立在软件即服务(SaaS)、平台即服务(PaaS)、基础设施即服务(IaaS)这三个层次上,总体上讲,云计算通过互联网将超大规模的计算与存储资源整合起来,并以可信服务的形式按需提供给用户。

大数据和云计算之间不只具有相辅相成的紧密联系,两者之间也存在一些不同之处。

(1) 概念不同:大数据着眼于数据本身,可以为数据采集、数据分析、数据应用提供有效帮助,因此,它最终改变的是业务;云计算则着眼于计算,侧重于数据计算能力,提供 IT 基础架构,关注 IT 解决方案,因此,它最终改变的是 IT。

(2) 目的不同:大数据的最终目的是充分挖掘海量数据中有价值的信息;云计算的最终目的是通过互联网技术更好地调用、扩展和管理数据计算及存储方面的资源和能力。

(3) 目标受众不同:大数据通常是售卖给一个企业的 CEO、业务层的产品,大数据的决策权(即数据采集、数据挖掘、数据分析、数据应用等)都在管理层、业务层手里;云计算则是售卖给一个企业的信息管理者的产品或服务,是一个进阶的 IT 解决方案。

10.3.2 大数据放大了预测的价值

大数据的核心就是"预测",如图10-2所示。

一场瘟疫发生了,全球的公共卫生机构除了减慢它传播和扩散的速度之外,能不能提前预知这种病毒的来临,并有力地将其扼杀在摇篮中?

一次地震突袭了,人们除了组织紧急救援,最大限度地减少伤亡和损失之外,还能再做点什么? 难道每次只能坐以待毙,听凭命运的安排?

一次消费行为完成了,这种"过去式"的行为似乎不可挽回了。可是你也许碰到过这样的情况,某件商品刚买完就降价了,这个时候你是不是十分希望自己拥有一种可以预知趋势和走向的能力?

总结过去容易,放眼现在也容易,预测未来却不容易。人们由于受到视野的局限、思维的禁锢和经验的左右,往往很难拥有一双未卜先知的"慧眼"。

但是大数据可以将这一人类行为上的"天方夜

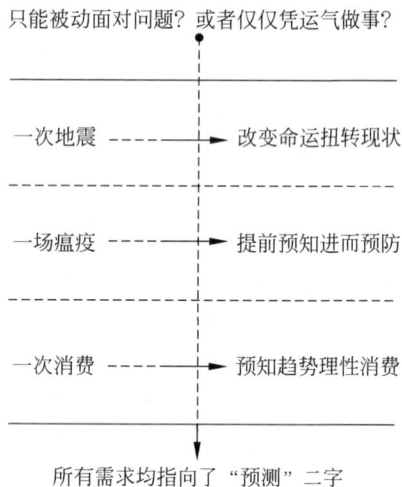

图 10-2 大数据的核心是"预测"

谭"变为现实。这种市场预测功能是大数据的核心,它被认为是人工智能的一部分;这种人工智能并不是要求机器可以和人一样去总结和思考,而是在海量数据的基础之上利用数学算法对其进行分析,并且最终可以预测某件事情发生的可能性。

10.3.3 大数据在运用中创造价值

大数据时代已经来临,它正在改变着人们的生活和商业模式,人们很容易就能感受到大数据给我们生活所带来的好处。当你从书本上看到了谷歌、亚马逊、微软在大数据领域如何取得成功,亦知道了大数据运用的各种经典故事,如"啤酒与尿布"的故事、预测流感的故事。

然而,不管是基于数据本身的公司、基于技能的公司或者是基于思维的公司,大数据价值创造都要运用数据来产生;大数据价值的实现最终将表现于数据分析结果的运用上,可以应用到市场调研与分析中,使企业价值的提升,企业能力的提高和客户价值创造等方面。但成功地运用大数据所需要的不仅是数据,对于数据的价值创造,需要进行预测和决策模式的判断;创造价值需要用正确的方法提取数据,以及用正确的分析方法分析这些数据。这就需要知道如何借助大数据处理系统与技术,从各类大量的信息中分离出有价值的信息。

很显然,"大数据"本身的价值是有限的;就像其他资源,无法"动"起来的数据也是毫无价值的。大数据的价值实现在于交易,或者经过处理、分析以后的"大数据"能给企业带来巨大的增量价值;大数据价值强调的是"有效",对于企业来讲,在对策预测中需要决定使用何种数据,每个企业拥有的数据各不相同,差异很大;这些数据包括日志文档、客户的 GPS 数据或机器对机器的数据,每个企业需要选择用来创造价值的数据源,如何把大数据这个金矿挖出来,变成自己随时可用来交易变现的金子,这是所有大数据企业的一个困局。

数据分析服务是指服务提供商对通过多种渠道获取的大数据集,运用数理统计、数据挖掘等科学方法,对数据的特点、规律、未来变动趋势进行分析与判断,把分析判断结果提供给客户的服务；专业的第三方数据分析服务，能够有效提升企业利用数据的能力，帮助企业快速掌握市场变化、深入洞察客户需求，从而迅速做出决策。

例如，互联网商情分析服务提供商，通过对来源于论坛、社交网站、微博等的海量信息进行提取和语义分析，可以得到关于某商品的品牌美誉度、客户关注度、竞争对手状态等信息的判断结果，并定期形成报告提供给该商品的厂商。

例如，厦门美亚柏科公司旗下的网络舆情分析业务就是专门为客户提供数据分析服务的，根据客户的要求，从互联网、论坛、社交工具、新闻等媒介中获取大量信息，并根据这些信息为客户提供分析服务。

提供数据分析服务将是众多中小型创新型企业在大数据时代的掘金方向；不同行业、不同领域的数据分析差异较大，而只有专注于某一行业领域并不断积累，才能够更加高效、精准地进行数据分析，这就为数据分析企业提供了足够大的市场进入空间。图 10-3 为大数据处理系统与技术框架。

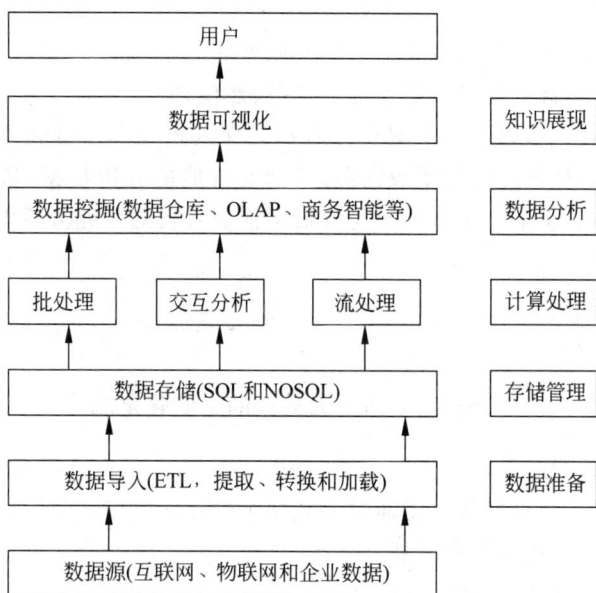

图 10-3　大数据处理系统与技术框架

10.4　本章小结

（1）大数据正在改变我们的生产、生活、教育、思维等诸多领域及认识、理解世界的方式；早期由于记录方式的局限性，人类对事物的探索不能全面统计，通过抽样方式只能获取一种统计意义上的精确数据；然而，随着计算技术的不断进步，尤其是互联网技术的出现，原本只能靠抽样获得的数据，现在却能够完全精确获取；大数据颠覆了传统"调研与预测"的思维惯例。

（2）从"样本"到"总体"分析，从分析少量的随机数据样本到分析与某事物、某件事相关的所有数据，这是大数据时代市场调研与预测的一次思维变革；随着计算技术的不断进步，尤其是互联网云计算技术的出现，原本只能靠抽样获得的数据，现在却能够完全精确获取，甚至包括一些用传统方式统计的非结构化数据。

（3）总结过去容易，放眼现在也容易，预测未来却不容易。但这种预测功能却是大数据分析（挖掘）的核心，它被认为是人工智能的一部分，在海量数据的基础之上利用数学算法和大数据处理系统与技术，对其进行分析，并且最终可以预测某件事情发生的可能性。

（4）"市场调研与预测"的消费者行为研究关注消费者行为本身，通过传统的调查问卷、焦点小组访谈、个体访问、店面观察等定性、定量调查方式和手段采集人口统计学资料、购物行为、消费意向等信息，用于进行消费者行为的研究和分析。进入互联网时代，反映消费者行为轨迹的数据在网络上大量沉淀，基于购物网站的点击率、访问量及其他网络数据量化指标被大量采集，形成对消费者行为路径的概括和综合描述。

（5）当下进入大数据时代，网络平台样式和消费者购物习惯多样化，需要对消费者数据的采集和行为的分析逐步扩展至更多数据源，结合购物网站、其他网页浏览信息、社交媒体平台信息、移动终端、搜索引擎等多个平台去接触消费者，挖掘数据，从而进行综合评估和分析。

（6）从传统消费者行为研究和基于早期互联网阶段的数据采集，一直到当前大数据背景下通过对各消费者接触平台数据源整合的挖掘、建模，实现对消费者行为和意图的深入理解，经历了一个历史性的变革；当下对于大数据的深入挖掘和深度利用成为消费者研究领域的重要趋势，尤其是整合网络各个数据源，筛选有价值的分析数据，从而预测消费者前期意向、评估事后行为，成为未来市场调研与分析中消费者行为研究分析中的重要突破口和创新点。

案例分析

红领西服：基于大数据的工业化定制

近年来，中国服装制造业订单快速下滑，大批品牌服装企业遭遇高库存和零售疲软，企业经营跌入谷底。然而青岛红领集团通过大规模个性化定制模式，迎来高速发展期，定制业务年均销售收入、利润增长均快速发展。

1. 从"打移动靶"到"打飞碟"

服装业最大的困扰就是你不知道哪块云彩会下雨。

很难预测市场上究竟什么衣服好卖，什么不好卖。尤其是考虑到流行趋势的变化，天气的变化，很难把握究竟供应什么款式的衣服，供应多少才适合。

如果你担心缺货，就得备足库存；如果你担心库存，就得忍受缺货。因为服饰款式太多了，又很难确定每一款服饰的销售前景，致使服装制造商始终徘徊在供货不足和库存过剩的困扰中。

张瑞敏曾表示，传统企业必须要从过去的"打固定靶"向"打移动靶"乃至"打飞碟"的方向转变。不管你是不是互联网化的企业，互联网改变的不是需求碎片化、个性化的趋势本身，而是互联网使这种趋势得以集中爆发。如果说海尔是在"打移动靶"的话，红领集团就是在"打飞碟"。

红领模式的精髓，就是量身定制。

中国制造业现在还在拼加班、辛苦、低成本，红领已投入到难度极高的"西服定制"模式之中。

红领集团这家主业为西服定制的中国企业有一半收入来自海外,其一个美国代理商每天最多可发出 400 多套西装定制的订单,每套定制西服上千美元的价格,让其不必在意布料和成衣每次往返美国高达 130 美元的成本。

2. "工业化"与"定制"结合

在传统概念中,定制与工业化经常是相冲突的,尤其是定制西服更为突出。国内一般的小型定制生产线,一天产量仅仅是五套。

红领的声名鹊起就在于解决了这一问题:用规模工业生产满足了个性化需求。其中缘由,在于其自己研发出了一个个性化定制平台——男士正装定制领域的大型供应商平台红领西服个性化定制(red collar madeto measure,RCMTM)。其核心是一套由不同体型身材尺寸集合而成的大数据处理系统。

这个名字听上去有点儿拗口的平台,可以让红领每天生产 1200 套西服,一套西服的制作只需 7 个工作日,且都是一次制作完成。

RCMTM 平台关键是用大数据系统替代手工打版。红领的生产车间里,流程的第一个环节即是这套系统,其被称为 CAD(computer aided design)的部门。需要说明的是,用 CAD 打版并非红领首创,关键在于其中运行着的大数据处理系统。

在红领车间的电脑系统中,在一秒时间内,一个工人就能处理 20 多个订单,每个订单中有着 50 多个技术细节。输入顾客身体测量数据和细节要求后,会自动生产所谓的版型。

这套系统让红领定制业务快速发展,给身处传统制造业的红领带来了新活力。在服装企业饱受高库存煎熬时,红领却实现了生产、销售、利润指标 150% 以上的同比增长。除滚滚而来的订单和利润,这也使得红领引起了社会的广泛关注。

红领已经不像一家制作西服的服装厂,而更像一个数据中心了。红领可以根据数据模型剪裁衣服,弥补一些人身材上的不足,红领的数据是怎么积累起来的?

2000 年前后,红领开始做定制时,发现实际情况非常困难,即一个人一个尺寸,一个人一个版型,一个人一个规格,困难之大,基本没法解决。但是,由于红领下定决心了,也没其他路可走了,因为没办法和竞争对手拼人际关系,只能走向市场。

数据是人类非常重要的手段,是支撑传统产业健康发展的一个宝贝,有了数据,可以少走弯路,可以做正确的事情。红领这么多年,从没有大数据概念的时候就在研究数据。在这个过程中,红领走了很多弯路,但是现在,他们已经把这个传统产业做到自立了。红领在十年前就在研究数据,他们的数据库已经有超过一百万万亿条,支撑着这个系统健康地运行。

定制的第一步就是怎么把数据输进来,红领做了以下四个方案。

(1)任何一个大品牌的衣服,客人都可以体验自己认为最合适的数据,把这些数据录入进去,红领的数据库和所有大品牌都有对应关系,可以很好地满足客人的需要。

(2)做 O2O 的平台,在任何地点都会有人上门量体。

(3)客人可以到门店直接采集数据。

(4)每个人可以用自己的习惯和自己的标准号,红领也可以生产,问题是客人要对自己的选择负责。

定制最重要的就是量体,红领的定制需要采集很多数据并保证数据的准确。这么多年来,没有人把量体标准化。红领创造了一种标准化的量体方法,只需用 45 小时就可以培训一个零基础的人熟练采集 19 个部位的 24 个数据。

3. 大数据与量体裁衣

要把数据信息化和工业化结合在一起是复杂度非常高的事情,需要很长时间的不懈积累。

红领集团董事长张代理最开始是想买一套现成的系统,但是买不着,而且没人去研究这个系统。他们就自己投钱做,至今红领已经投入了近 3 亿元。至今,红领已经用了 12 年时间把路径打通了,他们的方法是把美国 3D 打印的产业化逻辑和德国工业 4.0 智能生产的逻辑融合在一起,再用互联网的思维将它们融合起来,用数据驱动做衣服。

张代理形容红领的工厂就是一台大的数字化 3D 打印工厂,数据驱动,人机结合。从数据的录入到整个西服最后生产出来,要经过 300 多个工序。

要建成大数据系统,硬件显然不是最重要的东西,首要因素就是要有海量技术数据。工业化生产满足个性化需求的核心问题在于解决手工打版,也就是输入身体尺寸数据后,CAD 会自动匹配最适合体型的版型。而 CAD 打版过程中,根据测算,1 个数据的变化会引起 9666 个数据的同步变化。比如,肩宽一公分,相应身体其他部位都会发生变化,有很强的衔接关系,也正如此才能保证衣服贴身合体。这个没有大数据是做不成的。

刚开始的时候,红领和张代理肯定不知道什么是大数据,但他们就是按照大数据的方法在探索。

拥有数据之后的关键问题是怎么用,即要建立怎样的数学模型。红领为此设立了一个 100~150 人规模的团队,这些人先设立规则,并按规则建立数据库。测试样的衣服做出来后,有不合适的地方,红领会再去改规则。不停地变动规则,不停地改变数据库。例如,腰围和立裆数据关联,开始设计的规则是腰围加大立裆随之加长,但后来发现这种关联是错误的,因为没有考虑到人体更复杂的东西,于是规则再次发生变化。

如今,这套系统仍在完善中。不过不满足率已降低到万分之一,这些会是特殊到一定程度的人,如残疾人。体型高、胖都不成问题。

RCMTM 平台有两个关键优势:

首先是这套大数据系统,解决了制版和版型实现的问题,一件一件衣服怎么裁,裁完以后怎么把这一件一件衣片分配到每条线上。

接下来还有如何缝制、熨烫、质检、入库等。如果不是生产定制产品,工业化流水线作业很简单,因为所有产品基本都是相同的,流程和环节都很容易标准化,但定制产品是根据每个人身体数据制作的,流水线上的每件都是不同的,如何实现标准化?这就需要红领对生产线进行重新调整。

红领工厂现有 3000 人,张代理把它当作实验室。最初红领拿出一个班组测试,然后扩展到一条流水线,再扩展到一个车间,最后扩展到两个车间、三个车间,等于用十年时间建设了一个实验室。

如今,红领大系统中包含着 20 多个子系统,全部以数据来驱动运营。每天系统会自动排单、自动裁剪、自动计算、整合版型,这些原来都靠人工完成。如今,一组客户量体数据完成定制、服务全过程,无须人工转换、纸质传递、数据完全打通、实时共享传输。实现"在线"工作,而不是"在岗"工作,每个员工都是在互联网终端上工作。

经过 CAD 部门的大数据制版后,信息会传输到布料准备部门,按照订单要求准备布料,裁剪部门会按照要求进行裁剪。裁剪后的大小不一、色彩各异的布片按照一套西服的要求挂在一个吊挂上,同时会佩戴一个射频识别电子标签。在接下来的几个流程中,每个工人面前都有一个识别终端,以识别射频电子标签,按照标签中顾客详细的要求进行生产,诸如里衬、扣子、袖边等技术数据。

红领与众多服装加工厂有着显著的不同,它通过大数据系统和相应的工艺改变,实现了对传统服装企业的改造。

4. "互联网工业"的突破

红领从 12 年前一家每天只能完成几件定制西装的小型服装企业,到如今更像一家互联网企业。红领工厂 3000 多名员工,全部工序都在信息化的平台上完成。在张代理看来,红领是以大数据做背景,全程数据驱动,全员在互联网上工作,从网络云端上获取信息、数据、指令,并与用户实时对话,这是红领在定制科研道路上探索出的服装生产模式,也是红领与众不同的成功之处。

可以说,红领模式是全新的时代产物。该模式将 3D 打印的逻辑和思想用在生产过程中,依靠数据驱动生产,人机结合作为辅助,充分发挥智能制造的威力,以工业化手段和效率生产个性化产品,实现个性化定制的大规模工业化生产,从而增强了企业的市场竞争力。

目前,红领的数据平台已具有百万万亿级别的数据规模。红领集团在自建的 RCMTM 平台架构基础上打造的"酷特智能"平台也成为红领模式的关键核心。

和"天猫"一样,"酷特智能"是一个互联网上的交互平台。不同之处在于,"酷特智能"是由 C 驱动 M 完成直接销售的生态体系。它是源点论思想的充分呈现,高度主权的 C 端通过网络发出源点需求,M 端的智能系统实时整合满足源点需求的价值链条,回到源点,满足需求,也就是工商一体化的 C2M 电商生态体系。这是实现客户订单提交、产品设计、生产制造、采购营销、物流配送、售后服务一体化的开放性互联网平台。世界各地的客户在酷特智能平台上提出个性化产品需求,平台将以数据驱动自主运营的智能制造工厂,生产出满足客户个性化需求的产品,产品在平台上实现设计、制造、直销与配送。这是一个消费者和生产者直接交互的智能系统。利用"酷特智能"平台,可以大幅提高工厂的生产效率,加快资金周转,消除中间环节占据的 1/3 左右价格空间,为客户和工厂带来实实在在的利益。

有别于"工业互联网",张代理更倾向于将红领模式称为"互联网工业"。这一模式是互联网时代平台化经营的创新模式,是以互联网思维进行快速复制推广的模式。运用这一模式进行战略经营,以数字化 3D 打印模式工厂为核心保障,用互联网思维下的 C2M 平台化电子商务运营手段,两点一线、消除中间环节,运用互联网平台化运营交互手段和价值交互的方法,真正为 C 端消费者创造价值。

工业互联网更侧重过程,而互联网工业则强调产品,红领模式形成了互联网工业的价值观,创造了互联网工业的方法论。现在都在提智能工厂的无人化,对于传统企业而言,无人化只在部分领域可以实现,更多地要考虑如何把人与互联网思维、智能制造和数据驱动相融合,把存量资源激活——创新才是传统企业转型升级的灵魂。

参 考 文 献

[1] 庄贵军.市场调查与预测[M].北京：北京大学出版社,2020.

[2] 陈启杰,江晓东,吴纪元.市场调研与预测[M].上海：上海财经大学出版社,2014.

[3] 张灿鹏,郭砚常.市场调查与预测[M].北京：清华大学出版社,2013.

[4] 于翠华.市场调查与预测[M].北京：电子工业出版社,2009.

[5] 刘国联,方泽明,张技术.服装市场调研教程[M].上海：东华大学出版社,2013.

[6] 徐国详.统计预测和决策[M].上海：上海财经大学出版社,2023.

[7] 赵相忠.市场调查与预测[M].重庆：重庆大学出版社,2011.

[8] 刘利兰.市场调查与预测[M].北京：经济科学出版社,2012.

[9] 杨以雄.服装市场营销[M].上海：东华大学出版社,2015.

[10] 刘玉玲.市场调查与预测[M].北京：科学出版社,2020.

[11] 梁建芳.服装市场营销[M].北京：化学工业出版社,2013.

[12] 刘小红,陈学军,索理.服装市场营销[M].北京：中国纺织出版社,2019.

[13] 李世杰.市场调查与预测[M].北京：清华大学出版社,2010.

[14] 范伟达.市场调查课程[M].上海：复旦大学出版社,2021.

[15] 荣晓华.消费者行为学[M].大连：东北财经大学出版社,2022.

[16] 郭强,秦琴,任怠颖.报告撰写手册[M].北京：中国时代经济出版社,2004.

[17] 蒋志华,张玉红,曾鸿.市场调查与预测[M].北京：中国统计出版社,2002.

[18] 叶叔昌,邱红彬.营销调研实训教程[M].武汉：华中科技大学出版社,2006.

[19] 张庚森.市场营销调研[M].大连：东北财经大学出版社,2002.

[20] 全洪臣.市场调研原理与应用[M].大连：东北财经大学出版社,2008.

[21] 吴达安.市场营销学[M].北京：高等教育出版社,2022.

[22] 许以洪,李双玫.市场营销学[M].北京：机械工业出版社,2007.

[23] 欧阳卓飞.市场营销调研[M].北京,清华大学出版社,2016.

[24] 樊志育.市场调查[M].上海：上海人民出版社,1999.

[25] 风笑天.现代社会调查方法[M].武汉：华中科技大学出版社,2021.

[26] 刘德寰.市场调查[M].北京：经济管理出版社,2000.

[27] 陈一君.市场调查与预测[M].成都：西南交通大学出版社,2009.

[28] 田志龙.市场研究：基本方法,应用与案例[M].武汉：华中理工大学出版社,1993.

[29] 景奉杰.市场营销调研[M].北京：高等教育出版社,2010.

[30] 金勇进,杜子芳,蒋妍.抽样技术[M].北京：中国人民大学出版社,2021.

[31] 黄丹.市场调研与预测[M].北京：北京师范大学出版社,2019.

[32] 叶明海,于磊,胡志莹.市场调查与预测[M].上海：同济大学出版社,2007.

[33] 陈友玲.市场调查预测与决策[M].北京：机械工业出版社,2010.

[34] 刘红霞.市场调查与预测[M].北京：科学出版社,2021.

[35] 蒋志华.市场调查与预测[M].北京：中国统计出版社,2009.

[36] 徐阳,张毅.市场调查与预测[M].北京：高等教育出版社,2008.

[37] 李桂荣.市场调查与预测[M].北京：经济管理出版社,2004.

[38] 许以洪.市场营销调研[M].武汉：武汉理工大学出版社,2006.

[39] 陈祝平.市场调研与分析[M].上海：上海大学出版社,2004.

[40] 陈殿阁.市场调研与预测[M].北京：北京交通大学出版社,2004.

[41] 魏炳麒.市场调查与预测[M].大连,东北财经大学出版社,2016.

[42] 胡祖光.市场调研预测学[M].杭州：浙江大学出版社,2006.